普通高校通识课程教材

西方文化概论

（第二版）

An introduction to western culture

编著／朱　丽　刘　涛

参编／曾竞艳　兰　毅　罗　璞　谢　昱

主审／谭全万

电子科技大学出版社

图书在版编目（CIP）数据

西方文化概论 / 朱丽，刘涛编著. —成都：电子科技大学出版社，2015. 9（2016. 9 重印）

ISBN 978-7-5647-3132-8

Ⅰ. ①西… Ⅱ. ①朱… ②刘… Ⅲ. ①西方文化－文化史－高等学校－教材 Ⅳ. ①K500.3

中国版本图书馆 CIP 数据核字（2015）第 180877 号

西方文化概论

（第二版）

编　著　朱　丽　刘　涛　**主　审**　谭全万

参　编　曾竟燕　兰　毅　罗　璞　谢　昱

出　　版： 电子科技大学出版社（成都市一环路东一段 159 号电子信息产业大厦　邮编：610051）
策划编辑： 罗　雅
责任编辑： 罗　雅
主　　页： www.uestcp.com.cn
电子邮箱： uestcp@uestcp.com.cn
发　　行： 新华书店经销
印　　刷： 成都火炬印务有限公司
成品尺寸： 148 mm×210 mm　**印张** 10.25　**字数** 310 千字
版　　次： 2015 年 9 月第一版
印　　次： 2016 年 9 月第二次印刷
书　　号： ISBN 978-7-5647-3132-8
定　　价： 27.00 元

前言

QIANYAN

《西方文化概论》是一本宏观介绍西方文化的高等学校通识课程教材。教材全面概述了西方文化的起源、历史演进、社会科学和自然科学的主要成就，并在每章的后面附上了相应阶段重要文化原典的导读。21世纪是一个更加注重人才综合素质提高的世纪，《西方文化概论》向理工科高等学校各专业的本科生们介绍西方文化的主要精神，使同学们对西方文化的历史传统和演化脉络有一定的了解，以达到开拓学生视野和胸襟，提高学生人文素养的目的。在此，我们先将本教材的一些基本概念、结构以及学习这门课程的意义做一个简单的说明。

一、西方文化的含义

“西方文化”在这里是指发端于古代希腊、罗马的那一支文化，这支文化在欧洲地区得到了充分的发展与演变，近代以后又传播到其他洲，最后影响遍及到世界各地区。

最早从文化意义上明确划分出西方与东方概念的，应当追溯到公元前一场影响深远的战争——希波战争。公元前492年到公元前447年，欧洲爱琴海岸的希腊城邦与东方帝国波斯之间进行了多次战争。经过战争，希腊人认识到自己与波斯人之间，不但在地理位置、民族习俗、宗教信仰等方面大不相同，而且在政治、军事制度以及语言文化之间都存在巨大差异。由于波斯帝国在希腊的东边，是亚洲国家，于是希腊人产生了最早的东方文化概念，并且开始把自己视为相对于东方的西方民族。希腊著名历史学家希罗多德在其名著《历史》中，即对希腊及其他一些国家的位置做出了这样的区分，他认为希腊地处欧罗巴大陆，东边是亚细亚大陆，波斯是位于亚细亚的国家，最东边的国家是印度。欧罗巴大陆属于西方，亚细亚大陆属于东方，这是较早的东西方文化的区分。希罗多德的观点对后世有相当大的影响。

但从古代至今，东西方文化之间都是互动和互补的。西方古代文化的形成即直接受惠于相邻的近东文化，中世纪之后，中国的四大发明传入欧洲，也促进了欧洲的科学技术发展。此外，在不同的历史时期，波斯、印度等文化也对西方的发展有过贡献。16世纪之后，随着地理大发现，环球海上航线的开通，西方开始大扩张与殖民运动，成为世界经济的发达地区。在这一历史过程中，非洲、亚洲与美洲受到殖民者的掠夺，成为西方经济发展的资源供给地与大市场。因此，宏观来看，西方文化虽然是以西方国家民族为主体的文化，但它并不是独立于世界、更不是独立于东方的文化。

西方文化在地中海沿岸形成以后，经过近千年的时间，逐渐传播到了整个欧洲地区。近代时期，随着欧洲的对外扩张，欧洲人又把他们的文化传播到了美洲、大洋洲，也传播到了亚洲和非洲的部分地区。这些地区的欧洲移民和他们的后裔又在当地继承并发展了这种源于欧洲的文化。因此，应该说，这些地区的这一类文化也属于西方文化系统。但是，最典型的西方文化还是存在于西欧地区的文化。进入20世纪以后，北美地区的文化影响愈来愈大，北美与西欧已经成为西方文化圈的中心地区。因此，本书主要叙述西欧、北美地区的西方文化的演变历史。

需要说明的是，本教材所指的“文化”是一种“大文化”概念，即广义上的文化，包括哲学、思想、艺术、文学、音乐等领域，甚至社会生活和科学领域。因此，本书中“西方文化”一词的内涵可以说基本等同于“西方文明”。不仅如此，在实际的撰写中，为了行文的便利，我们同时较多地使用了“西方文明”一词，希望读者能够明晓。

二、本书的思路与结构

西方文化虽并非是一种单一形式的文化，在各个地区的表现也不尽相同，但是纵观其演变的历史，还是有一条主线可循。且西方文化的发展有其特定的历史阶段性，表现为一连串有变革和继承关系的阶段性文化，为此，本教材将西方文化的发展划分为六大阶段，并以此为脉络和框架来结构全书。

第一，西方文化的起源阶段。欧洲在经历了漫长的史前文化阶段之后，于公元前 3000 年代后半期在爱琴海区域出现了最初的文化——爱琴文化，在此基础上发展起来的希腊罗马文化成为现代西方文化的源头。然而，现代西方文化并不是古代希腊——罗马文化简单的延伸或发展，而是掺杂了大量其他民族文化因素后形成的一种新文化。古希腊和古罗马时代的西方，从近东两河流域文化、古埃及文化及古希伯来文化中吸收了大量优秀的文化成果，本节即探寻西方文化这些最早的源头，使读者对近东文化的发展概况有个整体的了解。

第二，西方古典文化的繁荣时期——希腊罗马文化。古代西方文化的发端离不开近东文化的哺育，但它在其成长的过程中最终还是与近东文化分道扬镳，形成了自己独特的文化。西方古典文化以爱琴海域为发源地，从克里特文明的兴起到罗马文化的衰亡，历经约 2500 年，其间又依次由四个次阶段性文化组成：爱琴文化、希腊古典文化、希腊化文化、罗马文化。理性主义与人文主义，民主与科学的精神，是希腊古典文化的精髓，它造就了西方文化中的古典传统。罗马文化承前启后，在继承希腊文化的基础上把法制精神灌注到古典传统之中，使古典文化得以发扬光大。希腊—罗马文化在西方文化发展史上占有极为重要的地位，它所形成的古典传统启迪了 14—17 世纪的欧洲文艺复兴运动，对近现代西方文化有着巨大而深远的影响。恩格斯指出："没有希腊文化和罗马帝国所奠定的基础，也就没有现代的欧洲。"

第三，中世纪基督教文化。它本质上是一种以欧洲封建制为根据的文化形态。从公元 5 世纪日耳曼民族灭亡西罗马帝国，至 14 世纪文艺复兴之前，中世纪文化历经近千年。欧洲中世纪并不是一个之前人们所认为的停滞、野蛮的"黑暗时代"，而是一个从封建制度确立到全面鼎盛的动态演进过程。从建立封建庄园制、采邑制发展为城市市民经济与政治的兴盛，从长期处于封建诸侯割据和小王国林立，至中世纪鼎盛期开始向君主集权的民族国家过渡。此外，基督教文化在此时期确立了其在全欧洲的统治地位，这对中世纪欧洲的经济、政治和文化都产生了巨大影响，这些都是欧洲中世纪文化的显著特点。进入中世纪鼎盛期后，学术文化逐渐繁荣，开始孕育人文主义精神和科学思想，为西欧向近代文化过渡，在文化上做了准备。

第四，西方文化的近代化转型。14—17世纪是西欧从封建社会向资本主义社会的转型时期，封建经济结构趋于瓦解，城市市民阶层、工商业主势力壮大，资本主义已表现出勃勃生机。由此出现了以文艺复兴运动和宗教改革为标志的近代化转型，创造了崭新的文化形态，所以本书将它列为一个单独的阶段性文化来论述。文艺复兴运动高举人文主义旗帜，把人们从封建神学的桎梏中解放出来，在文学、艺术、政治、史学、哲学等领域初步确立了资产阶级的新文化。宗教改革运动打破天主教会在西欧的一统天下，动摇了封建统治的精神支柱，建立了适应资本主义发展的基督教新教。此阶段创造了瑰丽多姿的精神文化，是欧洲继希腊、罗马的古典文化之后的又一个文化高峰。

第五，近代西方启蒙文化。17—18世纪是西方社会实现近代化转型的一个至关重要的阶段。经过尼德兰、英国、北美和法国的四次资产阶级革命运动，资本主义政治体制在这些国家确立起来，为西方世界进入资本主义发展阶段奠定了基础。当然，相比之下，德意志、意大利、西班牙、俄国等国的资本主义经济发展相对滞后，正是这种经济政治发展的不平衡，决定了这一时期的资产阶级启蒙文化运动呈现出多样性。但是，各国发生的启蒙文化运动还是有其共同特点。由于受17世纪自然科学，尤其是牛顿万有引力定律的影响，当时的启蒙思想家们都相信“自然法则”，都强调人的自然权利。他们都高举理性主义旗帜，用理性的眼光去考察国家、政治与社会，从而在政治学说、经济思想、哲学、文学、史学及各类艺术领域都做出了创造性的贡献。

第六，西方文化的现代化转型。19世纪的西方进入全面确立和发展资本主义阶段。工业革命的顺利完成使得物质文明越来越丰富，体现在精神文明领域，浪漫主义文化思潮几乎风行欧美每个国家。然而，物质文明的丰富并不意味着人们生活水平的普遍提高，反而出现越来越多的社会不公正现象，贫富差距急剧扩大，如何表现和克服这一矛盾，构成了19世纪西方文化发展的一个重要方面。20世纪是全球性剧烈动荡不安的时代，经济领域周而复始地出现危机与萧条，战争阴云不时笼罩大地，人们经历了史无前例的两次世界大战，人们的精神领域也常常处于乐观与悲观，入世与厌世这样矛盾交织的情绪之中。20世纪中叶以后，战后的西方文化又进入新的阶段。第二次世界大战改变了全世界人民的观念与生活方式，改变了人际关系与国际关系格局，尤其对欧洲的影响更为深刻。人们在重建家园，重建社会秩序的同时，也更加关注战争与和平，独裁与民主。同时，随着科学与技术的突飞猛进，人们开始重视和反思现代文化中的危机和环境、生态等全球性问题。

本教材的编写采用纵横相互照应的结构，纵的角度试图给读者展示一幅西方文化从古到今的清晰发展图示，横的角度则是在每一重大文化的框架内，撷取最能反映该文化特征的内容进行详细描绘，从而建立起支撑文化的骨架。

三、学习西方文化的意义

近年来，在中国的大学教育中，注重培养人文素质和道德情操的通识课程越来越受到重视。从我国高等教育的人才培养目标来看，大学生不论学什么专业，都应该是复合型的高素质人才，大学教育不仅要培养专业人才，更应该培育具有较高文化素质和健康人格的人。然而在当今社会，由于商业化的冲击，大学已经越来越多地受到功利化和实用化的影响，如何在培养专业人才的同时始终不渝地坚持培育大学生的人文精神和道德情怀，这是摆在当今中国大学的管理者与为师者们面前的共同问题。所幸的是，这样一种教育理念已逐渐成为共识，以传统人文学科为主的通识课程已经开始进入大学课程设置体系。它们的目的不在于传授专业技能和培养专业人才，而在于提高人文素养和塑造健全人格。

在各大学普遍推行的通识课程中，西方文化概论无疑是最重要的课程之一。西方文化具有悠久的历史传统，它创造了光辉灿烂的文化成就，并深刻地影响着世界历史的进程。特别是近代以来，西方文化后来居上，加速发展，成为引导世界潮流的领航者。通过对西方文化的了解，有助于我们吸取西方文化中的优良成果，有助于我们在今天的发展中去借鉴和反思，并促进不同文化之间的融合与汇通，促进全球化时代多元文化的共存与发展。而对在校的大学生而言，通过西方文化概论的学习，能够帮助其建构西方文化的知识网络，了解国际社会的历史与现状，从而具有一种知己知彼的恢宏视野。这对于处在改革开放和经济一体化时代背景中的中国大学生来说，无疑是一种必备的基本素质。

本书共 12 章，从影响西方文化的近东文化开始，一直到 20 世纪末叶，前后延续几千年，内容又涉及文化的诸多领域，因此只能择其要者而述，力求能阐述清楚西方文化的演变脉络。编写的分工是：绪论、第一、二章，刘涛；第三、四章，谢昱；第五、六章，罗璞；第七、八章，兰毅；第九、十章，朱丽、谢大欣；第十一、十二章，曾竞艳。全书由谭全万主审，朱丽、刘涛统稿。在此书编写过程中还得到蒋海燕、刘阳、李毅、余淑良、刘杨、陈波、王安婧、张海鹏、朱虹、蔡林权、罗漫、何正有、房颖、兰顺海、刘玉芳、罗乌支、杨可佳、朱菁、罗静、朱炳林、冯军平、李睿、王振语、朱与川等人的大力协作与支持，在此一并致谢。

西方文化的内容纷繁复杂，其中还有诸多是学术界正在争论与探讨的问题。再者，限于我们的学识水平，书中必定会有许多疏漏或不当之处，在此恳切欢迎专家学者和各位读者批评指正。

目录

MULU

第一章　古代两河流域文化

大约在公元前 4000 年，人类文明开始出现，位于地中海东南之滨的西亚北非地区即是人类文明最早出现的地方。如果从埃及起画一条线通过今日的巴勒斯坦和叙利亚，然后沿着幼发拉底河和底格里斯河到达波斯湾，就形成了一个清晰的弯月，史称“肥沃的新月”。肥沃的新月地区在上古时期孕育出了一连串的灿烂文化，其中尤以两河流域文化和埃及文化最为著名。作为人类文化的曙光，它们的出现对人类文化，特别是本书所要论及的西方文化的影响是巨大而深远的。

两河流域的自然环境

位于现代中东地区的两河流域，史书通常根据希腊人的称呼称之为“美索不达米亚”，即“两河之间的土地”之意，指底格里斯与幼发拉底两河流经的区域。两条河流并肩而行，稍短一些的是偏东北的底格里斯河（长约 1770 千米），长一点的是处在西南面的幼发拉底河（长约 2740 千米）。两河均发源于亚美尼亚的崇山峻岭之中，最后都流入波斯湾，其上游基本是山岭和高原，下游则是巨大的冲积平原。在古代，两条河流是完全分流的，最接近的地方仅为 30 千米，就是在这片土地上，诞生了人类已知的最早的文化。

两河流域有什么特殊之处导致人类的文化在这里首先出现呢？在探索人类文化起因的诸多理论中，“地理气候决定论”似乎在解释两河流域文化的兴起方面颇具说服力。

早期的文化几乎都产生在大河流域，人们依靠河流去获得他们生存所必需的食物或者驯服河水去灌溉庄稼。在古代，两河流域也有极适合农业耕作的区域，这里日照很强，水源充沛，极易植物的生长。但从整体自然条件来看，两河流域并无多少优越的条件，甚至可以用不利来形容。位于北纬 30°线以北的位置标明其地处干旱炎热地带，夏天的气温平均在 30℃以上，最高达 50℃，农作物很难生长。除了炎热，这里还很少降雨，绝大部分地区的年降雨量在 250～200 毫米以下，而且一年中有连续 8 个月几乎不下雨。尽管有两河贯穿其中，但与埃及的尼罗河不同，尼罗河上游有大湖调节，每年泛滥水量比较稳定，泛滥周期也有规律可循。而两河的泛滥量则不可预测，每年 4～6 月，由于上游冰雪融化加上不定期的大雨，随时可能暴发洪水。从农作物对水的需求角度出发也不是十分有利，因为对冬季作物而言，水来得太晚，可对夏季作物而言，水又来得太早，因此尽管土地肥沃，但要进行农业生产，只能依靠人工灌溉体系。

人工灌溉体系属于大型系统工程，不仅需要群体的通力合作，更需要精心规划和强有力的组织领导。因此，生活在这里的人们为了生计不得不组织起来与险恶、不利的自然环境作斗争。在这场斗争中，不但群体间的合作得到有效的开展，还由此导致了社会分工、职业专门化和新型社会组织形态的出现。考古资料证明，最初在两河流域出现的新型社会组织形式——城邦，就是为了适应，至少是部分适应排水、灌溉、水渠维护等农业生活必不可少的工程需要而产生的。两河流域的居民把水利设施当作重要经济生活的命脉，修建了大量的沟渠和堤堰。

两河流域不仅自然环境条件差，天然资源也十分贫乏，金属矿产资源奇缺，就连建筑所需的石块和木料也只能从周边地区进口。幸运的是，这一不利因素不但没有阻碍文化前进的脚步，反而推动了文化的发展。因为资源的紧缺极大促进了贸易的发展，而贸易作为经济的原动力，成为该地区城市文化发展的一个至关重要的因素。因此，我们看到，尽管两河流域的自然环境和地理资源本身并没有我们想象的那样优越和丰富，然而正是这样一些“不利”的因素导致了人类文化曙光的升起。正如英国历史学家汤因比所说，文化起源的动因往往是人遇到了自然环境或地理环境的挑战，面对挑战，人类必然要采取种种不同的应战措施，文化便随着这些措施而产生。

因此，就是在这里，成为人类早期文化发生和发展的舞台。与埃及四面都有天然屏障不同的是两河流域地势平坦，无险可守。周围的游牧部族都对这片绿洲虎视眈眈，这就注定了两河流域将是一个群雄纷争的舞台，呈现出紧张而又动荡不宁的文化发展态势。两河流域最早的居民是谁，至今尚无定论，不同的种族纷纷登上历史舞台，约在公元前5000年后半叶，两河流域南部就有人居住，考古学上称之为欧贝德人。不久，苏美尔人进入两河流域南部，他们逐渐融合，形成两河流域南部的主要居民，正是他们奠定了整个两河流域文化的基础。

苏美尔城邦及其文化

两河流域的南端正好是新月沃地的东端，是两河流入波斯湾之地，土地特别肥沃，这个地区叫苏美尔。早在新石器时代就有人居住于此，种植庄稼。后来有东方民族移居此地与当地的土著混合，形成了苏美尔人。苏美尔人个子不高，但非常结实，黑发圆颅，具有东方民族的特征。公元前 4000 年前后，一系列苏美尔人的城邦国家开始诞生，他们建立起了大概世界上最早的城市，健全了国家机器，设立了神庙，创造了最早的文字和最早的法典。在这里，人类告别了漫长的洪荒时代，开始迈进了文化的门槛。

公元前 4000—前 2400 年，是苏美尔城邦的发生、发展时期。在公元前 3500 年左右，苏美尔人在美索不达米亚南部创建了我们现在已知的第一个文化，他们建立的文化是城市文化，世界上第一批城市就诞生在这片土地。这些城市本身也是世界上最早的国家，每个城邦都控制着四周为耕地的一块区域，城内居住着城邦的大部分人口。苏美尔各城邦中没有统一的政权出现，城邦居民相信，每个城邦属于一个或几个神，祭司是神的代表，他们管理着神的土地，传达神的旨意。祭司可能是城邦中最有实力者，他们主持宗教仪式，并统治城市。城市的神庙建筑群同时也充当行政管理的中枢，是城市财富的储藏地。当时主要的城邦国家有埃利都、乌尔、乌鲁克、拉伽什、乌玛、苏鲁帕克等，苏美尔这些城邦之间是一种竞争关系，经常为了土地和水源相互征战，这种分裂状态在一定程度上削弱了苏美尔的力量，最后他们被更强悍的民族征服。在公元前 2400 年后，处在两河流域北部的闪米特人，在著名领袖萨尔贡一世的领导下征服了苏美尔各城邦，建立了统一的阿卡德帝国，统一的阿卡德帝国由阿卡德和苏美尔两部分组成，萨尔贡的意思是“真正的王”。但阿卡德帝国的寿命并不长，在延续了一百五十年之后，苏美尔人的城邦国家又一个个重新获得独立。后来，由其中最强大的乌尔城邦完成了统一，建立起一个纯粹的苏美尔人的帝国（史称乌尔第三王朝），这一帝国从公元前 2113 年到公元前 2006 年，维持了一个世纪。在公元前 2007 年左右，西边的阿摩利人和东边的埃兰人侵入两河流域，他们摧毁了乌尔帝国的统治。

宗教是两河流域人们生活的中心，人们的一切活动都要服从于其信仰。苏美尔人的宗教是一种多神崇拜，接近原始民族的万物有灵论。每座城市都有它的庇护神，甚至人们使用的工具也都受到神灵的庇护。众神之中，有四位神居于主导地位，他们是天空、空气、大地和水。苏美尔人的宗教观念，特别是他们的天神从混沌的水中创世的观念，通过大洪水对人类进行惩罚的观念等，影响到了后来的犹太教、基督教和伊斯兰教。从这个意义上看，两河流域文化是一种母体文化。为了供奉神，苏美尔人建造了许多神庙，大的神庙往往有数层之高，地基宽广，上面建筑层层缩小，呈现出塔的形状，因此叫作塔庙，苏美尔人称之为“吉吉拉塔”。塔庙有阶梯可沿阶而上，顶端供奉神龛。现存最著名的塔庙遗址是乌尔城的塔庙，它的完整形态还应包括一些穹顶建筑。那时苏美尔人已经懂得在建筑中使用拱券和穹顶技术，古罗马人虽然将这些建筑技巧推向极致，但它们的源头却在苏美尔。

苏美尔文化最引人注目的发明即是文字的发明和使用，他们可能是世界上最早系统使用文字的民族。文字是人类文化的核心标志，由苏美尔人发明的文字被广泛地称作楔形文字。因为是用芦苇秆做成的带有三角形笔尖的笔在半干的泥板上刻压而成，外形成楔形。写好后的泥板晾干或烧干，可以长期保存。楔形文字由表意和表音符号混合组成，在该文字出现后的 2000 年左右的时间内，它一直是两河流域唯一的书写文字体系，无论是阿摩利人、亚述人还是西亚的埃兰人，叙利亚的乌加里特人，波斯人都曾先后使用过楔形文字。以至于到了公元前500年前后，它成为西亚大部分地区通用的商业交往媒介。从而形成了一个以苏美尔为中心的“楔形文化圈”。苏美尔之后，在巴比伦人手中，楔形文字得到了简化，640个基本字组成全部词语。亚述的楔形文字进一步简化，只用570个基本字，晚期的楔形文字向音节文字发展。直到公元1世纪，由于两河流域文化的失落，楔形文字才最终失去作用，为人们所遗忘。19世纪初，德国学者格罗铁芬经多年的努力释读出了楔形文字中几个古代帝王的名字，不久，英国驻波斯外交官亨利·罗林生成功破译了刻有楔形文字、新埃兰文和古波斯文的“贝希斯敦铭文”。贝希斯敦铭文位于今天伊朗的克尔曼沙汗省，是波斯王大流士一世为颂扬自己，让人用此三种文字把其战绩刻在悬崖上，史称“贝希斯敦铭文”。到了19世纪中叶，又有几位学者分别释读了新发现的楔形文字，成为我们了解两河流域文化的最重要钥匙。

图 1-1　楔形文字

楔形文字的发明和使用不仅开创了人类文化的新纪元，还影响了周边地区其他文字的出现和发展，特别是对埃及文字和腓尼基文字的影响，有力地推动了人类文化的向前发展。楔形文字的发明无疑是两河流域人对世界文化做出的最突出的贡献之一，同时也是自身文化程度的一个重要标志。

苏美尔人的另一个重要的发明是车轮，苏美尔人大概在公元前3200年就已发明了车轮，车轮在今天的世界是司空见惯的东西，但这样简单的东西，在古代不是人人都想得出来的。我们可以从比较中看出，苏美尔人这项发明的先进程度。古埃及人一千年以后才有了车轮，而且很有可能是从这里借鉴过去的，在西半球，当欧洲人在15世纪末见到美洲人时他们都还没有车轮。最初的车轮没有轮辐，实际上是圆形的木板，车行的速度并不快，但它大大增加了载重量，提升了货物运输的方便性，因此，将这一发明归入人类最伟大的发明行列一点都不为过。苏美尔最早的运输工具是两轮和四轮的货车，皆以牛牵引。此外，苏美尔人还有一项最重要的成就是发明了太阴历。苏美尔人是人类历法的最早制定者，在美索不达米亚那样恶劣的气候条件下，必须知道农作物开始播种和收获的准确时间，以确定周而复始的农作周期。确定这种周期的最简单方法就是利用月亮的盈亏循环，苏美尔人观察月亮的圆缺，把两次新月出现之间的那段时间作为一个月（约 29 天 12 小时 44 分 3 秒）。一年分 12 个月，其中有 6 个月各为 30 天，另 6 个月各为 29 天，全年共 354 天。这样每年比实际地球绕太阳一周的时间少了 11 天多的时间，于是后来他们又创立了设置闰年的办法。苏美尔的阴历和我国的农历很相近，这种历法曾经广泛地被亚洲西部的其他部族所采用，犹太历和伊斯兰历法都借鉴了苏美尔人制定的太阴历。

苏美尔人还创作出了目前已知最古老的英雄史诗《吉尔迦美什》，它被视为两河流域文学的最高成就。这部史诗的主要部分于 19 世纪中叶从亚述古都尼尼微出土，故事的主人公吉尔迦美什是两河流域南部苏美尔地区乌鲁克城邦的统治者，他凭借权势，抢男霸女，强迫城中居民构筑城墙，修建庙宇，害得人民痛苦不堪。苦难中的人们只有祈求天神来拯救自己，于是天神创造了一个半人半兽的勇士恩奇都，去与吉尔迦美什搏斗。两人使出全部本领，还是不分胜负，最后都佩服对方的勇敢，于是结拜为友，共同去为人民造福。他们杀死了沙漠中吃人的狮子，森林中害人的怪物，并解救了被怪物囚禁的伊什塔尔女神，又杀死了天牛，成为人们爱戴的英雄。但天牛被杀惹恼了天神，恩奇都由此身亡，吉尔迦美什悲痛万分，发誓一定要让自己的好友起死回生，于是他历尽千辛万苦，最后觅得复生仙草，孰料一时疏忽，在他洗澡的时候，放在岸上的仙草被蛇吞食了！最后，恩奇都的灵魂与吉尔迦美什相见，吉尔迦美什由此知道了人死后进入冥界的情况，整个史诗便在恩奇都的叙述中结束。

《吉尔迦美什》故事迂回曲折，情节跌宕起伏，语言优美。史诗不仅颂扬了为民建立功勋的思想和英雄行为，还反映了古代两河流域人对死亡的抗争和对生命奥秘的探求，具有重要的史料与文学价值。它是古代两河流域最有影响力的文学作品，从其内容的丰富性和复杂性来看，显然不是出于一人之手，而是集体智慧的结晶，是在口头文学的基础上逐渐发展定型的。流传下来最完善的版本为公元7世纪亚述国图书馆编定的，全诗共3000余行，用楔形文字分别刻在12块泥板上。

历史上的苏美尔人做出了众多的发明与创造，且大多数为人类首创。美国学者克拉默于1956年发表《历史发轫于苏美尔人》一书，列举这个民族发明、发现的事物有27项之多，如他们创建了最早的学校，最早的天文，最早的文字，最早的法典，最早的情歌等等，这些成就，为古代西亚文化奠定了基础。

古巴比伦王国与《汉谟拉比法典》

美索不达米亚历史上的苏美尔时代终结以后，紧随而来的是古巴比伦时代，这个时代从公元前2000年一直延续到公元前1600年。由于周围缺乏自然屏障的保护，美索不达米亚是一片“开放”的土地，成为邻近各族角逐与争雄的舞台，尤其是闪米特人与印欧人纷争不断的舞台。约在公元前2000年，闪米特人的一支——阿摩利人在这里定居下来，建立了巴比伦王国，为了区别1000年以后另一支闪米特人迦勒底人建立的巴比伦王国，我们称它为古巴比伦。

在苏美尔时代，两河流域经济最繁荣、文化最发达的城邦都是在该地区的最南端，随后的400年间，文化的重心渐次北移到了北部的阿卡德地区，并且主要集中在位于幼发拉底河中游东岸的巴比伦城。巴比伦城处于两河流域的中心，扼西亚商路要冲，战略和经济地位都极为有利。建国之初，巴比伦不过是一个小小的城市国家，直到巴比伦第六代国王汉谟拉比统治时期（公元前1792至公元前1750）情况才大为改观。公元前1763年，汉谟拉比征服了整个苏美尔地区，公元前1755年，他征服了美索不达米亚其余地区，并向北扩张到叙利亚边境地区。汉谟拉比不仅是一位伟大的军事领袖，还是一位具有极大政治智慧的政治家，他建立了一支强大的常备军，并兴修水利，发展农业。他把巴比伦城的保护神尊为全国最高的神，借此来维护国家的统一并抬高王权。汉谟拉比自称是“王中之神”，用神权来统治万民，把宗教、军事、行政和司法大权集中于一身，实行中央集权。政治上的统一促进了经济上的繁荣，巴比伦城商旅云集，成为古代东方工商业的中心。

古巴比伦人在文化的其他方面与苏美尔人没有太大的区别，他们以农业为主，但商业经营得比苏美尔人更为成功，他们的贸易远达埃及，甚至到了印度。在宗教上，苏美尔人的神祇仍旧得到保留，不同的是，巴比伦城的保护神马杜克成了主神。由此可以说，苏美尔文化是巴比伦文化的前导，巴比伦文化则是苏美尔文化的继承和发展。

但汉谟拉比去世后，他的接任者们表现得平庸无能，帝国在经济和政治上逐渐走向衰落，外族的入侵给古巴比伦的稳定造成极大威胁。公元前 1595 年，古巴比伦第一王朝被入侵的赫梯人所灭亡。此后，虽又建国第二、三、四王朝，但都未能重振国威和彻底改变地方割据状态，也未解除外族威胁，后巴比伦又被加喜特人所占领，最终于公元前 689 年被亚述所灭。

古巴比伦的文化成就主要体现在法典的制定和颁布。统一的国家，当然需要统一的法律，国王汉谟拉比最为人们所称颂的就是颁布了著名的《汉谟拉比法典》，这是迄今所知的古代第一部最完备的成文法典。在此之前的一些法典，如乌尔第三王朝也曾制定过法典，但到今天仅存一些零星的残篇。我们现在能够看到的汉谟拉比法典是刻在一块黑色玄武岩石柱上，石柱高 2.25 米，底周长 1.9 米，石柱上端有精美的雕刻，刻着巴比伦城的太阳神马杜克正在把法典授予站着的汉谟拉比。该石柱在 1901 年被法国考古学家戴摩根在伊朗古城苏萨发现，至

图 1-2　《汉谟拉比法典》石碑的上半部

今保存完整。石柱原来是树立在巴比伦城内马杜克神庙中，公元前 12 世纪，埃兰人入侵巴比伦，把它作为战利品运往苏萨。此岩柱被发现后，被运往巴黎，目前珍藏于巴黎的罗浮宫。

《汉谟拉比法典》的内容非常完整，共分序言、正文和结语三部分，序言主要宣扬王权神授和汉谟拉比奉神命所做的公德。结语主要宣扬它的“公平”与“正义”，希望它永垂后世，并诅咒后世有敢于破坏法典的人。正文共 282 则条文，内容庞杂，主要涉及诉讼程序、盗窃处理、租佃、雇佣、高利贷、商业、婚姻、继承、奴隶等方面及土地和房屋等不动产的占有、继承、租赁等，几乎关涉到古代人们生活的方方面面，涉及面之广，规定之细，令后人惊叹不已。法典具有两个显著的特点：一是采用原始的“同态复仇法”，即如果伤害事件是发生于同一阶层的人中，受害者可以采取以眼还眼，以牙还牙的办法进行报复。正如“倘人毁他人之目，则毁其目”，“倘人断他人之骨，则断其骨”。二是法典森严的阶级性和不平等性。根据犯罪人不同的社会地位处以不同的刑罚，对贵族的处罚比平民轻，对平民的处罚又比奴隶轻。如有钱人或贵族伤了一个穷人的眼睛，并不需要挖出他的眼睛，而只要支付赔款就足够了。贵族打了农民是罚钱，奴隶打了自由民却要被割掉耳朵。

《汉谟拉比法典》虽然具有局限性，如“同态复仇法”的惩罚手段显得过于简单粗暴，并且缺乏法律面前人人平等的现代观念，公开维护不平等的阶级制度等，但是其意义也是重大的。法典为全社会树立了正义和司法的概念，社会每个成员都要受法律制约，人人有法可依，从这一点来说，它在古代社会具有不可否认的进步性。法典确立了明确的诉讼程序，在一定程度上保证了审判的公正性。如原告、被告双方必须在法庭上出示证据，还规范了法官的行为。同时，法典着重保护农业和商业，也极大促进了生产和经济的发展。如法典规定对耕作不力，不能维护灌溉水渠和堤坝的人要实行处罚等。此外，法典还让人们看到了当时的社会状况，并影响了后来近东诸法典的产生，《汉谟拉比法典》是古巴比伦人留给人类的珍贵遗产。

亚述帝国

亚述人也讲闪米特语，早在公元前 3000 年就在底格里斯河上游亚述高原建立了一个小王国，他们是以亚述（Assur）城为中心逐渐发展起来的，所以被称为亚述人。亚述城所在的那个区域，是美索不达米亚北部的一片高地，气候也比较干燥，适宜放牧。由此，亚述人主要是以畜牧和狩猎为生，他们的农业不甚发达。由于亚述周围被异族所包围，经常受到敌对民族的威胁，加上国土资源又非常有限，使得亚述人养成了尚武好战的性格。他们对土地贪得无厌，认为只有不断地征服，才能保住自己的利益。约公元前 1300 年，亚述开始扩张，并且很快就控制了整个两河流域北部地区。亚述人从赫梯人那里引进了炼铁技术，从公元前 9 世纪起，开始大量地用铁铸造兵器，从而大大增强了战斗力。公元前 8 世纪至公元前 7 世纪，他们的帝国在萨尔贡二世（公元前 722 年至公元前 705 年）、辛那赫里布（公元前 705 年至公元前 681 年）和亚述巴尼拔（公元前 668 年至公元前 626 年）等君主的治理下达到鼎盛。到公元前 7 世纪，帝国的版图扩大到北起乌拉尔图，南临波斯湾，西抵地中海沿岸和埃及，东接伊朗，建立起一个地跨西亚、北非的帝国，将两河流域南部和埃及这两大文化中心置于亚述的统治之下，这是人类一系列巨大帝国的开端。

整个亚述国家就像是一架庞大的战争机器，他们大概是世界上最早实施军国主义的国家。亚述实行君主专制统治，亚述国王拥有至高无上的权利，祭司和政府官员绝对听命于他，国王本人只对亚述神负责，自称是神在人间的代表。贵族们享有特权，经常驱使军队去开疆辟土。亚述拥有当时世界上最优良的军事体制，已经开始实行募兵制，由农民和牧人以及被征服地区招募得来的兵丁组成常备军，并且把军队分为战车兵、骑兵、重装步兵、轻装步兵、攻城兵等专门兵种。亚述的军队装备有铁制的刀枪、弓箭、盔甲、战马以及攻城用的冲车和投石机，还利用充气的皮囊做渡河工具。亚述人的冲车能够利用铁甲的掩护，一直推进到敌人的城垣之下，使其部队可以据此攀缘登城，夺取城池。除了使用战车以外，他们还创立了机动性很大的骑兵部队。这些骑兵身披重甲，跨着奔驰的战马，在出击时迅猛无比。这样，亚述军队就成了一支几乎是战无不胜、攻无不克的令人恐怖的军队。亚述帝国霸权的建立，与它拥有强大的战争机器是分不开的。

亚述帝国是世界上第一个领土广袤的大帝国，它第一次把两河流域、埃兰、小亚细亚、叙利亚、巴勒斯坦、埃及等古文化的中心聚合在一个统一的政权之下。不过，亚述的武力扩张是在极其残酷的方式下进行的，每当亚述的武装部队攻陷一座城池，往往用恐怖手段把全城居民屠戮一空，或流放到遥远的异地，而把空下来的土地分配给亚述人去耕种。在他们的暴力摧毁下，巴比伦、大马士革、扎玛利亚、孟菲斯等名城都遭到极大的破坏，尸积如山，血流成河。亚述王辛那赫里布在位时期把亚述人的辉煌和残酷都表现到了极致，为了纪念他的军事胜利，亚述人在底格里斯河上游岸边建立了新都城尼尼微。尼尼微城雄伟壮观，在美索不达米亚地区，以前还从未有过如此壮观的都城，城内花园众多，还有巨大豪华的王宫。装饰尼尼微城的各类浮雕都在宣扬战争和屠杀，在欣赏这些残酷场面的同时，亚述人也在毫无怜悯地杀害人类自身。辛那赫里布的军事业绩之一就是镇压了公元前 689 年巴比伦的一次反叛，反叛被镇压后，他命令士兵大肆劫掠，彻底摧毁了这里的一切。他在铭文中夸耀道："我摧毁巴比伦比用洪水冲洗的还彻底，我用湍急的水流摧毁了它，使这里俨然如一块草地。"亚述的侵略战争，给被征服地区带来了严重的灾祸，在历史上永远留下了恶名。

亚述人通过武力建立了庞大的帝国，但被征服的民族不甘心忍受其暴虐的统治，整个公元前 7 世纪，反抗亚述统治的起义此起彼伏。终于在公元前 612 年，居住在两河流域东南方闪米特人的一支——迦勒底人联合印欧部落的米底人摧毁了亚述帝国。

许多著作对亚述的文化成就评价不高，但平心而论，亚述对人类文化还是有贡献的。亚述的贡献集中体现在战争机器的建设和行政管理上，此外，它对两河流域文化成果的保存也功不可没。亚述帝国时期，亚述帝国的统治是残酷的，但也是高效的。帝国划分成若干个行省，由国王直接派总督实行管理并定期向国王报告，以后许多帝国在治理上都采取这样的一种做法。亚述可以说是世界上最早建立“驿站”制度的国家，亚述的统治者认识到交通对于国家统一的重要性，他们在帝国境内开辟了宽广的驰道，设立了驿站制度，以便军队可以快速调动，镇压各地的骚乱。

亚述人尚武轻文，他们对古代世界精神文化的贡献并不大，然而，亚述帝国的政治统一却也促进了文化交流，使古代东方各地的文化得以熔于一炉，尤其是在保存和整理古代两河流域文化方面作出了巨大成就。亚述帝国巅峰时期的国王亚述巴尼拔曾在首都尼尼微的宫殿里建造了一座大型图书馆，19 世纪中叶，考古学家在尼尼微遗址中发现了这座国王的王宫图书馆，该馆藏有 2 万多块泥板文书，包括古代两河流域的条约、法律书信等文献以及各种宗教铭文、文学作品、科学著作等，并且它们都根据不同的内容，被分门别类地陈列，尤为令人称奇的是该馆还有一个登记全部藏书的目录。19 世纪中叶以后，对亚述帝国遗留下来的这些泥板文书进行研究，由此产生了一门专门的学问——亚述学，它以楔形文字为依托，主要对两河流域及其邻近地区的历史与文化进行研究。

两河流域文化最后的辉煌——新巴比伦国

迦勒底人也是闪米特人的一支，他们步阿卡德人、亚述人和阿摩利人的后尘，于公元前 11 世纪左右迁移到美索不达米亚的南部逐渐强盛起来。公元前 612 年，迦勒底人联合米底人与亚述人进行决战，他们攻陷了亚述的都城尼尼微，把这座繁华的都城付之一炬，最后推翻了亚述帝国。亚述帝国灭亡后，它那辽阔的领土被迦勒底人和米底人所分割。迦勒底的军事贵族在亚述帝国的废墟上建立起他们自己的帝国，他们重新建都于巴比伦，从表面上看，它有些像一千多年以前的古巴比伦王国的复活，所以在历史上称之为新巴比伦国。

新巴比伦王国最强大的国王是尼布甲尼撒二世（公元前 605 年至公

元前 562 年），他即位时，西亚有两大强国，一是新巴比伦，一是米底。尼布甲尼撒娶米底公主为王后，巩固了与米底的联盟。尼布甲尼撒二世积极对外用兵，不断对外实行武力扩张，于公元前 597 年和公元前 586 年两次带兵攻陷耶路撒冷城，灭掉了犹太王国。为了防范犹太人的反抗，他把犹太人里面的贵族、祭司、商贾和工匠一律俘虏至巴比伦，只剩下一些极其贫苦的人留在耶路撒冷，这便是历史上著名的“巴比伦之囚”事件。公元前 567 年，他又率军侵入埃及，大掠而归。然而，新巴比伦王国的强盛却注定是短命的，尼布甲尼撒二世去世后，王国便逐渐衰落下去，帝国内部矛盾尖锐，军事废弛。这时，东方的波斯帝国已经兴起，公元前 539 年，波斯王居鲁士二世率兵攻打巴比伦城，城内耽于享乐的祭司和贵族无心抵抗，开城纳降，波斯人不战而胜，新巴比伦由此灭亡。虽然新巴比伦王国历时还不到 100 年，但它在古代西亚文化史上占有重要地位。

新巴比伦值得夸耀的文化成就首先表现为对巴比伦城的重建。新巴比伦城可能是同一时期世界上最大的城市，占地达 2100 英亩，大于亚述王辛那赫里布兴建的都成尼尼微（占地 1850 英亩），而典型的苏美尔城市占地仅一百多英亩。1902 年，德国考古学家对它的废墟进行了挖掘，发现其面积相当于当时国际大都市巴黎的一半，这让当时的考古学家们

图 1-3　巴比伦城城门的动物浮雕

大为震惊。更令人吃惊的是巴比伦城的色彩，新巴比伦人已经学会用色调明快的装饰砖来建造他们的主要建筑物，其城墙的底色是明快的蓝色，而黄、白两色相间的狮子、公牛和龙的图案点缀在整个城墙上。新巴比伦城共有 8 个城门，其中采用琉璃砖装饰得最为华丽的是中央北门——伊什塔尔城门，该城门高 12 米，500 多个动物的图案点缀其上，美轮美奂。城墙厚 7.8 米，墙上的大道可容 4 匹马并行。城外是又深又宽的护城河，城里店铺林立，非常繁华。

新巴比伦城由著名君主尼布甲尼撒二世主持修建，此外，他还主持修建了被誉为“古代世界七大奇迹”之一的巴比伦空中花园。传说空中花园是尼布甲尼撒二世为其患思乡病的王妃修建的，尼布甲尼撒的王妃是来自伊朗米底国的公主，她厌倦了美索不达米亚南部的平坦单调，想念家乡起伏不定的山峦。为了取悦王妃，尼布甲尼撒二世下令建造了一座多层塔式的花园。它位于一座高达 25 米的土台之上，花园底座呈正方形，然后向上层层递减。内部置有灌溉系统，可以直接把幼发拉底河河水抽到上面，保证花草的浇灌。每一层平台上都种满了各类奇花异草，远远看去，犹如悬在半空之中的花园，故称“空中花园”或“悬苑”。可惜的是，这座凝结着想象力与创造力的伟大建筑在公元前 3 世纪遭到毁灭，迄今已荡然无存，人们只有依据古人的描绘加以想象了。

此外，新巴比伦城内还有一座壮观的建筑——通天塔，通天塔用于供奉巴比伦神话中的众神之王马杜克。尼布甲尼撒二世在之前已有塔的基础上，以“加高塔身，与天齐肩”为建塔宗旨，通天塔的称号大概就由此而来。根据希罗多德的记载，通天塔有一实心的主塔，外缘有螺旋通道，绕塔而上可直达塔顶。共 7 个层级，总高达 90 米。通天塔又被叫作巴别塔，在《圣经·旧约》里面记载，人们决定要建一座直通云霄的高塔，这让上帝又惊又怒，于是变乱了人们的语言。由于语言的不通，这座通天塔的修建由此而中断，“巴别”在希伯来语中即是“变乱”的意思。公元前 539 年，波斯占领巴比伦后，通天塔就被废置一边了，即便如此，希罗多德在公元前 460 年游览巴比伦时，还看到了其基本结构。

到公元前 331 年，亚历山大大帝再次攻陷巴比伦城时，通天塔已经变成了一片废墟。

新巴比伦人总结了两河流域的古文化，他们把苏美尔人、阿卡德人、阿摩利人、亚述人的文化遗产都接收过来并加以发扬光大，其中，在天文学方面的贡献尤其突出。在古代，人们迷信星象主宰着人世间的凶吉，不过久而久之，那些星相学家从实际观察中也逐渐认识到一些宇宙天体运行的规律，于是天文学便由此产生。可以这样说，在新巴比伦时代，天文学已发展成科学。他们把地球的赤道分为 360°，把黄道带的星体分为十二个群，称为黄道十二宫。他们已经知道了日食、月食的现象是有规律的，因而也是可以预测的。新巴比伦人对天空的研究很细致，他们把天上的星体按方位划分为星座，并以狮、蟹、蝎等动物来命名，一些星座的名称一直沿用至今。他们确定了五颗“漂游的星”，我们可称之为行星，相当于我们今天的水星、金星、火星、木星和土星，并把它们分别与五位神灵的权利对应起来。巴比伦人认为，当某一行星出现在夜空中的某一位置或与另一行星非常接近时，它有可能是战争或饥饿的征兆，也可能是一个民族即将战胜另一个民族的预兆，这就是最早的占星术。不过迦勒底人占星术关心的问题一般不涉及个人的命运，它想要预测的是关系到国计民生的大问题，诸如战争、洪水、饥馑等。依靠这种信念的支持，新巴比伦人对天上各种现象的观察比以前的任何古代民族都更精确、细致，他们把这些观察很详细地记录下来，成为后世天文学发展的重要基础。

公元前 539 年，波斯人征服了新巴比伦王国，新巴比伦王国的灭亡也标志着古代两河流域文化的终结。因为从此以后，美索不达米亚当地各民族建立的王朝再也未能统治本地区。随着希腊人取代波斯人，罗马人取代希腊人，阿拉伯人取代罗马人，楔形文字逐渐停止了使用，旧有的城市化为废墟，被新的城市取而代之。公元 2 世纪之后，巴比伦被完全遗弃，附近的流沙和迁徙不定的河流将其深埋在地下，以至无人知道它的确切的位置。直到 20 世纪初，考古学家才重新把它发掘出来，不过古代两河流域文化的遗产却通过各种不同的途径留传后世。

两河流域文化对西方文化的影响

古代两河流域文化对西方文化的两大精神祖先——希腊和希伯来文化均产生了很大影响，西方文化传统的形成，离不开两河文化的贡献。

早在新石器时代，西亚地区与希腊就已经存在着经济文化交流。根据考古发掘，希腊新石器文化晚期的器物即受到小亚细亚的影响。爱琴文化时期，东西方之间的交流更为密切。人们在克里特岛发现了古巴比伦汉谟拉比时代的赤铁矿圆筒印。而在叙利亚北部，则出土了克里特米洛斯中期的陶器残片。在古希腊、罗马鼎盛时期，希腊人、罗马人更是大量吸收了两河流域先进的文化成果。据希罗多德记载，希腊人采用了巴比伦人发明的水钟、日晷和把 1 天分为 12 部分的方法，继承了两河流域文化的天文成就。希腊哲学家和数学家毕达哥拉斯曾在巴比伦城住过 12 年，在那里研究天文学、数学和音乐。苏美尔塔庙建筑中出现的拱门和圆顶结构，为后来罗马人所继承。两河流域首创的以 7 天为一星期的制度，也为罗马历法所采用。

两河流域文化对希伯来人的影响既直接又迂回曲折。假如《圣经》中关于亚伯拉罕的传说具有一定的真实性的话，那希伯来人的祖先很早是生活在美索不达米亚地区，后来才迁徙到了迦南地区。公元前 586 年，希伯来人直接和美索不达米亚文化发生联系，他们被抓到巴比伦城作了“巴比伦之囚”，后来，当这些“巴比伦之囚”返回其家园时，他们也随之带回了大量的美索不达米亚的宗教仪式、教育方法和法律制度。这其中有一些渗入其宗教中，又通过犹太教——基督教而传入西方文化之中。两河流域的神话传说和宗教思想深深地影响着希伯来人，成为其宗教思想的一部分。如两河流域人关于宇宙起源和神用泥土造人的神话成为《旧约》中上帝创造世界，创造亚当这一思想的来源。《圣经》中的伊甸园，挪亚方舟等都可在两河流域的神话中找到其源流。

此外，古代两河流域的文学对整个西方世界也有着极大影响。《创世纪》开头几章的主题——创世纪、伊甸园、大洪水、巴别塔都能在两河流域的古老文学作品中找到原型；赞美诗中的许多诗是美索不达米亚崇拜的再现；哀歌模仿了美索不达米亚作家的写作手法；苏美尔的许多箴言成为《圣经》中箴言的前身等等。当然，迄今为止我们所知道的古代两河流域在各领域对人类文化的贡献如同冰山一角，很多未知的东西仍然等待着学者们去继续发现。

知识拓展　经典导读

一、《吉尔伽美什》（节选）

【提要】　半神半人的吉尔迦美什是乌鲁克城邦的统治者，城邦的居民不堪其残暴统治，向神灵求助。神于是创造了勇士恩奇都来挑战吉尔伽美什，两人不打不相识，最后成了好朋友，一起杀死了怪兽芬巴巴。但吉尔伽美什由于冷落了女神伊什塔尔，遭到女神的报复，恩奇都由此暴病而亡。吉尔伽美什悲痛万分，开始了寻找起死回生药方的艰难历程。

吉尔伽美什对侍酒人说：
“为什么我的面颊不应该消瘦，
我的脸庞不该深陷，
我的内心不该憔悴，
我的外表不应该凌乱？
为什么我的内心不该充满悲伤？
为什么我不该像一个远行的漫游者？
为什么我的面容
不该被我的悲伤和痛苦毁灭？
为什么我不该走过大草原
从远方匆匆来到这里？
我深爱的朋友，大草原之豹，

恩奇都，我深爱的朋友，
万能的大草原之豹，
我们曾一起登上高山，
打翻以杉林为家的
芬巴巴，
我们曾一起诛杀神牛。
我们一起在峡谷中
放倒狮子，
我的朋友，
你和我一起经历过所有的艰难困苦，
恩奇都，我的朋友，和我一起杀死狮子，
和我一起经历所有的艰难困苦，
他突然被人类的命运压倒。
六天六夜，我为了他哭泣，
直到第七天，
我不得不埋葬他。
那时候我开始害怕……
死亡的恐惧占据着我。
因此，我越过大草原远行至此。
我的朋友的命运压倒了我。
因此，我越过大草原
匆匆远行至此。
我的朋友，恩奇都的命运
压倒了我。
因此，我越过大草原匆匆远行至此。
为什么我该为此沉默？
为什么我不该为此哭泣？
我的朋友，我深爱的，
已经变成了泥土。

我也一定会，像他一样
让我自己躺倒，
不能再起身，
永远，永远？——
自从他走以后，我再也不能找到人生，
像一个猎人，流浪在这片土地上。
侍酒人，现在我看着你的脸，
可是，我惧怕的死亡，我却看不见。”
侍酒人对吉尔伽美什说：
“吉尔伽美什，你所寻找的生命，是不会找到的。
当诸神创造人类时，
他们给人类以死，
却将生留在他们自己手里。
所以，吉尔伽美什，喂饱你的身体，
不论白天黑夜，尽情享受。
穿上洁净的衣服，
洗刷你的头，在水中沐浴，
欢快地看着牵住你的手的孩子，
让你的妻子在你的怀里快活！”
吉尔伽美什再一次对侍酒人说：
“究竟，侍酒人！
如何才能找到乌特纳彼什提穆[①]？

（吉尔伽美什最终见到了乌特纳彼什提穆——编者）

“我看着你，乌特纳彼什提穆：

---

① 大洪水神话中的幸存者，类似圣经故事里的诺亚，这个名字是巴比伦语，意为“见到生命的人”

你的外表和我没有什么不同，
和我一模一样；
的确，你的外表没有什么不同，
和我一模一样。
可是，我生来就是这样：
为了战斗、为了战争。
可是你却无所事事、仰面而卧。
你是如何成为诸神的一员
得到永恒生命的？”
乌特纳彼什提穆对吉尔伽美什说：
“吉尔伽美什，我对你坦诚相见，
为你揭开隐秘，
让我给你说说诸神深藏的秘密：
什尔帕克[①]是一座城市，
她在幼发拉底河的岸边。
她是一个古老的城市，
诸神对她都很好。
一次大神们在策划
制造一场洪水。
聚在那里的有他们的父亲和主神安努，
有英雄恩利尔，
使者尼努尔塔，儿神恩努基，
独具慧眼的埃阿也给他们出谋划策。
他对着芦棚[②]讲述他们的谈话：
‘芦棚啊，芦棚！芦墙啊，芦墙！
芦棚，听着！芦墙，把话记住！

---

① 洪水前存在过的美索不达米亚的古都
② 乌特纳彼什提穆就住在芦棚里面

什尔帕克人，乌巴拉·图图的儿子[1]，
拆掉你的房子，快建一艘船！
不要管你的财富，逃命去吧！
不要管财产，救你自己的命吧！
把各种活物拿上船！
你要建造的船，
它的尺寸有严格的设计，
确保长宽相称——
在神圣的湖上抛锚！’”

日落之前，船建好了……
我把拥有的一切都装上船，
我把我所有的银子都装上船，
我把我所有的金子都装上船，
我把拥有的各种
活物都装上船。
我让我的整个家眷和族人
都上了船。
地里的牲畜，地野的动物，
所有的工匠我都让上了船。
沙玛什给了我一个约定的时辰：
‘有一天夜里，黑暗使者
让倾盆大雨自天而降，
然后登上船，把舱门紧锁。’
约定的时刻来到。
黑暗的使者
有一天夜里让倾盆大雨降临。

① 指乌特纳彼什提本人

我观察着暴风雨的样子
我害怕注视暴雨，
我登上船，把大门紧锁。

六天六夜暴雨滂沱，
南来的风暴压向大地。
当第七天来到的时候，
南来的风暴不再
有如军队般连连出击。
大海平静下来，浪涛收敛，
风暴停止。我寻找暴风雨的方向，一片宁静。
整个人类已葬身泥土。
平原小如平平的屋顶。
然后我打开舱门，
光线照在我脸上，
我坐下哭泣，
泪流满面。
我面对满天的海水，
四下里寻找落脚的土地。
十二小时过后，一处小岛出现。
船驶向尼什尔山
尼什尔山紧紧包围船只，不让它在水中摇晃。
三天，四天，尼什尔山
紧紧包围船只，不让它在水中摇晃。
五天，六天，尼什尔山
紧紧包围船只，不让它在水中摇晃。

“当第七天来到的时候，
我取出一只鸽子，把它放走；

鸽子飞去，又飞回。
它没能找到栖息之处，所以就返回来。
我取出一只燕子，把它放走；
燕子飞去，又飞回。
它没能找到栖息之处，所以就返回来。
我取出乌鸦，把它放走；
乌鸦飞去，看水干了，
它觅食、积攒、啼叫、不再回来。
于是，我朝着四面八方放生，
供上祭品，
在山顶上
开始祭神。”

乌特纳彼什提穆对吉尔伽美什说：
“吉尔伽美什，你已经出发，
你精疲力竭，受尽磨难。
我应该给你什么，
好让你借以返回家园？
我将把隐秘告诉你；
我要告诉你生命植物的事情。
这植物看上去像带刺的荆棘……
它的刺像玫瑰的刺一样
会刺痛你的手。
当你把这种植物拿在手里的时候，
把它吃掉一口，你就能活。”

二十里之后他们稍用食物，
三十里之后他们休息过夜。
吉尔伽美什看到一潭清凉的水，

他跨入水中洗澡。
然后一条蟒蛇闻到植物的香味，
它爬过来，叼走了植物……
当吉尔伽美什回来的时候，他尖声诅咒。
吉尔伽美什独自坐下哭泣，
泪流满脸。
他对水手乌鲁舍纳比说：
“乌鲁舍纳比，为了谁
我把我的双臂磨破？
为了谁我把我的心血流尽？
我没有给我自己带来一点好处——
给大地的爬虫带来好处……”
资料来源：威廉·埃勒瑞·伦纳德的英译本《吉尔伽美什》

【问题与思考】

1. 关于人的天性和人类的境况，这部史诗告诉了我们些什么？
2.《吉尔伽美什》对后世文学的影响。

二、《汉谟拉比法典》（节选）

【提要】《汉谟拉比法典》的条款涵盖范围广大，给我们描绘了一幅井然有序的社会图景，渗透着古巴比伦人淳朴的治国理念。

……

5. 若法官做判决、做决定、同意一项书面裁决，而后改判，法官应为改判而受到起诉，应该偿付该判决所规定罚金的十二倍。而且，他应该被当众逐出审判席，不得重返审判席，和审判法官坐在一起。

6. 任何一个人窃取寺庙或者皇宫的财产，他将被处以死刑，而从他那里获得到赃物的人也一并处以死刑。

8. 如果被盗窃的牛、羊、驴或者是猪属于寺庙或者皇室，盗窃者将偿付三十倍的赔偿；如果它们属于国王的公民，盗窃者将做出十倍赔偿；如果窃贼无力赔偿，将以死抵罪。

14. 拐卖他人幼子之人，将被判处死刑。

15. 若一个人引诱贵族或平民家中的男女奴隶离开城市，他应被处死。

19. 窝藏他人奴隶并且被抓获者将被处以死刑。

22. 任何人实施抢劫并被捕获，应被处以死刑。

23. 如果没有抓获拦路的强盗，遭抢劫者须在神前宣誓，表明自己的损失，然后由发生劫案的地方或地区的市长或地方长官偿还被抢者的损失。

25. 若一间屋子起火，前来扑灭火的人贪取屋主的财物，此人应被投入同样的大火中。

26. 若受派遣为国王服务的军事长官或军人不尽责，或雇佣替身替他尽责，该军事长官或军人应被处死，受雇的替身应接替他的职位。

42. 若有人租用土地来耕种，造成土地庄稼不长，则此人应为此负责，支付平均租金，

45. 若某人将土地租给佃农并收取租金，之后田地为雨水所淹，或者洪水冲走庄稼，则损失应由佃农承担。

53. 若某人因疏忽而没有加固其堤坝，没有保持堤坝的坚固，堤坝决口，水淹牧场，则谁的堤坝决口，谁就应承担他所造成的饲料损失。

54. 若他无力偿还这些饲料，则他和他的财物将被出售，所得钱款由饲料被水冲走的牧场主分享。

55. 如果任何人开挖沟渠以浇灌田地，但是不小心淹没了邻居的田，则他将赔偿邻居小麦作为损失。

61. 如果一个园丁没能完成这个田地的播种栽种，则其将负全责。

102. 若商人作为一种投机生意将钱款交给代理人，而代理人在代理活动中遭遇损失，他应将全款退还商人。

103. 若在代理活动中有敌人迫使他放弃他携带的某些货物，则代

理人应以誓言担保，说明数目，免于承担责任。

120. 若某人将自己的谷物寄存于另一人家中，由他代为保管，谷物在仓库中遭受损失，或者房屋主人打开仓库取走谷物，或对寄存在他家中的谷物数量有争议，谷物所有者应发誓声明谷物数量，房屋主人应双倍归还于他。

122. 若某人将金银等物品存放于另一人处，应先让见证人将一切过目，并形成契约，然后再存放起来。

123. 若他存放而没有见证人和契约，那么他即使受骗也无权起诉。

130. 若某男子强暴另一男子的未婚妻，该未婚妻为处女，同时仍住在父亲家中，强暴者被当场捉住，则此人应被处死，女子可以免责。

132. 若有人指控某女子与某男子有染，但并未被当场抓获和他睡在一起，为丈夫着想，她应跳入圣河。

138. 若某男子与妻子离婚，其妻并未生子，此男子应付此女足够的钱款，以抵对她的聘礼和她从娘家带来的陪嫁之价。

139. 若婚嫁时无聘礼者，离婚时他应赔付女方一迈纳[①]银子，作为离婚的补偿。

159. 若一男子赠送礼物给未来岳父家，并送了聘礼，事后却看上另一个女子，并对未来岳父说："我不愿意娶你女儿"，则女孩的父亲可以留下他送的任何礼物。

160. 若一男子赠送礼物给未来岳父家，并送了聘礼，而女孩的父亲后来却说："我不愿意把女儿给你"，则父亲应双倍退还赠予他的一切。

195. 若儿子打父亲，则其双手应被剁掉。

196. 若一人打坏贵族眼睛，则此人眼睛应被打坏。

197. 如果他折断贵族的肢体，则他的肢体也应被折断。

198. 如果他打坏平民的眼睛或折断平民的肢体，则他应赔付一迈纳的银子。

---

① 古希腊时使用的一种金融单位

200. 如果贵族打掉一同样身份者的牙齿，则他的牙齿也应被打掉。

201. 如果他打掉平民的牙齿，则他应赔付三分之一迈纳的银子。

229. 若建筑者为某人建一房子，做事不牢靠，所建房屋坍塌，导致屋主死亡，则该建筑者应被处死。

230. 若致使屋主儿子死亡，建筑者之子应被处死。

231. 若致使屋主的奴隶死亡，则建筑者应以奴隶赔还屋主。

282. 若某奴隶对其主人说："你不是我主人"，该奴隶应对此做出解释，一经定罪，他的主人可以割下他的一个耳朵。

资料来源：米克《汉谟拉比法典》（"The Code of Hammurabi"，The Ancient Near East，ed.J.B.Pritchard，Princeton University Press，1958）

【问题与思考】

1．从《汉谟拉比法典》中可以看出古代巴比伦社会的哪些特点？

2．谈谈《汉谟拉比法典》的历史价值。

第二章　古代埃及文化

正当苏美尔人在两河流域创造自己的文化时，在北非的尼罗河畔，另一朵文化之花开始绽放，这就是古埃及文化。古代埃及与两河流域一样，也是人类文化最早的发祥地之一，在数千年的历史发展过程中，古埃及人创造了自己灿烂辉煌的文化。

古埃及的地理环境

古埃及文化起源于公元前 4000 年左右，几乎与发现的两河流域文化一样的古老，但和两河流域文化不同的是，古埃及文化的特点是稳定和安宁，是一个相对单一、长期延续的文化。尽管在文化的发展过程中，也经历了数次不同程度的外族入侵，但埃及还是基本延续了自己的王朝统治，直到最终成为罗马的一个行省。

古埃及在地理范围与现今的埃及大致相当，埃及东接红海和阿拉伯大沙漠，西接世界上最大的撒哈拉大沙漠，北濒浩渺的地中海，南部是湍急的瀑布，大致以尼罗河第一瀑布为界。由此可见，埃及四周都有天然的屏障，形成一个相对封闭的环境。气候炎热而干燥，雨量非常稀少。

在这种地理环境之下，对于古埃及文化的孕育，一条河流至关重要，它就是尼罗河。发源于东非高原的尼罗河全长 6670 千米，它的上游有两条支流，白尼罗河发源于维多利亚湖，青尼罗河发源于埃塞俄比亚，两条河在苏丹汇合后，自南向北贯穿埃及全境，最后注入地中海。尼罗河在埃及境内变得平稳起来，形成一个平底河谷，在注入地中海前，呈扇形展开，形成一个三角洲。由此，尼罗河把埃及天然地分成南北两大部分，即由尼罗河下游所冲积成的南部河谷地带和北部三角洲两地带。河谷地带长 700 多千米，宽度为 15～25 千米不等，两侧是石灰岩和花岗岩的峡壁，在峡壁之外就是茫茫的沙漠。尼罗河流出河谷后，在开罗以北注入一个大海湾，形成宽阔平坦的三角洲。古代的尼罗河在这里河道纵横交叉，还有星罗棋布的沼泽湖。古代埃及人为这两个部分取了名字："上埃及"和"下埃及"，被称为"上埃及"的南部河谷地带，两侧山峦起伏，山峦之外是浩瀚无垠的沙漠。被称为"下埃及"的北部三角洲地带冲积土层厚达15～23米，是尼罗河流域土壤最肥沃的区域。

正如古希腊历史学家希罗多德所说：埃及是尼罗河的赠礼。首先，最为直接的是，尼罗河为埃及带来了肥沃的土壤和丰富的水资源。埃及是沙漠中的一片绿洲，它的周围被沙漠包围，唯独狭长的尼罗河谷呈现一片绿色的生机，这片绿洲完全得益于尼罗河。每年晚春时分，从印度洋吹来的季风给埃塞俄比亚高原带来大量的雨水，暴雨将高原肥沃的土壤冲入尼罗河中并形成洪水，造成了尼罗河的定期泛滥。每年的7～10月，尼罗河开始涨水，被古埃及人称作"阿赫特"（泛滥）季节。含有大量矿物质和腐植质的泥沙随尼罗河而下，在两岸逐渐沉积下来，成为肥沃的黑色土壤。接下来的是"佩雷特"（生长）季节，10月至下年3月中旬，即尼罗河水退回河床，人们把种子撒在厚厚的湿土中，是农民忙于耕种的时节，秋冬季节适宜的阳光会有益于农作物的生长。从3月中旬至7月是"舍毛"（干旱）季节，农作物夏收以后，大地开始干裂，迎接着下一个泛滥季节的来临。这样，就构成了古埃及历法上的三个基本季节：泛滥、生长和干旱，这是一个理想的自然循环，所以尼罗河畔的居民很早便开始有了农业。尼罗河不仅带来了肥沃的土壤，还带来了丰富的水资源，它浸灌着两岸干旱的土地。埃及气候干旱，雨量稀少，就是三角洲地区每年也仅有三十来天的雨季。然而水量充沛的尼罗河以及每年有规律的定期泛滥则弥补了雨水不足之憾，使那里的人们能够发展农业，给埃及文化的孕育创造了较优越的自然条件。

由此，在古埃及人眼中，洪水泛滥是作为神的恩赐而出现的，一场发的不理想的洪水总是农民最担心的灾祸，我们可以从《尼罗河赞歌》里看到这样的期待之情："赞美你呀，尼罗河。你受大地孕育，又让大地生机盎然——您的大水，淹没了拉神的农田，却是为了万物的生存—

—是你培育了大麦，是你让小麦生长，让我们在寺庙中分享丰收带来的喜悦。要是你懒了身子，塞了鼻子，人人将会一无所有——要是你爬起身，抬起头，大地为此欢呼，人人为此欣喜。”直到20世纪初，埃及人依旧保留着一些古代仪式的痕迹，洪水泛滥是举国欢庆的时候，埃及人来到尼罗河边，向水中撒入鲜花、食物以及具有象征意义的玩偶，以此来祈求尼罗河水的上涨与泛滥。

尼罗河对埃及文化的另一个重要影响是政治上的，尼罗河谷相对封闭的环境有利于国家的统一。埃及周围几乎不是沙漠就是大海，东部和西部都是一望无际的沙漠，南部是湍急的瀑布，北部是烟波浩渺的地中海，只有东北角与西北角有通往巴勒斯坦与利比亚的通道。这就使得古代埃及与外部世界相对隔绝，拥有一道抵御外族入侵的自然屏障。埃及的自然环境不仅为生活的稳定创造了条件，而且也为政治的稳定创造了条件，并有利于形成政治上大一统的中央集权。古埃及的历史由此呈现出单一稳定状，建立的王朝按序列世代相传，很少间断。在国家形态出现后的漫长时期中始终保持着国家的大一统，这在古代文化的发展中也是不多见的。

古埃及的历史

埃及的历史是漫长的，古埃及祭司曼涅托在公元前3世纪用希腊文写下了一部《埃及史》，他按照埃及历史上王朝的更替，把埃及史分为31个王朝时期。后来的历史学家们以简驭繁，把这31个王朝时期归并为3个主要时期和两个过渡时期，即古王国时期、中王国时期、新王国时期以及他们之间的两个中间期，这就是我们现在所通用的关于古埃及史的分期方法。不过有一点要注意，以下所举的年代尽管精确到某一年，但实际上只能是个约数。由于年代邈远，文献不足，各家说法往往不一致，而且愈古相差愈大，我们这里只能斟酌众说，求其接近而已。

前王朝时期：约公元前4500至约公元前3100年

早王朝时期：1—2王朝，约公元前3100年至公元前2686年

古王国时期：3—6王朝，约公元前2686年至公元前2181年

第一中间期：7—10 王朝，约公元前 2181 年至公元前 2040 年
中王国时期：11—14 王朝，约公元前 2040 年至公元前 1786 年
第二中间期：15—17 王朝，约公元前 1786 年至公元前 1567 年
新王国时期：18—20 王朝，约公元前 1567 年至公元前 1085 年
第三中间期：21—25 王朝，约公元前 1085 年至公元前 664 年
后王朝时期：26—31 王朝，约公元前 664 年至公元前 332 年
托勒密埃及时期：公元前 332 年至公元前 30 年

最古的埃及人究竟来自何方？学者们目前的一般论断是这样的：最初迁移到尼罗河谷的是一些非洲土著，后来来自亚洲的闪米特人又分批入侵进来，经过长期的混合，同化为一个新的部族，他们被称为古埃及人。在氏族公社时期，埃及人是按照血缘关系聚族而居的，而后氏族公社演化为农村公社，形成四十多个部族。大约在公元前 4000 年，埃及人就已经从石器时代进入铜器时代，金属器具一出现，社会生产力便空前提高了。

为了争夺土地和水源，部落与部落之间经常发生战争，其后，埃及人的部落聚合为两个对立的王国：一个王国占有尼罗河谷的南部，称为上埃及；另一个王国占有尼罗河谷的北部和三角洲地带，称为下埃及。大约在公元前 3100 年，上下埃及完成了统一。至于南北是如何统一的，一直是一个有争论的话题。一般的说法是上埃及的国王美尼斯（又称那

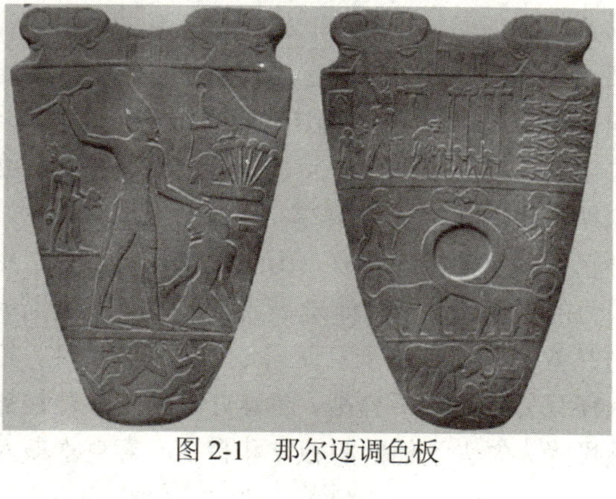

图 2-1　那尔迈调色板

尔迈）统一了上下埃及，建立了第一王朝。一个最著名的证据是一块被称作“那尔迈调色板”的石板，在调色板中，正面雕刻着威风凛凛的那尔迈头戴上埃及的白色王冠，一手拿着权杖，一手压在敌人的头上。在调色板的另一面，那尔迈则头戴下埃及的红色王冠加在自己的白色王冠之上，这是埃及历史上的第一次统一。

统一后的埃及建都孟菲斯，建立起了世袭的专制王朝。埃及的国王被称为法老，法老是至高无上的统治者和神灵在尘世间的代表。法老的世俗责任是治理尼罗河，确保食品的供给。他的宗教职责是凭借他所拥有的神圣权利以及他和神灵的关系来确保每年洪水的泛滥，使农业生产能够顺利地进行。经过了约500年的和平发展后，埃及进入了古王国时代。古王国时期的埃及是奴隶制国家的极盛时代，此时的埃及政治走向成熟，经济得到较大发展，文学活动开始出现，也是金字塔建造的鼎盛时期。位于萨卡拉的左塞王阶梯金字塔是埃及的第一座金字塔，修建于第三王朝。此后古王国的法老们开始为自己营建这种穷奢极欲的陵墓，由此，此时期又叫作金字塔时代。

金字塔时代之后，从公元前2181年至公元前2040年，没有一个王朝统治埃及超过一个世纪，人们通常把这个混乱时期称为“第一中间期”。这一时期古埃及的政治局势极为混乱，陷入群龙无首的状态，而留下来的文献资料又非常少。经过长时期的纷争，埃及在混乱中又渐渐出现了统一的希望。公元前2000年左右，建都在尼罗河谷中部的底比斯国王取得了领导地位，重新完成了埃及的统一，这以后的250余年在埃及历史上叫作中王国时期。中王国时期的埃及一度中兴，经济繁荣，文化昌盛，法老们不仅注重修建寺庙，而且重视兴修水利灌溉工程。但在中王国的末期，政治斗争非常激烈，各阶层的矛盾也加剧，国力开始衰弱，从这时起直到新王国的建立，历史学家称之为第二中间期。在此期间，由于国力的衰弱，埃及开始遭受到了外族喜克索斯人的入侵。喜克索斯人原先在叙利亚一带逐水草而居，过着游牧生活，娴于骑射。而当时的埃及人还只知道用步兵作战，在喜克索斯人那种优势兵力的侵袭下，只有缴械投降，失去了他们的独立和自由。喜克索斯人占领了尼罗河谷的北部，把埃及人沦为奴隶，在那里统治了约 140 年。

在喜克索斯人统治埃及的时期，位于尼罗河谷中南部的一些埃及小邦仍旧保持着半独立的状态，他们不甘心受异族的统治，屡次兴兵与喜克索斯人作战。在公元前 1567 年左右，底比斯的王公聚集了埃及人民的力量，把入侵者赶出了埃及，埃及恢复了独立。这以后的 400 多年，埃及以底比斯为中心，维系着统一的，强盛的局面，这在埃及历史上叫作新王国时期，即埃及的 18—20 王朝时期。在 18 王朝，埃及人利用为驱逐入侵者而建立起的庞大的军事机器，开始了大规模的对外征战。新王国初期的几个法老都是穷兵黩武的征服者，其中最著名的是法老图特摩斯三世。经过他连续不断的武力扩张，埃及已经成了一个帝国，其势力在北方达及迦南、叙利亚等地，南方边界远达尼罗河第四瀑布，古代埃及历史上最繁荣昌盛的时代终于到来。这个时期，埃及在建筑和雕刻方面的技艺也达到了高峰，法老利用人们的劳役和搜刮得来的财富，建造了巨型的雕像、高大的方尖碑、金碧辉煌的宫殿和巍峨雄伟的神庙。尤其是第 19 王朝的拉美西斯二世更是广建神庙，一些巨大的石像竟高达 65 英尺。

然而，从 19 王朝末开始，国家政权受到来自内部和外部的种种威胁和打击，僧侣集团的势力不断增强，王权与僧侣之间的争斗使得埃及人建立起的帝国在第 20 王朝结束时瓦解，埃及的历史进入第三中间期（第 21—25 王朝）和后埃及时代（第 26—31 王朝）。埃及重新陷入分裂和混乱，在这种形势之下，武力比较强大的外族就开始侵入进来，从公元前 10 世纪起，非洲的利比亚人和埃塞俄比亚人就相继入侵了埃及，古埃及的历史已发展到了尽头。公元前 671 年，埃及在亚述人的席卷之下丧失了独立，从此以后，埃及受人任意宰割，逐渐丧失其独立和固有的文化特征。公元前 525 年，埃及被波斯人征服，公元前 332 年，埃及被亚历山大征服，后来埃及虽然在托勒密王朝的统治下曾经一度恢复到昔日的繁荣，但到了公元前 30 年，埃及又沦为罗马帝国的一个行省。从这时起，古埃及的历史宣告结束。

值得一提的是，虽然古埃及的历史以公元前 30 年托勒密王朝的最后一位法老克利奥帕特拉七世的去世而告终，但从文化角度来看，古埃及文化最典型和纯粹的时期到新王国为止。公元639年，随着伊斯兰教的出现和阿拉伯人对埃及的征服，埃及逐渐成为伊斯兰教文化圈的成员，延绵数千年的古埃及文化被阿拉伯文化取代。

古埃及的宗教

在古埃及人的生活中，宗教起着非常重大的作用，无论是在政治、文学、建筑、艺术还是日常事务的处理都留下了它的印记。尼罗河带给埃及人的东西并不局限于物质层面，它还影响了埃及人的生活态度和世界观。跟两河流域不一样，由于两河的不定期泛滥，人们与自然的关系往往比较紧张，成了征服和改造的关系。而埃及人所得到的东西并不是与大自然搏斗的结果，而是顺应自然的产物，所以古埃及人对自然常怀感恩之情，生性乐观，其宗教中的神也大多对人类友善。

从自然崇拜到多神体系是埃及宗教信仰的基本发展历程，埃及人认为，世界上各个领域都有神在起主宰作用，因而，古埃及有名有姓的神多达上千个，而且有性别之分。太阳、土地、水等与人们生活息息相关的大自然成为主要的崇拜对象。最早的神多具动物形象，王朝时代埃及的神由动物形象过渡为拟人阶段，人身兽头或人身鸟头的形象十分流行。埃及宗教中的神祇没有固定的神谱体系，其地位的高低与政治有关，与统治者的偏爱有关，不同地区的人当政，其地区保护神的地位就相对得到提升。随着国家的统一，诸神逐渐融合，在这里，我们主要介绍埃及人最重要的两个信仰，一是太阳神信仰，一是来世神信仰。

在古埃及人的信仰中，太阳神居于最高地位。埃及的天空终年万里无云，炽热的阳光照耀着大地，太阳神被看作是万物的创造者，是古埃及的天地之神，掌管着宇宙和世间的秩序。从古王国时期开始，太阳神崇拜就成为埃及人最主要的信仰体系，太阳神被叫作拉神。在中王国底比斯统治时期，因底比斯主神称阿蒙，太阳神又被叫作阿蒙神，或阿蒙-拉神。古埃及人认为太阳神是生活在太阳船上，每天早上在东方降生，然后航行穿过天空，夜晚时在西方下山。下山以后，太阳神还要继续旅行，穿越由 12 个时段组成的冥府，这是一个恶魔的世界，太阳神及其随行的神祇要与这些恶魔进行搏斗，最后从东方诞生，又开始新的一天的旅程。

埃及法老即自称为太阳神在人间的化身，被称为太阳神之子，是被神化了的最高统治者。如果说埃及整个社会阶层的构成犹如一座金字塔，那么法老就是站立在金字塔的顶尖上，代表着诸神统治现世，统治埃及，是一国之主，具有至高无上的绝对权威。太阳神与法老的关系确立了埃及君权神授的政治体系，而数量众多的神庙和强大的祭司阶层的存在，则为这种神人统治关系提供了不可辩驳的合法性。法老的统治是一种神权合一、政教合一的统治，是一种典型的君主专制。为保持法老血统的纯正，其婚姻实行族内婚，一般为兄弟姐妹互为婚配。由于法老有神性血统，因而他死后也不像凡人那样进入冥府，而是直接前往太阳船，在那里与太阳神一起享受永恒。今天，我们已在金字塔的附近发掘出了为法老陪葬的太阳船。

此外，古埃及宗教思想中还有着独特的来世观。这个观念的形成应该受到埃及独特自然环境的影响。尼罗河每年定期泛滥循环，植物的繁盛与枯亡，太阳每天的升起与落下，这些自然景物周而复始、反复无穷的生死循环使古埃及人形成这样一种观念：世界万物可能都是循环的，包括我们的生命。埃及人相信人能死而复生，灵魂不灭。在埃及人眼里，现世只是短暂的一瞬，来世才是永恒长存。所以古埃及是一个特别注重来世的国家，他们把来世看得比现世更重要，在生前就开始为来世做准备，尽其所有为来世修建一个舒适而富有的家。我们今天看到的古埃及遗物，大都同他们的这种来世观念有关。

古埃及人把来世复活的理想寄托在来世神奥西里斯身上，关于奥西里斯有一个凄美的传说：奥西里斯本是一位深受老百姓爱戴的法老，他教会了人们种植庄稼、酿酒及其他技艺。但他的名望遭到他的亲兄弟塞特的嫉妒，塞特于是密谋杀死了他，自己篡夺了王位。赛特还将奥西里斯的尸体割成碎块，抛向各地。奥西里斯的妻子，也是他的妹妹伊西斯悲痛欲绝，花了很多年的时间找回了这些碎块，并把它们拼接起来，只是生殖器已被一条鱼吞食。也许是伊西斯的忠贞感动上天，伊西斯在丈夫的尸体上受孕，生下了儿子荷鲁斯。荷鲁斯长大后为父报仇，杀死了赛特，重新夺回了王位，奥西里斯也得以复活，成为尼罗河之神与冥界的国王和审判神，充当死者的判官。奥西里斯受到埃及所有阶层的崇拜，从法老到农民莫不如此。在庞大的圣殿里，每年都要演出奥西里斯从生到死再到复活的圣剧，演出一连进行好多天，并且由国王指派高级官吏扮演剧中的重要角色。

奥西里斯的死亡和复活传达了一个重要的信息，人是可能长存不灭的。在古埃及人的认识中，活着的人是由两部分构成的，一是人的肉体，一是叫作“卡”的东西，我们把它翻译成“灵”。人一出生“卡”就存在，而且人死后会继续存在。平时“卡”存在于人体之中，靠身体所需要的食物来供养。人死后，“卡”在坟墓里生活，依靠给死者供奉的祭品而活，因此，生者要在坟墓中提供它所需要的东西。人死后，还会产生一种叫作“巴”的东西，我们翻译为“魂”，它长着人手人脸，却是鸟的形状，一直盘旋在木乃伊的上方。只要妥善保存尸体，一旦“卡”或“巴”重新进入人体，人便能复活。

因此，为了日后复活，最重要的是要将尸体保存完整。为此，埃及人将大量精力花费于此。首先第一步即要建造坚固的陵墓来安放尸体，古埃及人认为，死者的坟墓最好坐落在西部的沙漠地带，这样，死者的灵魂就可与落山的太阳一起同路而归。他们不惜耗费大量的人力物力来给死者建造坟墓，并在里面摆放着各式各样在来世可能需要的东西，如衣服、食物、珠宝、化妆品、玩具等等。金字塔的出现也是出于这样的目的，它是法老的陵墓。在金字塔旁边还建有祀庙，祀庙是举行崇拜仪式的地方，它分为两部分：一部分叫上庙，紧贴着金字塔的东面脚下；另一部分叫下庙，远在几百米之外的尼罗河边，上庙和下庙之间用石块砌一条全封闭的走廊。法老死后，送殡的队伍把他的木乃伊送过河，从下庙鱼贯走向上庙。

金字塔虽然宏伟坚固，但也容易吸引盗墓者，于是，金字塔的建造在延续了 1000 年左右的时间后，法老们将其放弃，转向建造更加隐秘的陵墓。新王国的法老选择了一个僻静的荒山峡谷作为他们的葬身之地，这便是位于西底比斯的一个山谷，距今开罗市100 多千米。自从埃及第18王朝法老图特摩斯一世在这里建造了第一个隐蔽的地下墓室后，他的后继者们竞相仿效，经历了约5 个世纪的漫长岁月，在此共修建了60 多座法老的陵墓，人们把这里称为帝王谷。今天，考古学家先后在这里发掘了几十座法老陵墓，但唯有法老图坦卡蒙的陵墓基本完好，出土了丰富的陪葬品，被认为是20 世纪最重大的考古发现之一。

除了建造坟墓之外，另一项重要措施便是保持尸体不腐烂，为此，古埃及人开始将尸体制成干尸，也就是“木乃伊”。古埃及人制作干尸的灵感当然同他们的来世观念有关，也同当地的气候有关。经过长期的摸索，人们认识到，让尸体脱水和取出内脏、脑髓是尸体保持不腐的先决条件。制作木乃伊的工程相当复杂，全部过程大约需要 70 天。古埃及人先清除尸体的内脏，然后用特制的药物浸制这些内脏，再把盐和香料涂在尸首上，以吸干尸体上的水分。最后用涂抹芳香树胶的长布条把尸体包裹起来，尸体便不会腐烂。至此，制作干尸成为一门专门的行当，有专门的防腐师和干尸制作工场。接下来是下葬仪式，木乃伊被隆重地抬到坟墓的入口处，然后竖起来，被施以开口礼，最后，装着木乃伊和陪葬品的棺材被埋入墓穴中，永久地封闭起来。古埃及人还认为，死者要在冥间接受奥西里斯根据其生前所作所为做出的审判，审判过关才能获得永生。在他们的想象中，死者的心脏要放在天平上去跟象征着真理的羽毛相称，如果天平两端不平衡，审判就没通过，也就得不到永生的资格，心脏会被守护在天平旁的阿穆特吃掉。为了能让死者顺利地通过冥间的审判，人们在死者陵墓里放上供死人阅读的《亡灵书》。他们相信，死者有了这本书，就能在它的帮助下从容应答冥府的审判。书里有很多祈祷文和咒语，并为自己的纯洁和清白辩护，如我没有杀人，没有对神不敬，没有拿别人的东西等等，这种冥间审判应该对后面犹太教与基督教的末日审判有着一定影响。此外，为了保证对死者的供养，活在世上的亲属还要不断地举行祭祀。祭祀包括倒水，呈上食品，念一些可使死者享用食品的魔语等，所以，埃及的公共墓地非常繁忙，家人、僧侣等络绎不绝。

古埃及的多神崇拜到了新王朝阿蒙霍特普四世时，发生了变化，时间在公元前 1379 年至公元前 1362 年。此时，埃及实力强盛，王权强大，王国需要意识形态的一统。法老阿蒙霍特普四世上台后进行了宗教革命，开始推行一神教。阿蒙霍特普四世认为埃及应该只尊崇唯一的真神——太阳神阿吞，法老是阿吞在人间的儿子。为了使人们忘掉过去所崇拜的诸神，他关闭了所有的寺庙，驱赶庙里的僧侣，庙内的财产全部充公，并把自己的名字也改名为阿肯那吞，意为“有益于阿吞”，这恐怕是世界上最早的一神宗教。阿肯那吞的宗教改革实际上是王权与阿蒙祭司集团之间矛盾激化的结果，他的这场文化革命当然遭到了激烈的抵抗，阿蒙神庙的祭司们因为自己的神庙被封，财产被查抄没收而怒火中烧。他们利用其对民众的控制力和埃及多神教的传统制造麻烦，阿肯那吞死后，一神思想随即遭到抛弃，埃及的多神宗教崇拜一切照旧。

古埃及人生活在宗教之中，他们建造了宏大的庙宇来供奉神。古埃及人的信仰有个人和官方之分，官方的宗教崇拜以祭祀为主，按规定在神庙中进行。尽管所有神庙的最高祭司都是由法老本人担任，但每日的祭祀主要由祭司主持进行，只有在重要的宗教节日时，法老才会亲自主持祭祀仪式。官方宗教的祭祀特点和众多神庙的存在造就了埃及一个庞大的祭司阶层，掌管神庙的祭司因其神庙的地位具有相应的地位和权力。祭司阶层在社会上享有特殊崇高的地位，他们不从事生产劳动，不服兵役、不纳税。普通民众对官方的宗教祭祀很少参与，个人宗教崇拜主要由民众自己进行，多与其日常生活和农业生产有关。

古埃及的文化成就

作为一种古老文化，古埃及在其存在的 3000 多年的历史中所取得的文化成就是无与伦比和光辉灿烂的。其留下的文化遗产至今仍显示着无限的魅力。

文字 埃及人早在公元前 3000 多年前就开始发明了文字，我们称之为象形文字。象形文字体系是世界上最古老的文字之一，这种文字既不同于西方文字的字母，也不同于我国早期表形和表意的文字，而是一种复杂的文字系统。埃及象形文字的符号分为三类：第一类是表意符号，这些符号的意思就是它所画的东西。第二类是表音符号，这些符号所画的具有语音上的价值，可以表示一个、二个或三个辅音。最后一类符号称为限定符，它们不发音，而是表示它们前面的词属于哪一类词。如有表示男女的，有表示单数复数的，等等。并在大约公元前 2000 年前创造出了由 24 个子音符号构成的单音节符号，这些符号后来成为拼音文字的先声。

象形文字出现后一直为埃及人所使用，只是到了公元前 4 世纪，由于希腊人和罗马人对埃及的统治和文化入侵，希腊文成为通用语言，埃及的象形文字才逐渐遭到淘汰。象形文字的出现和广泛运用极大地推动了文学的发展，古埃及文学在文字出现后由口头文学向书面文学发展，体裁繁多，内容丰富，语言优美。它们不仅为人们了解和研究古埃及文化提供了宝贵的资料，还对希伯来文学、古希腊文学和阿拉伯文学产生了直接影响，同时是人类最古老的文学遗产。

象形文字停止使用后，在相当长的历史时期里，成为无人能读的死文字，直到 1798 年，法国的拿破仑率军进入埃及，那封存了千年之久的古埃及文物才开始被人们所注意。其中有一块被法军在尼罗河口罗塞塔地区所发现的石碑，上面镌刻着 3 种对照的文字：古埃及的象形文字、象形文字的俗体和古希腊文。根据上面的希腊文为线索，1822 年，法国学者商博良释读了这些象形文字的若干符号，从此开启了象形文字的神秘大门，以此为标志又诞生了一门新的学科——埃及学。

伴随着文字的发明，古埃及人很快就知道用植物的浆液制成墨水，用削尖了的芦苇做笔，并用尼罗河畔一种特产的芦草制成纸。纸草的发明是埃及人对书写载体的重大贡献，是人类书写材料的一大创新。尼罗河三角洲地区盛产纸莎草，埃及人用它制造出了一种廉价的书写材料。古埃及人把纸莎草的基干剖成长条，彼此排齐连接成片，然后压平晒干，再经过一番处理之后，变成了薄而光滑的纸张。它与之前传统的书写材料，如石头、泥板、兽骨等相比具有很多优点，轻便、便宜、易造、可折叠、便于携带等。因此，在它出现后的4000年中，成为最受欢迎的书写材料。今天，莎草纸保存的文献多达几十万份，涉及文字十几种，成为人们了解古代文化的重要文献来源。

天文学 在埃及人的一系列科学成就中，对世界文化影响最为重大的还有它的天文学和几何学成就。早在大约公元前四千年，埃及人根据尼罗河定期泛滥和天狼星的运行周期制定出了人类历史上最早的太阳历。尼罗河每年定期泛滥，当洪水第一次暴涨时，此时，在尼罗河下游地区正好可以见到天狼星与太阳在东方的地平线上同时冉冉升起。于是，埃及人把这个时间作为一年之始，把一年分为3季：泛滥季、生长季和干旱季。每季4个月，每月30天，12个月合计360天，另外有5天，作为年终的节日。这样，一年便有365天，接近了地球围绕太阳公转一周的时间，这是人类所知的以365天为一年的第一个历法。尽管这一记日系统与地球围绕太阳公转一周的实际用时仍存在一定的误差，但这已是古代最佳的历法。埃及人还发明了用滴漏计时，创造了世界上最早的水钟，并制造利用日影来测定时间的日晷，他们分一日为12时，可以从日影投射在日晷上的位置把时间读出来。

数学 数学产生于实用的需要，由于测量土地、兴修水利等生产、生活的需要，古埃及人很早就掌握了必要的数学知识。他们最早发展出了几何学，用于对土地面积的测量和计算。由于尼罗河的定期泛滥，土地界限往往被新的淤泥淹没，土地测量必须年复一年地进行，几何学由此产生。古埃及人找到了计算三角形、长方形、正方形、梯形及圆的面积的方法，并且还能计算金字塔、圆柱体、半球体等形体的体积。他们最早把圆分成360度，并首先注意到所有圆的圆周率都是一样的，以及推算出圆周率的值为3.1605。

医学 从发现的古埃及医学文献来看，埃及人在医学方面也有相当成就。已出现了内科、外科、妇科、眼科等分科，并对一些病因进行探索。因制作木乃伊的需要，古埃及人常常进行尸体解剖，这使他们较早知道用心脏与血液循环的关系来诊断病情，并且外科医术发达。古埃及治病的药物也十分广泛，既有植物、动物，也有矿物。埃及人记录了许多药物的治疗性能，并编纂了第一部《药物录》，他们的许多药物和治疗法由希腊人带到了欧洲，古埃及的医生也由此在当时蜚声国际。另外，他们还发明了美容术，早在前王朝时期，埃及男女已经使用化妆品来美化他们的容貌，染发、画眉、眼影、口红等等，美容方法和产品多种多样，琳琅满目。最常见的是眼妆，甚至死后都要把做眼影的颜料、磨制颜料的调色板带到坟墓里去。

建筑 古代埃及人在建筑方面所取得的成就是举世瞩目的，尤其是金字塔的建造，至今仍有无数未解之谜。金字塔是一种高大的角锥体建筑物，底座呈四方形，每个侧面是三角形，样子就像汉字的“金”字，所以我们称之为“金字塔”。埃及的金字塔修建经历了阶梯金字塔和标准金字塔两个发展阶段，阶梯金字塔是标准金字塔的前身，位于萨卡拉的左塞王阶梯金字塔是已知的第一座金字塔，兴建于第三王朝，是建筑师伊姆霍太普为其君主左塞王建造的。目前共发现金字塔 90 多座，最为著名的是位于开罗郊区吉萨的金字塔群。其中最大的一座是第四王朝法老齐奥普斯金字塔，即胡夫（Khufu）金字塔，又叫大金字塔。胡夫金字塔建于公元前 2900 年左右，塔高 146.5 米，底边各长 230 米，塔身用 230 万块石块叠成，平均每块重 2.5 吨，占地约 52 900 平方米。直到 1889 年法国巴黎的埃菲尔铁搭建成为止，胡夫金字塔一直是世界上最高的建筑物。

图 2-2 吉萨金字塔群

大金字塔的建造，是古代世界的一大奇迹。从设计到施工，无一不表现出埃及人民的智慧和力量。塔身用的石料全部经过细工打磨，方方整整，面平如镜，叠砌在一起，不用任何黏合剂，虽刀尖也都难以插进，故能屹立数千年而不坠。金字塔设计精确严密，内部结构复杂多变，建造技术非常高超，是人类艺术史上的瑰宝，因此，当希腊人在列举世界奇迹时毫不犹豫地把它放在了首位。据希罗多德记载，为修这座金字塔，每天都有 10 万人在那里劳动，3 个月一轮换，共用了 30 年的时间才完成。以前人们根据希罗多德的记载，认为金字塔是埃及的奴隶建造的，但现在越来越多的证据表明，这一结论可能有误。现在对金字塔工人墓地的发掘表明，当时的修建者是有人身自由的，他们有妻子儿女，有请假的权利，也可以领到工钱，所以，金字塔可能是法老利用农闲时期组织平民修建的。

在大金字塔旁边，还有胡夫的儿子哈夫拉的金字塔，胡夫的孙子门卡拉的金字塔以及皇后的小型金字塔，构成了著名的埃及吉萨金字塔群。在哈夫拉的金字塔前面，还有一座举世闻名的古老雕塑——狮身人面像，希腊人称之为“斯芬克斯”。这座狮身人面像由一块巨大的花岗岩石整雕而成，高约 21 米，长 57 米，仅其耳朵就有 2 米长，人们推测这样一个庞大的斯芬克斯像是用来镇守法老墓地的，象征着人的智慧和狮子的勇猛相结合。在狮身人面像漫长的四千多年历史的大部分岁月里，流动的沙子一直掩埋到他的脖颈，约公元前 1400 年，图特摩斯四世首次开始尝试把这尊雕塑解救出来，另一次努力发生在 1818 年，一直到 1925 年，狮身人面像才最终被完全挖掘出来。而今，这半人半兽的石像依然蹲踞在尼罗河畔，与金字塔一起，作为世界奇观供后人瞻仰。

此后，神庙替代金字塔成为埃及的重要建筑形式，埃及最著名的神庙是建于新王国时期的阿布·辛拜勒神庙、卡纳克神庙和卢克索神庙。埃及神庙的特点是规模宏大，如卡纳克神庙长度约 1300 英尺，仅其中央大厅就几乎可容纳欧洲的任何一座大教堂。庙内使用的圆柱更是体积惊人，其中最高的 12 根圆柱高达 21 米，直径 3.6 米，需六七人才能合抱，柱头平顶可供 100 人站立，堪称世界建筑史上的杰作。除了这些神庙，埃及还有纪念法老丰功伟绩的一些纪念建筑，如现在埃及大地上还可以随处见到的拉美西斯二世的巨型雕像和方尖碑。方尖碑四面笔直向上，逐渐变细，直到金字塔式的碑顶，其开采、搬运、接合的技巧等都让今天的工程师们赞叹不已。

图 2-3　阿布·辛拜勒神庙

古埃及文化无疑是人类历史上出现过的最古老、最伟大的文化之一，尽管由于伊斯兰教在 7 世纪的兴起和影响，这个古老而悠久的文化遭到了彻底地抛弃，为世人所长期遗忘，但是它的光辉成就和具有特色的文化样式是不会永远被埋没的，而它对古典文化，特别是对古代希腊文化的发展所产生的影响也是巨大而深远的。

古埃及文化对西方文化的影响

古埃及文化对古希腊罗马文化的文字、艺术、宗教、文学、历法、数学、化学、医学等方面都产生了深远的影响。

文字方面　埃及象形文字中的 24 个表音符号，通过西奈半岛传到腓尼基，再经过腓尼基人的改造和增补发展为腓尼基字母。腓尼基字母是目前已知的第一套拼音字母，成为后世拼音文字的源头。古代的希腊字母就是由腓尼基字母发展而来的，而希腊字母又发展为拉丁字母和斯拉夫字母，从而为西方语言的形成奠定了基础。因此，古埃及的象形文字对周边国家文字的形成产生过重大影响，对世界文字的发展做出了重要贡献。此外，象形文字的重要载体莎草纸也由埃及传到欧洲，成为欧洲最主要的书写材料，对文化的普及与传承均起到了重要作用。现有大量的纸草文献流传下来，今天英语中的 paper（纸）一词即由古埃及的 papyrus（纸草）一词演变而来。

宗教方面 古埃及人创造出的众多神话传说和神灵形象，早就越出了国界，进入了地中海各地。如对奥西里斯、伊西斯、荷鲁斯等神的崇拜为希腊-罗马世界所广泛吸收，在基督教出现之前，希腊-罗马的伊西斯崇拜犹如后来的圣母玛利亚崇拜那样流行，地中海周边区域的很多城市都建有她的神庙，其中最大的一座建在罗马。有人说，基督教中圣母玛利亚怀抱耶稣的形象就源自伊西斯女神怀抱荷鲁斯的神话。而古埃及神话中奥西里斯的死而复活，人们对天堂、地狱的想象及死后的冥间审判等均可以在后世的犹太教、基督教中找到影子。

历法方面 公元前 1 世纪中期，尤里乌斯·恺撒把埃及的太阳历引进罗马，只稍加改变，这便是用恺撒的名字来命名的“朱里亚历”（又译作儒略历）。及至公元 1582 年，罗马教皇格列高利十三主持修订儒略历，在其基础上制定出了格列高利历，这便是现今世界各国所通用的公历，古埃及的太阳历是今天我们使用的公历的基础。

数学方面 古埃及几何学的成就为希腊数学家欧几里得所继承，并加以系统化，使之成为一门严密的科学。化学方面，现代西方语言中的“化学”一词在词源上与埃及即有密切的关系。如英语中 chemistry 一词来自于拉丁文的 chemei，而它原意是指埃及人仿制金银的技艺。古埃及的玻璃制造技术也相当发达，此项技术从新王国时期起向外传播，后来风靡整个地中海世界。腓尼基人经过潜心仿制，将玻璃制品做成了出口的拳头产品。公元前 1 世纪，希腊的工匠们在玻璃制造技术的基础上，创造了玻璃吹制术。埃及的医学也传到了希腊，并由希腊传播到整个欧洲。

古代埃及的历史延绵 3000 多年，在那邈远的古代，埃及人就建立了国家，已经有了相当发达的农业和手工业，制定了太阳历，产生了算数和几何学，创造了文字并发明了书写的工具和材料，建造了巍峨雄伟的金字塔和神庙，发明了烧制陶器和玻璃器的方法，除此之外，他们在文学、医药、工艺等方面都有极为重要的创造。古埃及虽然灭亡了，但埃及人创造的文化成果，至今仍闪耀着不可磨灭的光辉。

西方文化的产生和发展不是孤立的，是在人类其他文化的影响下，在与人类其他文化的碰撞和交流中逐渐形成和发展起来的。人类文化史的研究表明，西方文化与其说是起源于希腊的克里特岛，不如说是起源于古代近东地区。正因为如此，我们把古代两河流域文化、古埃及文化作为本书的开端，其意义即在于此。

知识拓展　经典导读

一、《尼罗河颂歌》（节选）

【提要】　尼罗河颂歌的产生年代不为人所知，学者们认为这是一年一度在底比斯举行的庆祝尼罗河灌溉大地的活动期间唱的。

赞美你，哦，尼罗河！你来自大地，前来哺育埃及……

你是太阳神所创造，你滋润着牧场，哺育所有的牲畜。你滋润了缺水的沙漠地带，正是你的甘露从天而降。

大地神之所爱，你指使谷神工作；你让卜塔[1]的作坊繁荣兴旺！……

你产出了大麦和小麦，从而使庙堂可以举办节庆。

如果你行动迟缓，人将无法呼吸、生存，所有人都会穷困潦倒，诸神的食物减少，上百万人就因此丧命。

如果你吝啬，整个大地都会陷入恐惧，悲痛不已……你出现时，大

① 埃及工匠的保护神

地欢欣，人人喜悦。一张张嘴开始欢笑，一颗颗牙显露出来。

你送来取之不尽的食品，创造一切美好事物。受人尊敬的你散发着甜蜜气息……你为牲畜创造了牧草，把祭品献给大地、上天或地上的诸神……

你让树木按照各种愿望生长，人们不乏树木；船靠着你的力量建造，因为木工造船用的是木头而不是石头……

你来自黑暗，却给人光明！你养肥了牲畜。你是一个强大的创造者……

人们为你而弹起竖琴，打着拍子对你歌唱。你的年轻人和孩子都向你欢呼，并委派代表向你致意！

你带来辉煌的万物装点大地！你使人们眼见船舰的繁盛；你让孕妇心感胎动；你乐于牛羊成群。

尼罗河水高涨，祭品已为你备好，为你宰牛宰羊，有盛大祭礼为你进行。养肥的禽类献给你，从沙漠中捕猎的羚羊孝敬你。你善有善报。

你是一片翠绿，哦，尼罗河，你是一片翠绿。你使人以牲畜为生，使牲畜以草场为生！你是一片翠绿，你是一片翠绿：哦，尼罗河，你是一片翠绿。

资料来源：布莱克曼（A.M.Blackman）的英译本

【问题与思考】

1．古埃及人对尼罗河持什么态度？

2．尼罗河对古代埃及文化的发展有什么特殊的意义？

二、《太阳船》（节选）

【提要】　在古埃及的史料中曾出现过太阳船，但它究竟是什么样子谁也没见过，这则资料即介绍太阳船出土的情况。

生活在尼罗河两岸的古埃及人每天都暴露在强烈的太阳光下，大沙漠的天空上，能看见的只有太阳。因此古埃及人虔诚地相信太阳神，并且尊它为创造万物、主宰一切的拉神。古埃及人崇拜太阳，观察它，发现太阳在白天的航行是飞渡太空，在夜晚的航行是穿越冥府，太阳是不死的，它能穿过冥府天天复活。他们生活在尼罗河畔，两侧是广袤无垠的沙漠，船只是沟通河谷两岸的唯一交通工具。他们见太阳每天东升西落，周而复始，想象太空是浩瀚无际的海洋，太阳每天乘船两次航行；一次在白昼，乘坐白昼之船“玛阿内杰特”由东往西，飞渡太空；一次在夜晚，乘坐夜间之船“梅塞凯底特”，自西往东，穿越冥府。这就是太阳船的来历。古埃及人还把夜间比喻为死亡，所以又认为，太阳是天天复活转世的。法老自封为拉神之子，他们渴望享受太阳神的永恒生活，在他们的构想中，将自己的躯体留在地上的金字塔中，而自己的灵魂乘着太阳船跟随太阳昼夜在天空和地下航行。

人们根据史料中的记载，推测出金字塔中可能存有太阳船，为了解开这个谜，埃及考古工作者做出了不懈努力。他们首先对胡夫金字塔的塔基进行清理。1954 年 5 月，当时在开罗西南郊吉萨高地工作的考古学家、后任《金字塔报》副刊主编的卡玛尔 · 马拉赫在胡夫金字塔塔底南侧 18.5 米远的地方，发现一截围墙的残存部分，经过拆除、挖掘后显露出东、西两个长方形石板阵，两者间隔 3 米，每阵排列着 41 块打凿磨光的白色石灰岩石板。卡玛尔 · 马拉赫认定它们是洞穴的盖板，经多次请求，他获准打开东边的洞穴。同年 11 月，东坑的第一块石板被吊起，卡玛尔 · 马拉赫便进入坑内，他虽什么也看不见，却有一股幽香扑鼻而来。他激动万分地拿出镜子，将从石板缝透进来的阳光折射入坑内，映入眼帘的是一块大小、长短不齐的木块以及一些芦苇绳索，它们虽已历经 4600 多年，但仍不蛀不烂。两个月后，东坑的石块盖被全部吊离。据考证，坑内藏的原来是胡夫法老生前使用的一艘御船。胡夫死后，其子拉杰德夫继位，用这艘船将胡夫的木乃伊从当时埃及首都孟菲斯运至吉萨，葬入大金字塔里，随后把这艘由 1224 块木料制成的船拆成 650 份，整齐地安放于坑内。胡夫太阳船的出土，被认为是 20 世纪中叶埃及考古界最伟大的发现，也是迄今为止发掘到的最完整和最古老的船只，对于研究古埃及造船、航运、胡夫生平和当时社会经济生活具有重要价值。

资料来源：（英）纳撒尼尔·哈里斯著，《古埃及生活》，希望出版社，第 200 页

【问题与思考】

结合这则资料思考古埃及人的信仰是如何形成的。

第三章　古代希腊文化

古代希腊文化承接了来自美索不达米亚和埃及的文化成果，发端于爱琴海上的克里特岛，经由迈锡尼、梯林斯等城市传播到巴尔干半岛上的希腊本土。希腊人强调人的自由探索精神，理性的观念在爱琴海畔萌芽并茁壮生长，在此基础上建立起来的思想、价值和制度逐步远播到爱琴海之外的地区，又经过罗马人的继承和发扬，对欧洲社会乃至整个西方文化都产生了巨大的影响。

独特的自然环境

古希腊从地域上讲包括欧洲的希腊半岛、爱琴海诸岛、爱奥尼亚群岛、亚洲西部小亚细亚半岛的西海岸以及地中海和黑海沿岸一些地区。古希腊文化的中心地区希腊半岛地处欧洲东南部巴尔干半岛南端，与发端于大河流域、沃野千里的古代东方文化不同，希腊境内多山，只在北部地区有较大的平原。群山连绵导致陆上交通不便，并且将少量适于耕种的土地分隔成众多只能各自为政的地区，难以形成庞大的帝国组织。因此，在古希腊文化的鼎盛时期，我们看到的是自由而独立的小邦林立而非专制主义大帝国的独裁。

多山石的土壤不利于谷物生长，农业发展在希腊困难重重。但希腊具有典型的地中海气候，温和晴朗，日照充沛，夏季干爽，冬季多雨，有利于橄榄、葡萄等经济作物生长。希腊本土金属矿藏较少，但富有大理石和优质陶土。此外，希腊的大部分地区临近海洋，半岛中部和南部有许多优良海湾，周围岛屿密布，为航海和海外贸易提供了良好的条件。粮食、矿藏的匮乏与经济作物、手工艺品的富余，再加上海路交通的便利，使得商业贸易成为希腊经济的重要组成部分。富庶的商人因其经济实力登上政治舞台，导致了权利的再分配，使整个社会向较民主的方向发展。此外，宜人而多晴的天气使得人们乐于参与各种户外活动，参加公民大会、举行运动会、观看戏剧、在广场评议时政或讨论哲学问题，这些在古希腊社会发展进程中最为重要的活动全是在露天进行的。

克里特岛是靠近希腊本土的爱琴海诸岛中最大的一个，位于爱琴海最南端，北邻希腊，南望埃及，向东方航海可达西亚，便利的地理条件使克里特岛上的居民能向苏美尔、埃及等更古老的文化学习，成为连接古老文化与新兴希腊文化的纽带。古希腊区域内最早的文化就诞生在克里特岛上。

爱琴文化

爱琴文化约兴起于公元前3000年，是前后相接的两个古代文化——克里特文化和迈锡尼文化的统称，也是迄今发现的古希腊区域内乃至欧洲历史上最早的古代文化。

直到19世纪后期，史学家们仍然认为希腊的历史始于公元前8世纪出现在希腊半岛上的城邦文化，尽管著名的荷马史诗《伊里亚特》中曾经提到过强大的希腊国王阿伽门农早在公元前8世纪以前就率领希腊联军赢得了特洛伊战争，但由于缺乏正式文献记载和考古发掘的证明，人们普遍认为荷马作品的情节不过是虚构的神话传说而已。

1870年，被荷马史诗吸引的德国富商海因里希·谢里曼按照史诗的描述，在小亚细亚西部寻找古代特洛伊城遗址并进行了挖掘，在同一地点发掘出9座不同历史时期的古城。1874—1876年，他又相继在史诗提到的其他希腊古城迈锡尼、梯林斯等地发掘，发现了坟墓、陶器、饰物以及他认为是阿伽门农时期的宫殿遗址，向人们展示了荷马的传奇故事中确有某些真实性，使迈锡尼文化重现于世。

在谢里曼成就的鼓舞下，1899年，英国人阿瑟·伊文思开始在希腊的克里特岛上挖掘，因为荷马史诗与希腊神话传说中同样流传着很多关于克里特岛的故事。伊文思很快就找到了文化的遗迹，他发现了比迈锡尼文化更早的克里特文化。

克里特文化　克里特岛上的居民来历不详，他们不是希腊人，也不是印欧语系人，可能与居住在地中海东部和南部的闪米特人有关。公元前3000年左右，克里特岛从新石器时代进入青铜时代，公元前2000—公元前1500年，克里特文化达到顶峰。在岛上出现了众多奴隶制小国，位于岛中央的克诺索斯王国最为强大，统治着所有这些小国。希腊神话传说中克里特的统治者被称为米诺斯王，但并不知其名，学者推测米诺斯可能只是一个头衔，适用于所有国王，因此克里特文化也被称为米诺斯文化。

克里特岛上茂密森林提供的木材，使克里特人能生产当时最好船只；天然的地理位置优势，让商人们能安全地驾驶这些船只往返于地中海。因此，克里特成为当时地中海地区最重要的海上商业贸易中心，在埃及、叙利亚、小亚细亚和希腊本土都发现了很多克里特手工制品，证明当时克里特手工业和出口贸易的发达。为维护和扩大海外商业的发展，米诺斯王建立了传说中第一支强大的海军，控制了爱琴海上的一些岛屿和希腊本土的雅典等地，成为爱琴海地区的海上霸主。修昔底德记载道："根据传说，米诺斯是第一个组织海军的人，他控制现在希腊海的大部分，他统治着西克拉底斯群岛。在这些大部分的岛屿上，他建立了最早的殖民地；他驱逐了开利阿人之后，封他的儿子们为这些岛屿上的总督。我们有理由料想得到，他必定尽力镇压海盗，以保障他自己的税收。"①

米诺斯文化的中心是富丽的宫殿建筑群，克里特岛上每个小国都建造了一座巨大的宫殿，以显示国王们的财富和权力。早期城市国家通常围绕王宫而形成，王宫是国家经济、政治和文化的中心。由于岛上时有地震发生，常常对宫殿造成极大的破坏，但每次破坏后人们又迅速重建家园，重建的宫殿往往比先前的更为壮观。

岛上宫殿中最著名的是克诺索斯王宫。也许是米诺斯的海上力量足

---

①【古希腊】修昔底德著. 伯罗奔尼撒战争史. 谢德风译. 北京：商务印书馆，1985年版：第4页

够强大，又或者岛上各国相处十分和睦，克诺索斯王宫没有保护性的城墙。它规模宏大，占地面积约 22 000 平方米。内部结构复杂，以一个长方形庭院为中心，四周依地势建成高低错落的 1500 多间厅堂与房间，各建筑既相对独立又以走廊、楼梯或院落曲折相通，给人以扑朔迷离的感觉。在希腊神话中，米诺斯王修建了一个巨大的"迷宫"，许多学者认为布局错综复杂的克诺索斯王宫可能就是传说中的米诺斯迷宫。

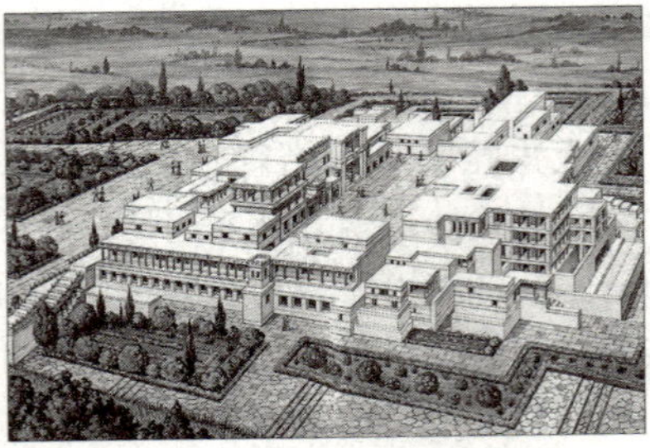

图 3-1　克诺索斯王宫复原图

克诺索斯王宫内不仅有国王宝殿、接待室和起居室，也有众多的手工业作坊和藏满各种各样商品的巨大储藏室，表明国王控制着手工业生产和商业贸易，财富源源不断地流入克诺索斯王宫。与苏美尔和埃及的大型建筑物相比，建筑师们关注居住者的舒适程度甚于关心建筑物的外观。克里特人在王宫中设计了复杂的给水和排水系统，还有已知的人类第一个有抽水设备的盥洗室。

米诺斯人用巨大的壁画来装饰宫殿，他们的艺术作品明显受埃及色彩和风格的影响，绘画内容包括自然景物、日常生活场景与宗教祭祀活动。

"公牛"是常常出现在米诺斯各种艺术品中的形象，米诺斯人以牛角装饰大门和陶罐，用牛头形的酒杯，岛上的壁画、浮雕、印章上处处可见公牛。最引人注目的是壁画和雕刻中描绘的危险的"斗牛"活动，斗牛者手握牛角轻盈地跳到狂奔的公牛背上，再一个筋斗从牛尾后跃下。这些材料证明，公牛在克里特人宗教的仪式、神圣的庆典中起着重要的作用，有学者认为公牛是力量和丰产的象征，也有人认为公牛是用于祭祀，"斗牛"描绘的是祭祀的场面。

克里特岛出土的雕像或绘画中常出现一位双手持蛇或"双刃斧"的女神，有时女神旁会伴有一个男神，但男神的地位明显低于女神。这表明当时人们的崇拜对象还是以女神为主，与迈锡尼人及其后代以父权为特点的宗教相比，克里特宗教更具母性特点。在克里特文化中，妇女生活明显不同于深居简出、以家庭为中心的美索不达米亚和埃及妇女的生活。米诺斯男性并未垄断经济、政治和军事权力，妇女们参加田间劳动、户外活动，她们拥有财产，可以像男人那样轻而易举地离婚，有的甚至还参加了战争。

米诺斯人创造了独特的书写形式。考古发掘出许多写有文字的泥版，这些泥版上有三种不同的文字：一种是早期的带有图画文字色彩的象形文字，约有 135 个；另外两种都是线形文字，分别称为线形文字 A 和线形文字 B。米诺斯人使用的线形文字 A 尚未被释读，它记录的语言不明。线形文字 B，已于 1952 年被英国学者迈克尔·文特里斯成功解读，这应该是迈锡尼人占领克里特之后，向克里特人学习，用线形文字记录自己的语言。

克里特文化的毁灭之谜至今未解，可能兼有几方面的原因。首先，是自然灾害。公元前 1500 年左右，距克里特岛约 70 海里的锡拉岛发生了强烈的火山爆发，对克里特的宫殿和舰队造成了巨大的破坏，尽管王宫再一次重建，但米诺斯王朝的海上霸权已不复从前。甚至有学者认为，正是火山和地震直接毁灭了克里特文化。其次，是海外入侵者。在古希腊神话中，希腊英雄忒修斯进入迷宫杀死牛首人身怪物弥诺陶诺斯的故事可能包含了一些真实的内核，毁灭克里特文化的极有可能是迈锡尼人。公元前 1450 年左右，在希腊本土迅猛发展的迈锡尼人就已登陆克里特岛，占据了米诺斯王宫，开始了其统治。公元前 1400 年左右，王宫与岛上其他城市同时遭到毁灭性的攻击，建筑被夷为平地。原因可能是迈锡尼人发动的一次更具破坏性的入侵，也可能是迈锡尼人镇压克里特人的起义，又或许是地中海东部的其他“海上民族”的进攻。目前的资料和研究还不能明确克里特文明毁灭的具体原因，但可以肯定的是，克里特文化消亡之后，迈锡尼成为古希腊区域内新的文化中心。

迈锡尼文化 最早的希腊人——阿卡亚人建立了迈锡尼文化，他们是讲印欧语系希腊语的游牧民族，在公元前 20 世纪便不时侵入希腊半岛，逐步征服了早期住在希腊半岛的那些不讲印欧语的居民。由于其文化发展水平远远落后于近邻克里特文明，因此迈锡尼人是在克里特文明的直接影响下步入文明的。到公元前 1600 年，迈锡尼人已经在与克里特人的贸易和交往中学习了大量克里特文化，比如宫殿建筑技术、艺术以及文字（线形文字 B）。他们以伯罗奔尼撒半岛上的迈锡尼城为中心，建立起众多小王国，形成了一个富裕的、由神职阶级统治的社会。

迈锡尼社会是奴隶制社会，国王拥有至高无上的权力：统率武装力量，管理生产和贸易，掌握最高司法权。贵族协助国王，在军队中担任官职，在政府中占据重要位置。祭司们也处于社会上层，管理神殿和神的其他财产。农夫、牧民和工匠等组成自由民。奴隶，主要是战争中的外族俘虏，大多属于国王和神庙，从事工农业生产和工程建设。

迈锡尼文化在吸收克里特文化的同时，也保留着自身豪迈尚武的特点，他们的建筑、艺术乃至陪葬品都表明这一点。

公元前 1450 年以后，迈锡尼人沿希腊半岛南部在伯罗奔尼撒地区建造了规模巨大的石头要塞和宫殿，由于城市间战事常起，迈锡尼的城市多建筑在居高临下的山上，城市周围有高大的城墙、城门和塔楼。考古所见迈锡尼国王城堡遗址有坚固的城墙，以巨石环山建成，厚 5 米，高 8 米，防御性极强。城堡入口是著名的“狮子门”，由三块巨大的石头组成，门宽 3.5 米，门上有一块粗大的石梁，梁的两侧雕刻一对威猛雄健的大狮子，与克里特人的精美优雅不同，展现了迈锡尼人粗犷有力的审美风格。

迈锡尼艺术在一定程度上继承了克里特的传统，用壁画装饰宫殿墙，但不是克里特那种精致而平和的自然景色和游戏，而是战争和狩猎的场面。

在迈锡尼墓穴分为早期的竖穴式和后期的圆顶式，共同特点是规模巨大。这些墓穴中有丰富的随葬品，以炫耀国王和贵族们的权力与财富，如金面具、金银饰品和他们最好的嵌饰铜剑，随葬品工艺水平很高，其中大多是克里特产品，也有来自埃及和近东的物品。

公元前 1500—前 1200 年，迈锡尼人的势力达到顶峰，他们征服了克里特，接管了克里特的海上霸主地位，扩大贸易范围，甚至在东方建立了商业殖民地。根据《荷马史诗》推测，他们在公元前 1250 年左右洗劫了小亚细亚北部沿岸的特洛伊。随后，在迈锡尼各王国间的连年战争、对外战争的损耗、自然灾害、多利亚人的入侵等一系列外因和内因的共同作用下，公元前1200—前1100年的一个世纪间迈锡尼文化逐步结束。

黑暗时代

公元前1200年前后，另一支南下的游牧民族多利亚人装备着铁制武器，一个接一个地攻占迈锡尼的城市，给整个希腊世界的居民带来一场巨大的灾难。宫殿被毁，国王和贵族被消灭，行政制度瓦解，农业人口消散，很多村民改过游牧生活，对外贸易萧条。多利亚人有精良的武器却没有文字，文化水平远远低于迈锡尼人，他们的入侵导致文字记录中断，文化倒退到更原始简单的形式。几个世纪中，只有游吟诗人在吟唱中将那些古老的资料口头流传下来，直到公元前8世纪，腓尼基字母传入希腊，文字再一次出现，这些诗作才得以记录。由于缺乏文字记录和实物遗存，人们对这一时期的了解十分有限，主要通过《荷马史诗》来推测，因此，黑暗时代又被称为“荷马时代”。

以《荷马史诗》为代表的希腊神话传说是黑暗时代遗存下来最宝贵的文化财富，荷马的《伊利亚特》《奥德赛》与赫西俄德的《工作与时日》《神谱》是这一时期最重要的作品。如同希罗多德所说，荷马和赫西俄德等诗人“把诸神的家世教给希腊人，把它们的一些名字、尊荣和技艺教给所有的人并且说出它们的外形”，[①]从而形成了其后希腊人的宗教信仰体系。

关于荷马其人，历来说法不一。古希腊人坚信是一个叫荷马的盲诗人创作了《荷马史诗》，也有学者认为荷马只是史诗的搜集和整理者。根据希罗多德记载，荷马生于公元前9世纪，现代学者一般认为，荷马生活在公元前9世纪—前8世纪间的小亚细亚希腊城邦，《荷马史诗》

---

①【古希腊】希罗多德著. 历史（上册）. 王嘉隽译. 北京：商务印书馆，1959年版：134～135页

的最终完成不会早于公元前750年。

《荷马史诗》中《伊利亚特》共15 693行，讲述阿伽门农率领希腊联军攻打特洛伊城的故事，这一战争持续了10年，史诗以阿喀琉斯的愤怒开始，集中描写战争的最后一年里的51天内发生的故事。希腊联军统帅阿伽门农夺走了大英雄阿喀琉斯的合法战利品（被俘的姑娘布里塞斯），这一举动损害了阿喀琉斯的荣誉，也违背了英雄间相互尊重的原则。阿喀琉斯愤而退出联军，拒绝继续参加战斗。他的退出导致联军节节败退，许多战友丧生，包括他最亲密的朋友帕特洛克拉斯。为了给朋友复仇，阿喀琉斯重返战场，击毙了特洛伊主将赫克托耳，取得了决定性的胜利。为了进行报复，阿喀琉斯肆意辱虐赫克托耳的尸体。特洛伊老王——赫克托耳的父亲对阿喀琉斯再三哀求，终于赎回了儿子的尸体，史诗最后以赫克托耳的盛大葬礼结束。

《奥德赛》全诗共12 110行，记述特洛伊战争中献木马计的英雄奥德修斯战后返乡，漂泊10年的曲折经历。诗歌结构精巧，前半部分分两条线索展开叙述：一条线索在奥德修斯家中，向其妻子求婚的贵族子弟们整天饮宴，每日纠缠不休，奥德修斯的儿子愤而外出探询父亲的音讯；另一条线索则是奥德修斯回家途中遇到风暴，流落到费埃克斯人的国土。后半部分两条线索合一，奥德修斯与其子会合，用计报复求婚人，全家团聚。和《伊利亚特》一样，叙述从奥德修斯漂泊的第10年开始，只集中叙述他返家前40天里发生的事情，此前的历险则由奥德修斯应费埃克斯王的要求追述出来。

赫西俄德是生活在公元前750年左右的早期希腊诗人，赫西俄德的《神谱》描述开天辟地以来的诸神谱系，是一部集大成的作品。从爱琴时代开始，希腊世界的居民曾多次发生迁移、冲突、融合，到赫西俄德时，希腊神话中既有地中海地区各民族神话的内容，又有迈锡尼人、阿卡亚人和多利亚人带来的北方民族神话的内容，还吸收了西亚和埃及神话的一些元素，丰富多彩但却杂乱无章。《神谱》整理了繁复的诸神体系，把它们归为单一的家族世系，使希腊神话成为一个统一体，这是希腊奥林匹斯宗教发展过程中一个重要的里程碑。

根据《神谱》所说，最早的神是卡俄斯（意为混沌），从混沌中产生出最早的五个神（五初神）：地狱之神塔尔塔罗斯、大地女神该亚、黑暗之神厄瑞波斯、黑夜女神纽克斯以及爱神厄罗斯。大地女神该亚生出了天宇之神乌兰诺斯与海洋之神蓬托斯，接下来，乌兰诺斯与其母该亚结合生下了 12 个提坦神。由于乌兰诺斯过度纵欲，他最小的儿子克诺洛斯在该亚的帮助下阉割了他，在阉割时飞溅的血沫中产生了爱神阿佛洛狄特[①]。克诺洛斯取代其父成为众神之王，并与姐姐瑞亚结合，生下六男六女。此时，克诺洛斯听到一个预言：自己将被某个儿子所取代。为防止此事发生，当儿子出生时他就将他们一个一个地吃掉，瑞亚不满丈夫的残忍，在生下小儿子宙斯后，急中生智，把一块大石头塞给克诺洛斯吞下，使宙斯幸免于难。长大后，宙斯又设法使父亲吐出了被吞吃的哥哥姐姐，并在其母瑞亚的帮助下战胜了父亲，成为众神之王。之后，宙斯与其姐赫拉结合，生出了太阳神阿波罗、狩猎女神阿尔忒弥斯、战神阿瑞斯、智慧女神雅典娜、商业之神赫尔墨斯等子女[②]，这些“新神”各司其职，与宙斯的兄妹们一起构成了统治世界的“奥林匹斯神系”。

《神谱》对古希腊自然神学和自然哲学的产生有重要影响，它所涉及的宇宙起源、命运主题等诸多问题，成为后来神学家和哲学家们关注的重大问题。《神谱》中的卡俄斯（Chaos）、乌兰诺斯（Uranus）、克洛诺斯（Cronos）等一些神的名字成为后来哲学上“混沌”、“天”、“时间”等范畴的来源。

公元前 8 世纪以后，城邦文化逐渐发展之际，同样以神话和英雄传说为内容的“系统叙事诗”盛行，这些叙事诗填补和充实了《荷马史诗》和赫西俄德作品中许多的空缺之处。至此，通过一代代诗人对神话传说的整理和创作，古希腊的宗教信仰体系确立了，它诞生于迈锡尼时代和黑暗时代的民族迁徙与融合的浪潮中，吸收和改造了多个民族的神话，

① 阿佛洛狄特的来源在希腊神话中有另一广泛说法，为宙斯与女神狄俄涅所生

② 宙斯生性风流，他的儿女并不全是与赫拉所生

最终形成一个谱系分明、丰富多彩又独具特色的奥林匹斯多神信仰体系。这一体系有以下几个特点。

首先，奥林匹斯宗教是北方印欧语系入侵者的神话与受苏美尔、埃及文化影响的克里特神话相互斗争并融合的产物。如前所述，克里特岛的宗教崇拜是一种母权崇拜，其主神是地母，代表着大地。而来自北方的阿卡亚人及其他入侵者则带来了父权崇拜，他们的至上神是男神宙斯，他是天空之神。已有的研究表明：奥林匹斯诸神中，宙斯、阿波罗、波塞冬等男神都是北方游牧部族的神，而许多重要的女神，如赫拉、雅典娜，则来自克里特岛。在北方游牧民族入侵希腊的过程中，两种宗教崇拜体系、父系神与母系神也在发生着激烈地冲突与碰撞，最终它们合而为一，入侵者神话战胜了地中海本土神话，父系打败了母系，并将其收编到自己的体系之中，成为次要但又不可或缺的一部分。

其次，希腊多神体系从早期自然崇拜发展而来，从天地之神到山川河海、风雷日月之神，再到管理社会事务和代表道德伦理的神，这一发展序列反映了希腊人认识世界的过程；另一方面，神话故事是希腊人在用浪漫的眼光解释物质世界的运行，《神谱》说明世界从混沌中产生，农神得墨忒耳之女珀尔塞福涅的遭遇解释为何谷物半年一熟，神话人物化作天上的星座解释天体运行的规律，甚至连一些人类的情绪、心理在希腊神话中都能找到相应的解释，比如美少年纳西塞斯（Narcissus）顾影自怜的传说，后世心理学家就借用这个词来命名自恋（narcissism）。

再次，希腊神话传说中也蕴涵了后代希腊观念中的一个基本观点：世间一切皆受普遍规律制约。不论是阿喀琉斯在出世之时就已注定或平凡终老或盛年战死的结局，还是宙斯高踞于奥林匹斯山巅用秤称量希腊人和特洛伊人命运的举动，抑或《神谱》中历代最高天神更迭的预言，都暗示了英雄们乃至奥林匹斯诸神的背后有一种神秘的力量在操纵着一切，这便是希腊人所称的“命运”。荷马之后的希腊哲学家们以哲学的方式继续表达这一观点，希腊哲学以及在它影响下的西方哲学因此发展出了形而上学，西方思维中也特别重视对规律的探求。此外，古希腊文学中的悲剧也多以命运悲剧为主题。

最后，希腊人极好地平衡了神人之间的关系。在敬畏神的同时也恰当地保持了人的自尊，神话传说中体现出对人的独立意识和自身价值的关注，人文思想已在其中萌芽。在希腊神话中，神具有与人同样的形体，只是更健壮、更美丽并且能够永生。更重要的是，神与人具有相同的品性，神具有人类所具有的一切值得赞美的优点，同时也具有人类所具有的一切缺陷，例如：盗窃、通奸、争风吃醋、尔虞我诈。人类命运被必然法则支配，诸神固然可以在人类事务中起到重大作用，但人并不就此屈从于命运、依赖众神，英雄的自我选择体现了人的价值。《伊利亚特》中，当神谕昭示阿喀琉斯会有两种命运：或者默默无闻而长寿，或者在战场上光荣地死亡时，他毫不犹豫、愉快地选择了后者。和其他古代民族一样，希腊人清楚地意识到有一种他们无法控制的力量，但与美索不达米亚人和埃及人不同，他们仍然将人置于世界的中心，鼓励人们去理解并试图掌控由神统治的世界。正是在这种观念之下，古希腊的哲学和科学得以产生和发展。因此，希腊人有隆重的宗教仪式和求教神谕、预测未来的传统，但是神在希腊人的世俗生活中并非无上权威，古希腊的宗教机构不能干涉政治生活，男女祭司通常由德高望重的社会成员兼职充当。

城邦时代

公元前 800 年左右，以氏族或部落组织为基础的村社开始发展成以城镇为中心的更大单元，这即是城邦（Polis）。希腊城邦是一种规模有限、独立自治的共同体，以一个城镇为中心，通常包括一个卫城——筑有防御工事的高地；一个广场——举行集会和交易的场所；神庙——公共庆典和精神信仰中心；城镇周边的村庄。一个城邦就是一个独立的政治组织——奴隶制的小国，整个希腊世界由各个小的独立城邦组成，这与希腊内陆多山、岛屿密布的地理环境有密切的关系。

从公元前 8 世纪到公元前 6 世纪的 200 年间，希腊世界出现了一系列重大进步：重建与西亚的贸易往来，与东方的商业联系甚至超过了爱琴文化时期的水平；吸收了大量东方文化先进成果，其中最重要的革新是参照腓尼基字母创造了自己的文字，以符号标注每个元音辅音，这种简便易学的书写系统使得很多人能轻松识字，提高了全民素质；公元前776年，第一届奥林匹亚竞技会举行，希腊世界有了共同的节日庆典和历史纪年，培养起泛希腊精神。

进步带来的财富增加与人口滋长，导致了殖民扩张运动，希腊人开始移居海外，在地中海沿岸建立起诸多城邦。希腊人的殖民运动与近代意义上殖民不同，殖民地基本沿袭母邦的政治制度与守护神及祭祀仪式，但却是一个独立的政治经济实体，与母邦之间仅存在情感和文化上的联系。

希腊各城邦大小不一，分散在包括黑海在内的整个地中海地区，著名的城邦有希腊大陆的雅典、底比斯，伯罗奔尼撒的斯巴达和科林斯，小亚细亚的米利都以及爱琴海诸岛上的萨莫斯等。斯巴达与雅典的疆域最大，斯巴达在其全盛时期面积达到8400平方千米，人口35万；雅典则有2556平方千米，30万居民。其他城邦规模一般在50～100平方千米，人口通常只有几千人，达到数万人口的城邦并不多。

城邦政治　城邦小国寡民的形态，有利于公民政治的发展，希腊文的公民（Polites）一词就是由城邦（Polis）一词衍生而来，意为“属于城邦的人”。希腊城邦是全体公民的政治集合体，全体公民参与城邦事务的决策、司法审判和战争，没有专职的政府雇员或职业军人。由于城邦经济主要以农业为主，加上公元前8世纪时出现的军事革新——重装步兵方阵的出现，更强化了既是农夫又是战士的公民集体在城邦中的重要性。值得注意的是，在古希腊公民身份是只属于少数人的特权，严格意义上的公民只有那些祖籍本邦，有一定财产，能自备武装上战场的成年男子，奴隶、侨民、女性均被排除在外，亚里士多德认为老年人与儿童也不是完全意义上的公民。

在共同的公民参与型政治的基础上，每个城邦都创造了适合它自身的政治体制。总的来说，这一时期城邦政体主要有三种类型：阶段性出现在一些城邦的“僭主”独裁统治，以斯巴达为代表的寡头政治，以雅典为代表的民主政治。

“僭主”通常指那些没有通过合法程序取得统治权力的人，他们大多以武力夺取政权，把公民大会抛在一边，实行终身独裁。僭主政治往往出现在政治、经济矛盾突出的时期，这时社会需要强有力的集权政府化解矛盾、渡过危机。僭主政治不符合希腊政治发展的主流，大多只是阶段性的过渡。

寡头政治是以斯巴达为代表的。斯巴达位于伯罗奔尼撒半岛，是古希腊非常重要的一个城邦，也是领土面积最大的城邦之一。斯巴达的国家制度极具特色，始终保持着强有力的军事寡头政体，这与其征服的历史有极大的关系。公元前 1000 年前后，斯巴达人的祖先多利亚人入侵拉哥尼亚，把土著居民变成农业奴隶，自己则成为职业军人。公元前 8 世纪下半叶，斯巴达人又夺取了附近的麦西尼亚平原，同样迫使当地人成为专事农业生产的奴隶。斯巴达社会实行严格的等级制，社会成员分为三个等级：斯巴达人（Spartans）是统治阶层，是公民和战士；皮里阿西人（Perioikoi）是第二等级，他们来自未被斯巴达直接征服的地区，没有公民权，但有人身自由，主要从事贸易活动和手工业生产；希洛人（Holets）是斯巴达奴隶的统称，来自被斯巴达人占领的地区，他们没有自由，受到严重的剥削，可以组织家庭但不可离开土地。随着斯巴达的军事扩张，到公元前 6 世纪，希洛人的人口数量是斯巴达人的十倍以上。要安全有效地控制人数众多的希洛人，镇压随时可能发生的反抗，斯巴达人就不得不加强军事统治。此外，由于斯巴达地处内陆，尽管土地肥沃，宜于农耕，但境内少有良港，东北和西边又各有高山妨碍了对外交流，因此斯巴达城邦不可避免地具有封闭性和保守性的特征，缺少改革传统的动力。

斯巴达的政治体制据说由吕库古在约公元前 600 年创立，政治机构主要包括四个部分：两个国王，主持军事和祭祀事务；国王和另外 28 位 60 岁以上的贵族组成的长老会议，负责监督行政事务以及为公民大会准备议案和主持刑事审判等；公民大会，由斯巴达成年男性公民组成，可以对议案进行表决以及选举国王之外的所有公职人员，表决方式是公民的呼声；五人组成的监察院，每年改选一次，原则上每个斯巴达公民都可出任，监察院不仅可以监督斯巴达城邦所有官员，后来甚至有权审判以至处死国王。

斯巴达政治制度的最大特征是平等和集体主义。为了消除经济和社会发展中出现的差别，保证统治阶级内部的平等，共享权力，一致对外，斯巴达采取了一系列措施：如最好的土地归国家所有，平均分配给公民，并且定期重新分配，以保证每个斯巴达人都有一块面积均等的土地；耕种土地的希洛人也是国有的，随土地分配给他们的主人，主人无权解放或买卖这些国有奴隶；公民不许经商或做工，只能经营农业。要将斯巴达人整体变为一部时刻待命且富有效率的战争机器，国家必须严格地控制公民的教育和私生活，斯巴达的整个教育制度和社会生活都只有一个目标——培养忠于国家的合格战士。体弱的婴孩一出生就被遗弃，男孩从 7 岁起便被编入军营接受训练，18 岁开始正规军事训练，20 岁开始服兵役，搬入军营集体居住，30 岁之后，男子才被允许回家居住，但仍需在指定的公共食堂吃定量的粗糙饭食。不满 60 岁的男子都得受军纪约束。奢侈品不受欢迎，斯巴达当地几乎没有商人。个人生活几乎全被取消，有组织的娱乐活动、集体进餐、公众事务、军事训练和执勤，这些几乎构成斯巴达人生活的全部。

斯巴达的政治制度消除了城邦党争，减少内耗，使斯巴达几百年来政治稳定，而且造就了当时希腊世界最精锐的陆军。柏拉图十分推崇这种制度，并以此为蓝本设计了“乌托邦”。然而，这种制度也扼杀了公民的个性和个人自由，成为西方政治史上极权主义、军国主义的源头。在转变为军事国家之前，斯巴达的文化发展比起希腊其他城邦毫不逊色，但在公元前 6 世纪中期以后，斯巴达的哲学、艺术和科学便再无发展。

民主政治以雅典为代表。雅典是领土面积较大的希腊城邦中唯一可与斯巴达抗衡的，它在历史上的意义更是远远超过斯巴达，在一定程度上被视为古典希腊的代名词。与斯巴达用军事建立秩序不同，雅典通过不断修正制度平衡城邦内各阶层的利益，从而建立起更民主、自由、多姿多彩的另一种社会类型。雅典的城邦民主制度，被列宁称为奴隶制时代古典政治的最高发展阶段，也作为一种政治传统对西方世界有着深远的影响，今天的“民主”一词便来自于希腊文，意为“人民权力”。

雅典位于阿提卡半岛沿岸，有丰富的矿藏和优良的港湾，便于发展海上军事和贸易。雅典人是阿提卡土著居民，因此在阿提卡地区没有剧烈的武装冲突和战争，阶级分化主要是贫富分化造成的，而不像斯巴达那样是通过征服战争形成的。

雅典民主制度的形成经历了一系列的改革。公元前 8 世纪，贵族寡头政治取代了最初的君主制。随着商业的发展，雅典贫富分化日益加巨，许多贫困农民由于无法偿清债务沦为半奴隶状态，贵族阶层也因重甲步兵的兴起对军事失去垄断地位，社会危机一触即发。

公元前 594 年，梭伦当选为执政官，进行了一系列改革，史称梭伦改革。他用取消债务的方式解救贫困者；又以财产重新划分公民等级，为新兴的富人阶层参与政权开辟了道路；梭伦还复兴了公民大会（400 人大会），削弱贵族会议的权力。但是，梭伦的改革无法解决雅典所有的问题，雅典统治阶层冲突依旧。公元前 560 年，强有力的僭主庇西特科图夺取了政权，雅典开始了数十年的僭主政治时代。公元前 509 年，克里斯提尼被平民推认为领袖，领导了雅典历史上最重要的一场民主化改革，使雅典民主政治机构最终确立。为削弱贵族势力，克里斯提尼重新划分选区，清除了原来地域和血缘关系对政治的影响，旧贵族再也无法控制城邦的官职。与此配套，克里斯提尼将 400 人会议发展为 500 人会议。此外，克里斯提尼还设立了 10 将军委员会，作为雅典的最高军事机构，设计了“陶片放逐法”，以防止内战和僭主政治的产生。

克里斯提尼改革后，雅典的民主政治真正确立。公元前 5 世纪，伯里克利连任 10 将军委员会的首席将军 15 年，他执政的时代被称为伯里克利时代。此时，雅典的民主制度进一步繁荣直至全盛，成为全希腊的典范。经过一系列改革，伯里克利时代主要政治机构包括公民大会、五百人议事会、陪审法庭和十将军委员会等。公民大会是最高的权力机关，每隔十天召开一次，凡年满 20 岁的男性公民都可参加，实行的是直接民主制，它审查公职人员、讨论决议内外政策、审议通过法律法规。五百人议事会主要职务是筹备公民大会和处理公民大会闭会期间的日常行政事务。陪审法庭是最高司法与监督机关，拥有 6000 名陪审法官，由每个部落中 30 岁以上公民抽签选出。十将军委员会由公民大会选出，不仅统率军队，也参与行政，首席将军掌握军政大权。为了鼓励公民参与政治活动并加强公民教育，伯里克利时代还发放公职津贴和戏剧津贴。在伯里克利领导下，雅典成为当时最繁荣的城邦，文化上也异彩纷呈，出现了一大批有影响力的哲学家、文学家、艺术家和建筑师。

宗教　和大多数古代民族一样，宗教崇拜在希腊人的日常生活中占有十分重要的地位，城邦的生活与宗教密切相关，大部分艺术和文学作品也因此而创作。希腊各城邦相距甚远，政治类型也不尽相同，将它们联系在一起的除了共同的语言之外，共同的宗教信仰也十分重要。

希腊的主要宗教是奥林匹斯教，这是全希腊人共同信奉的对象。公元前 8 世纪和公元前 7 世纪，希腊建造了公共神庙，有影响的泛希腊宗教中心至少有三个：德尔菲的阿波罗神庙、伯罗奔尼撒的奥林匹亚和雅典附近的厄琉西斯。这些泛希腊的宗教活动和集会超越了城邦的界限，成为把整个希腊联系在一起的重要纽带。其中，始于公元前 776 年奥林匹亚竞技会，主要以祭祀宙斯为主，竞技会期间，各城邦停止一切战事，竞技会获胜者被视为英雄，备受尊敬和歌颂。

另一方面，每个城邦都有自己的城邦守护神，在中心地区或最高的地方修建神庙祭祀其守护神。对城邦守护神的崇拜成为城邦公民间一种积极的精神纽带，对希腊人来说，公民与城邦是一体的，守护神与城邦也是一体的。

除奥林匹斯教外，希腊民间还广泛流行着对酒神狄奥尼索斯的崇拜。狄奥尼索斯是传说中的葡萄种植业和酿酒业的保护神，在希腊、意大利和小亚细亚等地引起了人们特别是妇女们的狂热崇拜。在酒神节的狂欢秘祭中，妇女暂时逃离家庭的束缚，畅饮高歌，尽情舞蹈玩乐，甚至包括性的宣泄。希腊戏剧便是崇拜酒神的活动中发展起来的，开始演员们只是表演崇拜酒神的祭仪，进而渐渐地发展为悲剧与喜剧。

公元前 6 世纪，一种新的宗教俄耳甫斯教产生，它来自于对酒神狄奥尼索斯的崇拜，因其创立者为诗人俄耳甫斯而得名。俄耳甫斯教与以往希腊宗教不同之处在于，它开始注重死后的世界，认为人的灵与肉是分离的，灵魂会在死后从躯体从解放出来，获得自由和幸福。这种来世得救的观念对希腊唯心主义哲学有一定的影响。

哲学 西方哲学起源于希腊，现代西方所用的“哲学”一词便来自古希腊语 philosophia，由 philos 和 sophia 组合而成，意为爱智慧。城邦时代的希腊哲学通常以苏格拉底为界分为前苏格拉底时期和古典希腊哲学时期。

前苏格拉底哲学又称早期希腊哲学或自然哲学，在这一时期，哲学研究的中心是本原（arkhe）问题。公元前 6 世纪之初，位于小亚细亚西海岸中部的爱奥尼亚殖民地米利都诞生了第一个希腊哲学派别——米利都学派，主要代表是泰勒斯（公元前 624？—前 548？年）、阿那克西曼德（公元前 611？—前 547？年）和阿那克西美尼（公元前 588？—前 524？年）。米利都学派的哲学家们开始摆脱宗教神话的束缚，试图从变化万千丰富多彩的自然万物中概括出它们统一的本原，即自然最原始的开端和始终如一的主宰。

由于对万物本原的认识不同，早期希腊哲学家们形成了有形本原与无形本原、一本原与多本原、动本原与静本原等分歧和对立，从而区分出不同的学派。从泰勒斯的“水”和阿那克西美尼的“气”到赫拉克利特的“火”、恩培多克勒的“四根”（火、气、水、土）和阿那克萨哥拉的“种子”，再到留基波和德谟克利特的“原子”，最后发展为毕达哥拉斯的“数”和巴门尼德的“存在”。我们可以看到，希腊早期哲学家们对万物本原的探索从有形的自然物质发展到超越了现象的物质概念，再到了形而上学的高度。随着哲学思考的深入，人们抽象的理性思维能力在不断地提高，本原概念也在不断地丰富和发展，从最初的宇宙论发展为形而上学的最高原则。

在这一时期，哲学与自然科学是一体的，自然哲学家们用理性和思辨来认识世界，思考世界的原因和秩序，他们不仅是最早的哲学家，也是第一批科学家。这种探索自然奥秘的思维模式与中国古代“天人合一”的传统思维模式截然不同，对西方科学的发展有着十分深远地影响。

古典希腊哲学时期是指公元前5世纪到公元前4世纪40年代马其顿统一希腊以前的100多年，这是希腊城邦制度从繁荣到衰落的时期，也是希腊哲学发展史上的鼎盛时期。这一时期，希腊的经济、政治和文化中心已逐步从周边的殖民转向希腊本土。伯里克利时代，在雅典自由民主宽松的社会环境下，阿尔克劳、苏格拉底和柏拉图等著名的哲学家成长起来，雅典成为当时哲学活动的中心。

公元前5世纪后半叶，哲学争论的主题开始从自然界问题转向对整个社会和个人的权利、义务方面的思考，从自然哲学转向精神哲学或称人文哲学，智者学派是这一转向的先驱。智者学派又称诡辩学派，并不是有某种共同学说或体系的学术团体，而是指当时在雅典城以教授雄辩术和修辞学为业的一群学者的总称，其代表人物有普罗泰戈拉和高尔吉亚等人。智者的思想带有强烈的怀疑主义和相对主义的倾向，他们认为，一切都因时、因地、因人而异，没有不变的真理，一切都可以怀疑，一切被人们奉为绝对的标准都能在论辩中被推翻。为了反驳智者的观点，希腊哲学史上最耀眼的三个哲学家苏格拉底、柏拉图和亚里士多德做出了不懈的努力。

苏格拉底（公元前469—前399年）出身于雅典，他是个热情的爱国者，在伯罗奔尼撒战争中表现英勇，平时生活像个智者，以教育青年为己任，据说他喜欢在街头、市场等公共场所与青年讨论战争、政治、伦理和哲学问题。他自称是针砭时弊的神圣牛虻，将哲学思辨看作是对城邦所尽的公民义务。然而，公元前399年，雅典公民陪审团却认为苏格拉底对城邦有威胁，以“腐蚀青年和宣扬新神”等罪名判处其死刑。苏格拉底拒绝了朋友们逃跑的建议，平静地喝下一杯鸩酒死去。

苏格拉底本人并未留下著作，他的思想主要通过他的学生柏拉图和色诺芬的记载流传下来。苏格拉底认为，人最迫切的任务是认识自己，通过审视自己心灵的途径来研究自然。心灵的内在原则在苏格拉底这儿就是德性，他把德性与知识等同起来，得出“知识即德性，无知即罪恶”，“无人有意作恶”的结论。苏格拉底还主张通过问答辩难的方式来获取知识，通过反讥、归纳、诱导和定义四个环节，运用比喻和启发的手段，使对方对所讨论的问题认识逐步深入，最后自己得出正确的结论。

柏拉图（公元前427—前347年）生于雅典贵族家族，20岁时成为苏格拉底的弟子，一生景仰其师的思想和人格。柏拉图的著作多为对话体，著名的有《申辩篇》《会饮篇》《理想国》等。公元前387年，他在雅典创建了一所学园，后世的高等学术机构（academy）因此而得名。柏拉图一生都对政治抱有极高的热情，曾三赴西西里岛试图实现自己理想国家的改革方案。

柏拉图哲学的核心观念是“理念论”，他认为在，人们感官把握到的变动不居的感觉世界之上还有一个更高的精神世界存在，它由永恒不变的、普遍、绝对和必然的理念构成。理念不可感知，只能通过理性来领悟。可知的理念是可感事物的根据和原因，可感事物只是理念的不完善的摹本，其与理念的关系就像影子与物体的关系一样。最高的理念是善，真正的美德在于对永恒的善和公正的理念的领悟。

亚里士多德（公元前384——前322年）是古希腊哲学的集大成者，举世公认的历史上第一位百科全书式的思想家。17岁时进入雅典柏拉图学园，师从柏拉图20年。亚里士多德博学多才，著述甚丰，据说他的全部著作多达1000多卷，留传下来的有47篇（不包括残篇），内容涉及哲学、伦理学、逻辑学、自然学、生物学、天文学、心理学、政治学、语言学和文学等学科。亚里士多德创立了形式逻辑学，提出了三段论，并且运用自己的逻辑方法建立了宏大的形而上学体系。

由苏格拉底、柏拉图和亚里士多德建立的哲学传统和思维体系，在西方文化史上影响深远，绵延了两千多年。

史学　西方史学的源头也可追溯到古希腊，公元前6世纪小亚细亚的爱奥尼亚已经出现了许多专门用散文记录历史的“纪事家”，他们记录口耳相传的故事、古人的事迹和自己的异邦见闻等等。希腊古典时代的三大历史学家是希罗多德、修昔底德和色诺芬。

古希腊第一位伟大的史学家是被称为“史学之父”的希罗多德（公元前484—前425年），他的代表作《历史》，又称《希波战争史》，是西方第一部系统的历史著作。

修昔底德（公元前460—前400年）曾作为雅典将军，亲身经历过伯罗奔尼撒战争。他的代表作《伯罗奔尼撒战争史》按严谨的编年体记叙了战争的进程，探究人在历史进程中的作用。

色诺芬（公元前430—前350年）是苏格拉底的学生，著有《希腊史》《远征记》等，《希腊史》上承《伯罗奔尼撒战争史》，记载斯巴达从称霸到衰落的历史。《远征记》是色诺芬的军事回忆录，叙述他率领希腊雇佣军历尽艰辛，从波斯回到希腊的悲壮经历，书中详细记录了雇佣军所经过的地区的地理风貌和人情习俗，有很高的史料价值。

文学 希腊城邦时期最高的文学成就是戏剧。在雅典，戏剧成为公民教育的一种重要方式，由城邦政府直接组织和管理。伯里克利时代，建造了可容纳数万名观众的露天剧场，在每年春季和冬季的大酒神节时都举办盛大的戏剧比赛，剧作家拿出自己最满意的新剧本来参赛，看戏的公民不仅不用花钱还可领取“观剧津贴”，戏剧出现了空前繁荣的局面。

希腊两种主要戏剧形式——悲剧、喜剧都是从祭祀狄奥尼索斯的酒神颂歌中发展出来的，悲剧的成就和影响更大。公元前5世纪，狄奥尼索斯崇拜仪式的聚集点从山林转到城邦，仪式性质也变得更温和，合唱队穿着半羊半人的服装，载歌载舞，演出酒神颂歌，有时合唱队长与合唱队分开，背诵故事的主要部分。这就是悲剧的雏形，悲剧（tragedy）一词希腊文中原意即为“山羊之歌”。悲剧作家埃斯库罗斯引入了第二位演员，让剧中人物之间产生关系，并让合唱队退到台外。索福克勒斯再加入第三名演员，增加了戏剧的动作和对话性，悲剧的表演形式就基本确定了。希腊悲剧中的所有角色均由男性戴面具扮演，同一个演员可以轮流扮演几个角色，“合唱队”的歌唱则起到评论事件、解释或预示情节的作用。

希腊著名的三大悲剧作家是雅典的埃斯库罗斯、索福克勒斯和欧里庇得斯。埃斯库罗斯（公元前252—前456年）悲剧体裁的奠基者，被恩格斯称为“悲剧之父”。著有悲剧70多部，现存7部，最重要的是《普罗米修斯》三部曲（仅存《被缚的普罗米修斯》和《波斯人》）。他的悲剧着重表现人的行为与神灵意志之间的矛盾冲突，歌颂人对命运的奋起反抗，写作手法相对简单。

索福克勒斯（公元前 496—前 406 年）被誉为“戏剧艺术的荷马”，一生写下 123 部悲剧，现存 7 部，以《俄狄浦斯王》最为著名。他的悲剧主题依然是命运与人类自由意志间的冲突，但命运代表的不再是带有神话意味的天神意志，而是更具哲学意义的宇宙秩序和普遍规律，剧情结构更为复杂精巧，注重人物的情感和心理描写。

欧里庇得斯（公元前 480—前 406 年）是第一个在剧中予以凡人以地位并对妇女和奴隶表示同情的剧作家，他的作品有 90 多部，现存 18 部，代表作是《美狄亚》。他的悲剧更关注现实社会问题，戏剧冲突展开非常激烈，对人物的心理刻画更深刻细致，因此笔下的人物更具个性。欧里庇得斯是三位剧作家中对现代戏剧影响最大的一位。

总的来说，古希腊悲剧主要是描写庄重、严肃的重大事件，着重表现崇高壮烈的英雄主义思想。剧中的冲突通常是人与命运的冲突，人因不敌命运的安排而遭遇不幸，但悲剧的精华并不是命运的残酷或人类的脆弱，而是剧中英雄直面外在的强大而可怕的力量，奋起与之搏斗的勇气、意志和绝不屈服的尊严，由此产生了希腊崇高的悲剧精神。

“喜剧”在希腊文中原意为“狂欢游行之歌”，同样起源于酒神祭祀，和民间滑稽戏融合发展成为喜剧。喜剧比悲剧发展稍晚，公元前 487 年，雅典才开始出现喜剧竞赛。喜剧的题往往直接取材于现实社会生活和政治活动，对其加以批判和嘲笑，但喜剧中很多有伤风化的粗俗猥亵的语言和动作，所以一直难登大雅之堂，雅典规定妇女只能看悲剧不能看喜剧。喜剧经历了不同的发展阶段，保留下来的只有喜剧早期阿里斯托芬的一些作品。

阿里斯托芬（公元前 446—前 385 年）被称为“喜剧之父”，是希腊城邦时代最杰出的喜剧作家，一生写过 44 部喜剧，仅存 11 部，有《阿卡奈人》《云》《鸟》等。他的喜剧取材于现实生活，以戏谑滑稽的手法讽刺针砭政治、社会问题，寓庄于谐。

在戏剧之外，希腊人还创造了睿智的寓言和优美的抒情诗。公元前 6 世纪，希腊民间流传着许多关于动物的寓言故事，相传它们的作者是萨莫斯的奴隶伊索。抒情诗是一种伴随着七弦琴吟唱的歌谣，希腊著名的抒情诗人有品达罗斯和女诗人萨福。

建筑和雕刻 古希腊艺术的最高成就在建筑和雕刻方面，而最能体现二者精华的则是神庙，神庙是神的住所，也是城邦公共生活的中心，因此，希腊人对神庙的外形与装饰都十分重视。

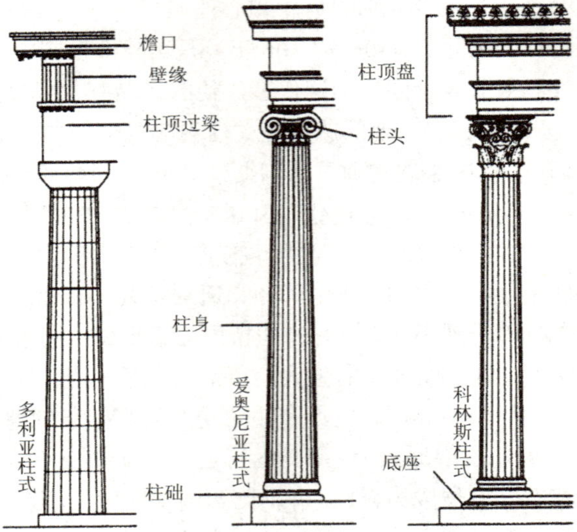

图 3-2 希腊柱式

古希腊人创造了以柱式为核心的古典建筑体系，有多利亚、爱奥尼亚和科林斯三种不同的石柱形式。

多利亚柱式是三种柱式中出现最早的一种（公元前 7 世纪），一般建在阶座之上，特点是柱头是个倒圆锥台，装饰简洁，没有柱础，柱身有 20 条凹槽。柱高与柱直径的比例为 6∶1，显得雄浑壮丽，所以多利亚柱又被称为男人柱。建于公元前 447—前 432 年的帕特农神庙就采用了多利亚柱式结构，它位于雅典卫城，用于祭祀雅典保护神雅典娜，是希腊建筑艺术的典范。帕特农神庙用精美的云石建成，长 68 米，宽 30 米，由 56 根巨大的石柱支撑，建筑师应用了复杂的数学原理，使建筑的高、宽和柱间距离都符合黄金律，呈现一种宏伟庄重的和谐之美。

公元前 6 世纪中叶，爱奥尼亚柱式起源于小亚细亚西南岸的爱奥尼亚，爱奥尼亚柱通常立在柱础上，柱高是其直径的 8～9 倍，柱身上有 24 条凹槽，柱头有一对向下的涡卷装饰，富有曲线美。因外形纤细秀美，又被称为女人柱。

图 3-3　帕特农神庙

科林斯柱式由爱奥尼亚柱式变化而来，比例更为修长纤细，柱头刻有精美的叶状装饰，华丽美观，因而在希腊化时期和罗马时期备受欢迎。

古希腊雕刻艺术的最高成就是人体雕塑，表现对象主要是神祇和运动竞技中的优胜者。希腊雕塑是写实主义和自然主义的，尽管它最初师从埃及，但很快就抛弃了埃及雕像的方肩、正面向前、一只脚略向前伸的刻板形象，尽力准确地把握人体结构，努力丝毫不差、栩栩如生地描绘出静态与动态的人体。同时，希腊雕塑也是理想主义的，在古希腊人眼中，神是完美的人，神的雕像就是最美、最健全的人像，而运动员强壮矫健的身躯则是向神致敬的最好献礼。因此，希腊雕塑并不一定完全真实地表达某个特定人物的个性，而是反映一种完美无缺的人体，雕像通常不强调面部表情，一切美感都体现在充满了生机和动感的人物躯体之上。希腊雕塑的代表人物有菲狄亚斯，米隆和波利克里托斯。菲狄亚斯擅长雕刻神像，代表作是帕特农神庙中的浮雕和圆雕。米隆和波利克利托斯则擅长刻画竞技者，代表作分别是《掷铁饼者》和《持矛者》。

科学　城邦时代是人类科学发展过程中的一个重要阶段，天文、地理、数学、几何、物理、生物、医学等科学知识和理论探讨此时已经逐渐累积，初步形成学科体系。

天文学方面，恩培多克勒（公元前 495—前 435 年）正确解释了日食形成的规律；阿那克萨哥拉（公元前 500—前 428 年）又正确解释了月食。公元前 4 世纪，天文学家欧多克索斯（公元前 408—前 355 年）

根据实际观测和几何原理，尝试构想宇宙的几何模型。

数学方面，希腊人的成就主要在几何学上，毕达哥拉斯学派贡献最大。继毕达哥拉斯之后，古典时期的希腊几何学家已得出有关平行线、三角形、多边形、圆、球和正多面体的许多定理。毕达哥拉斯学派还将数字划分分奇数、偶数、质数、合成数和完成数，并发现了无理数。

医学方面，科斯岛的希波克拉底（公元前460—前377年）被誉为“医学之父”。他排除迷信观念，提出各种疾病皆是生理失调和外界影响所致，使医学成为真正的科学；通过人体解剖，了解人体结构，为外科奠定了基础；提出体液说，将人分为多血质、黏液质、胆汁质和抑郁质四种气质类型；制定了著名的“希波克拉底誓言”，规定医生的职责与医德。1948年，世界医学学会在希波克拉底誓言的基础上制定了《日内瓦宣言》，将之作为医生的职业道德规范。

城邦文化的衰落与希腊化时代

发生于公元前5世纪初的希波战争，既见证了希腊城邦的辉煌，也是城邦自由与民主制度走向衰落的开始。

公元前539年，波斯人取代巴比伦人建立了西亚最强大的国家，进而征服了小亚细亚地区的希腊城邦，这些城邦于公元前499年发动了起义试图获得独立，起义一直延续到公元前494年，以失败告终，其间雅典出于经济和爱国双重动机援助了起义者。公元前490年，大流士发起了对希腊半岛的战争以惩戒雅典人对波斯事务的干预，被雅典人在马拉松一战中击败。公元前480—前479年，大流士的继承者薛西斯再次从陆路进军希腊，虽然波斯人攻入并洗劫了雅典，但希腊人取得了最后的胜利，公元前449年双方缔结和约，希波战争以希腊取胜告终。

希波战争对希腊各城邦是一次生死存亡的考验，是希腊的自由理想反对波斯帝国专制政治的胜利，也是东西方文化形成的分水岭。战后，希腊城邦进入了政治和文化的全盛期，雅典政治制度的完善和伯里克利时代都在这一时期范围内。但雅典的强盛也使它渐渐背离城邦建立的基础——城邦间的分离主义和自由独立，走向了帝国主义，不断谋取并扩大其在希腊的霸权地位，最终引发希腊世界的一场内战——伯罗奔尼撒战争，战后，城邦制度彻底瓦解了。

公元前477年，雅典主导的海上同盟——提洛同盟建立，这一同盟的初衷是联合希腊各城邦以抗击波斯的海上力量，也确实在战争中起到了相应的作用。但希波战争结束后，雅典逐渐把同盟变成了发展自己利益的海上帝国，它控制了同盟的财政，把其他同盟国降至臣属地位，军事惩戒那些想要退出同盟的城邦。雅典帝国主义势力的膨胀加剧了它与陆上强国斯巴达的竞争，斯巴达在希腊半岛南部建立了包括科林斯、西库昂、麦加拉和底比斯等重要城邦在内的伯罗奔尼撒同盟。两大同盟间政治经济利益的冲突和意识形态上的差别最终导致了残酷的内战，即伯罗奔尼撒战争（公元前431—前404年）。到公元前404年，斯巴达及其同盟者迫使雅典人无条件投降。然而，斯巴达的霸主地位并未能持久，冲突再次爆发，公元前371年，底比斯曾一度取代斯巴达，但它也无法牢固地统治希腊。公元前371—前338年，城邦间战争不断，盟约混乱，希腊所有主要城邦在军事和政治上均已衰落。

当希腊各城邦处于一片混战之时，位于希腊北部马其顿王国崛起了，公元前359年，腓力二世成为马其顿国王，因为他通晓希腊文化，并且颇具军事天才，马其顿逐步发展起强大的经济和军事实力。公元前338年，腓力击败了雅典和底比斯的联合反抗，将整个希腊置于自己的统治之下。公元前336年，腓力二世在女儿的婚礼上被刺杀，将在世界历史上创造更辉煌成就的亚历山大登上了王位。

亚历山大继位后，处决了所有可能觊觎王位的人，迅速巩固了他对全希腊的统治。公元前334年，他将目光转向庞大但已腐朽的波斯帝国。四年间，亚历山大接连打赢了三次大战役：公元前334年的格拉尼库河战役，公元前333年的伊苏斯战役，公元前331年的高加米拉战役，征服了整个波斯帝国。这还不是亚历山大庞大帝国计划的全部，他继续向东挺进，征服了巴克特里亚（大夏，今阿富汗），并横渡印度河，进入印度，但最终因为他的士兵拒绝继续远征，他只好回到美索不达米亚的苏撒。公元前323年6月，年仅33岁的亚历山大在巴比伦病逝。死前，他正计划向阿拉伯半岛发动进攻。亚历山大死后不久，他的新帝国分裂为三个主要的区域性的王朝：埃及的托勒密王朝、美索不达米亚的塞琉古王朝、马其顿和希腊的安提柯王朝。

亚历山大是一个卓越的征服者，在当政的 13 年间，他建立了一个地跨欧亚非的庞大帝国——亚历山大帝国。由于亚历山大的早逝，我们无法知道他是否具有统治这个帝国的能力，但在征服的过程中，亚历山大明显已经意识到在多民族帝国内调和各种文化传统的必要性，他在帝国内部施行很多可以让各民族和平相处的“种族融合”政策，试图将希腊和亚洲的政治制度和价值观念结合在一起。例如，在埃及和西亚等地以他的名字命名建立了很多希腊式的城市，并且动员了大量希腊人来这些城市定居，这些城市后来逐渐成为各个非希腊地区传播希腊文化的据点，其中最著名的是埃及的亚历山大里亚；在新征服的中东地区，他任命马其顿和希腊的官员执政；他鼓励与波斯和当地其他民族的女人通婚，并且自己身体力行。亚历山大的这些措施，将希腊文化带到了东方，最终导致了“希腊化”——希腊文化传统超越希腊本土向更广阔的世界传播。在这一时期，希腊文化和亚洲文化融合，这既是东方文化的希腊化进程，也是希腊文化的东方化进程。

亚历山大希腊化帝国的建立，结束了城邦在希腊生活中的核心作用，城邦制的地域主义被日益发展的世界主义所取代。希腊人身处于一个前所未有的广阔帝国之中，面对来自东方的君主专制制度和巨大财富以及随之而来的各种因种族、文化、阶级分裂而导致的冲突，城邦时代明晰的法律、道德、宗教和义务全都被打破，他们必须找到在新的时代处世立身的方式。因此，希腊化时代的哲学、宗教、文学和艺术都发生了重要的转折。

宗教　希腊化时代的宗教大多来自东方，因为满足了个人在复杂世界中寻找安全感的需要，所以在广大民众中颇受欢迎。如密特拉教、诺斯替教、埃及的母亲神伊希斯以及迦勒底人的星界宗教等。许多神秘宗教都允诺灵魂的来世得救，保证天国的存在，以宽慰生活在苦难现实中的民众。

哲学 哲学家们的注意力不再集中在寻找万物的本源，解决自然和社会的根本问题上，而是集中在如何追求个人的幸福，寻找摆脱痛苦的途径上。希腊化时代最著名的哲学派别——犬儒学派、伊壁鸠鲁学派、斯多噶学派和怀疑论派都将解决个人的伦理问题摆在首位。

犬儒学派是希腊化时代最早的哲学学派，大约起源于公元前350年，始祖是苏格拉底的学生安提斯泰尼。他主张回归自然，不要政府、不要私有财产、不要婚姻、不要确定的宗教，除了德行之外，什么都不要。犬儒学派最著名的人物是安提斯泰尼的学生第欧根尼，他实践了老师的学说，像犬一样的生活。

伊壁鸠鲁学派和斯多噶学派是希腊化时代最著名的两个哲学流派，都发端于公元前 300 年左右。伊壁鸠鲁学派把快乐当成是人生最好的事情，但他们并不主张过度纵欲的享乐，而是追求一种自我满足的平静状态——心灵的明澈，完全没有精神和肉体痛苦的状态。斯多噶学派具有的宿命论色彩，他们认为，宇宙是一个井然有序的整体，世界上发生的任何事情都是根据理性的目的而严格确定的，任何人都无法主宰自己的命运，人类的自由仅限于是接受还是反抗命运。但斯多噶学派并非一味地消极，他们认为虽然个人不能控制宇宙，但能够控制自己对这个变化无常的世界的反应。人类的最高使命是，用理性去认知宇宙的秩序并顺应它。

怀疑主义约于公元前 200 年流行起来，并达到了高峰。他们怀疑一切知识，拒绝讨论政治、道德和社会的问题。他们主张放弃对真理毫无结果的寻求，停止善恶的判断，从而获得心灵的宁静。

文学 希腊化时代的文学发生了重要的变化，反映了思想的新趋势、文学生活的新状况和这一时期建立的新制度。公元前 3 世纪和前 2 世纪，文学创作的中心在埃及的亚历山大里亚，托勒密王朝在那里创建了博物馆和图书馆，博物馆为科学家和学者提供资金支持，图书馆收藏了近 50 万册古文书。旧有的故事和戏剧得以保存并被分析，新作者、新作品大量涌现，但总体成就不高。希腊化时代比较突出的文学成就是新喜剧和田园诗。

雕塑 希腊化时代的雕塑艺术表现出奢华和感性主义的倾向，雕塑家们追求形式的复杂，着力刻画人物的各种细部表现，如人物面部的皱纹、发达的肌肉和衣饰褶皱等，雕刻作品往往呈现出奇异夸张的姿态，不同于古典时代的端庄稳重。完成于公元前220年左右的《垂死的高卢人》，表现了刻画人体的完美技巧；完成于公元前200年左右的"带翼的萨摩色雷斯胜利女神"表现了飘逸的衣饰刻画技巧；完成于公元前1世纪左右的《拉奥孔群像》展现人物充满动感的扭曲体态，充满了强烈的情感，表现出细腻的构图技巧。

科学 希腊化时代是人类历史上第一个伟大的科学时代，天文学、数学、地理学、医学和物理学在这一时期都取得了巨大的成就。天文学上，萨摩斯的亚里斯塔克推断出地球与其他行星是围绕太阳运行的；亚历山大里亚的托勒密的《天文学大成》是古代天文学的经典综合著作。数学方面，欧几里得的《几何原本》奠定了几何学的论证体系。地理学方面，艾拉托色尼建立了普通地理学的完整体系，从科学角度论述了地理学现象。医学方面，希罗菲拉斯是古代最伟大的解剖学家，而且可能是第一位解剖人体的学者，他在人体解剖的基础上做了详细的描述，强调大脑是人类的智力中枢。他还发现了脉搏的重要性及其在疾病诊断中的作用。物理学上，阿基米德将物理学从哲学中分离出来，使其成为一门独立的实验科学。阿基米德发现了浮力定律，并精确地确定了杠杆、滑轮和螺旋的原理，发明了复合滑轮和船用螺旋推进器。

古希腊文化的影响

"一提到希腊这个名字，在有教养的欧洲人心中，自然会引起一种家园之感。"黑格尔如是说。希腊人为西方文化留下了丰厚的遗产，尽管他们没有建立起中央集权的帝国，他们的殖民地却在地中海和黑海沿岸星罗棋布，他们的商船所到之处不仅开展了商业贸易也促进了文化交流。希腊的哲学、文学和科学在城邦时代就极大地影响了从西南亚到西欧这一广阔领域中思想和文化的发展。希腊化时期，亚历山大大帝的征服更是将希腊文化普及整个中东，甚至远播印度。罗马征服希腊之后，继承并改造了希腊文化，罗马帝国的每次扩张都令希腊文化的影响更加扩大，如同恩格斯所说：“没有希腊文化和罗马帝国奠定的基础，也就没有现代的欧洲。”中世纪的精神领袖基督教，其神学体系的形成得益于希腊哲学。17 世纪欧洲的文艺复兴运动中的“人文主义”与 18 世纪的启蒙运动中的“理性”，是对希腊精神的提炼与发展，令希腊文化彻底融入现代西方文化之中。

希腊人创造了太多西方历史上的第一，在现代西方社会和生活的每一个方面，我们差不多都可以找到希腊文化影响的存在。现代西方政治中影响巨大的民主制源自希腊，陪审团制度源自希腊，思想言论自由的观念源自希腊，学校教育、运动会、哲学、历史学、几何学、医学、天文学、戏剧等等无不源自希腊。

希腊人留给西方文化最宝贵的遗产在思想和精神方面，大致可以归结为三个方面。

其一，人文主义。从希腊神话到希腊悲剧和哲学，有一个观点越来越清晰，即：宇宙中存在着人类乃至神灵都无法控制的客观规律，但希腊人相信即使无法左右事情的结局，人依然可以通过主动选择和行动来掌握自己的命运。人的价值和尊严在于拥有自由意志，可以自我塑造，有意识地追求形体与道德的完美。

其二，理性精神。希腊人认为，在表面看来杂乱无章的自然界背后存在着秩序原则——即人类可以用理智把握的普遍规律。当希腊人抛开超自然的力量，尝试用简洁、符合逻辑的答案去解释自然现象和社会生活时，哲学和科学就诞生了，这也带给西方一种爱智慧、尚思辨、勇于探索真理和追求知识的传统精神——理性精神。值得一提的是，希腊人重视理性，但从未因此忽视感性，而是极好地平衡了两者，如同尼采所说，希腊并存着“日神精神 ”与“酒神精神”，两者的对立与融合使希腊人生活在一种井井有条又充满生命活力和乐趣公共秩序中。在此之后西方文化里，理性与感性再也无法如此和谐相处，对其中某一面的偏重导致了不同时期的不同思想文化困境。

其三，民主和自由的思想。首先要指出的是，古希腊城邦时代的民主与自由都是有缺陷的。希腊城邦民主与当代民主的概念不同，它的对象仅限于占人口少数的男性成年公民，它的形式是人人参与城邦政治生活的直接民主，它的目的是追求公共的共同利益，而非保护个人权利。国家权力的放大有可能导致“多数人的暴政”，其中最著名的事件是苏格拉底被处死，因此，即使在城邦时代也有很多知识分子指出民主不足。希腊的自由同样也仅为少数人所有，是一种群体的自由，邦雅曼·贡当斯将其称为“政治自由”，它不同于现代人向往的“个人自由”，“古代人的目标是在有相同祖国的公民中分享社会权力：这就是他们所称谓的自由。而现代人的目标则是享受有保障的私人快乐；他们把对这些私人快乐的制度保障称作自由。”[①]然而，不可否认的是，在当时东方多数文化都处于独裁的专制主义政治环境中时，希腊人创建了符合更多人利益政治体制，给予更多人思想、言论和参政的自由，现代有关民主、法治、自由的制度尽管并非直接来自古希腊，但希腊思想和制度的启蒙作用是不可否认的。

知识拓展　经典导读

一、《神谱》（节选）

【提要】　赫西俄德是荷马之后古希腊最早的诗人，以长诗 《工作与时日》和《神谱》闻名于后世。《神谱》描写的是宇宙和神的诞生，讲述从地神该亚诞生一直到奥林匹斯诸神统治世界这段时间的历史。

最先产生的确实是卡俄斯（混沌），其次便产生该亚——宽胸的大地，所有一切【以冰雪覆盖的奥林波斯山峰为家的神灵】[②]的永远牢靠

① 【法】邦雅曼·贡当斯著. 古代人的自由与现代人的自由. 阎克文等译. 北京：商务印书馆，1999 年版：第 314 页

② 柏拉图、亚里士多德等不知有此行，显然是伪文。——英译者

的根基[①]，以及在道路宽阔的大地深处的幽暗的塔耳塔罗斯、爱神厄罗斯——在不朽的诸神中数她最美，能使所有的神和所有的人销魂荡魄呆若木鸡，使他们丧失理智，心里没了主意。从混沌还产生出厄瑞玻斯[②]和黑色的夜神纽克斯；由黑夜生出埃忒耳[③]和白天之神赫莫拉，纽克斯与厄瑞玻斯相爱怀孕生了他俩。

大地该亚首先生了乌兰诺斯——繁星似锦的皇天，他与她大小一样，覆盖着她，周边衔接。大地成了快乐神灵永远稳固的逗留场所。大地还生了绵延起伏的山脉和身居山谷的自然神女纽墨菲的优雅住处。大地未经甜蜜相爱还生了波涛汹涌、不产果实的深海蓬托斯。后来大地和广天交合，生了涡流深深的俄刻阿诺斯、科俄斯、克利俄斯、许佩里翁、伊阿佩托斯、忒亚、瑞亚、忒弥斯、谟涅摩绪涅以及金冠福柏和可爱的忒修斯[④]。他们之后，狡猾多计的克洛诺斯降生，他是大地该亚所有子女中最小但最可怕的一个，他憎恨他那性欲旺盛的父亲。

资料来源：（古希腊）赫西俄德著，《工作与时日 神谱》，张竹明，蒋平译，商务印书馆，1991 年版，第 29 页

【问题与思考】

神谱中神族诞生的顺序是否反映了希腊人的某些观点？你认为它说明了什么？

---

① 在赫西俄德的宇宙观中，大地是一个圆盘，周围是大洋河俄刻阿诺斯，大地飘浮在广阔的水域上。大地被称作万物之根基，因为不仅树木、人类、动物，甚至山丘和海洋都依赖于它。——英译者

② 在厄瑞玻斯是“黑暗”的化身。——英译者

③ 埃忒耳是“光明”的化身

④ 前五个是男性，后六个是女性，连同克洛诺斯（男）共为六男六女

二、《伯里克利在阵亡将士国葬典礼上的演说》（节选）

【提要】 本篇节选自雅典领导人伯里克利在公元前431年—前430年冬天所做的葬礼演讲，纪念在第一次战役中牺牲的雅典战士。伯里克利比较了雅典与斯巴达的制度，诗意地描述了处于黄金时代的雅典城邦。

我要说，我们的政治制度不是从我们邻人的制度中模仿得来的。我们的制度是别人的模范，而不是我们模仿任何其他的人的。我们的制度之所以被称为民主政治，因为政权是在全体公民手中，而不是在少数人手中。解决私人争执的时候，每个人在法律上都是平等的；让一个人负担公职优先于他人的时候，所考虑的不是某一个特殊阶级的成员，而是他们有的真正才能。任何人，只要他能够对国家有所贡献，绝对不会因为贫穷而在政治上湮没无闻。正因为我们的政治生活是自由而公开的，我们彼此间的日常生活也是这样的。当我们隔壁邻人为所欲为的时候，我们不至于因此而生气；我们也不会因此而给他以难看的颜色，以伤他的情感，尽管这种颜色对他没有实际的损害。在我们私人生活中，我们是自由的和宽恕的；但是在公家的事务中，我们遵守法律。这是因为这种法律深使我们心悦诚服。

……

我们爱好美丽的东西，但是没有因此而至于奢侈；我们爱好智慧，但是没有因此而至于柔弱。我们把财富当作可以适当利用的东西，而没有把它当作可以自己夸耀的东西。至于贫穷，谁也不必以承认自己的贫穷为耻；真正伪耻辱是不择手段以避免贫穷。在我们这里，每一个人所关心的，不仅是他自己的事务，而且也关心国家的事务：就是那些最忙于他们自己的事务的人，对于一般政治也是很熟悉的——这是我们的特点：一个不关心政治的人，我们不说他是一个注意自己事务的人，而说他根本没有事务。我们雅典人自己决定我们的政策，或者把决议提交适当的讨论，因为我们认为言论和行动间是没有矛盾的；最坏的是没有适当地讨论其后果，就冒失开始行动。这一点又是我们和其他人民不同的地方。我们能够冒险；同时又能够对于这个冒险事先深思熟虑。他人的勇敢，由于无知；当他们停下来思考的时候，他们就开始疑惧了。但是真的算得勇敢的人是那个最了解人生的幸福和灾患，然后勇往直前，担当起将来会发生的事故的人。

资料来源：（古希腊）修昔底德著，《伯罗奔尼撒战争史》（上册）第二卷第四章，谢德风译，商务印书馆，1960年版，第27页

【问题与思考】

伯里克利描述的雅典民主制度有什么特点？你认为雅典民主制的不足之处有哪些。

第四章 古代罗马文化

古代罗马文化是与希腊文化有着密切联系但又截然不同的文化。罗马共和国和帝国的文化基础都来自其近邻希腊的启示，但罗马社会与希腊社会有着本质上的不同，罗马人建立了庞大的、中央集权的帝国，在其鼎盛时期，统治了整个地中海地区、亚洲西南部的部分地区、北非和欧洲的大部分地区及不列颠岛。罗马人建立的庞大帝国繁荣了近4个世纪，在希腊文化衰落之后，罗马依然长久地保持着霸主地位。尽管在哲学、艺术、科学等方面，罗马人的成就无法与希腊人媲美，但他们继承并发展了希腊在这些方面的成就，并且在政治和法律方面自有建树，把一个强大帝国的历史经验留给了后世。罗马帝国后期，基督教历经坎坷但最终成为罗马帝国的官方宗教，在其广阔的疆域内有效地传播，进而成为西方文化中最有影响力的一种宗教思想。

亚平宁半岛的地理环境与居民

古代罗马的版图一直在发生着变化，从台伯河畔的7个丘陵地带开始，到公元前3世纪，罗马的统治范围已经远远超过了亚平宁半岛，公元前1世纪末，罗马的势力已经扩展到整个希腊世界和欧洲西部。在其全盛时期，连地中海都成为“罗马人的湖泊”。然而，在整个扩张进程中，亚平宁半岛一直是罗马的经济基础、政治行政中心以及文化的主要发源地，因此，我们有必要首先了解对罗马文化的产生和发展具有重大影响的亚平宁半岛的地理自然环境。

亚平宁半岛是欧洲三大半岛之一，地形狭长，从北方深入地中海中部。它的东面与希腊所在的巴尔干半岛隔亚得里亚海，西面较远处有萨地尼亚和科西嘉两个大岛，南面接续着富饶的西西里岛（它的南端与非洲海岸很近），北面与欧洲大陆相接处耸立着阿尔卑斯山。与希腊不同的是，亚平宁半岛周围缺少岛屿资源，海岸线短而平直，罕有天然良港，因此它无法像希腊一样发展起便利的海上交通和商业。半岛北面的阿尔卑斯山尽管没有完全阻断陆上交通，但也在很大程度上影响了意大利与北面大陆的往来。因此，相对希腊而言，亚平宁半岛所处的地理环境是比较闭塞的，它无法像希腊那样与先进的东方文化频繁联系。

在亚平宁半岛内部只有一条亚平宁山脉自北而南纵贯全岛，它对内陆交通影响不大，并未造成像希腊那样的相互隔绝的地区。水系的丰富使亚平宁半岛拥有多个宜于农耕的平原，包括北部的波河冲积平原和西部的伊达拉里亚、拉丁姆和坎佩尼亚平原，优良的土壤不仅可以种植橄榄和葡萄等经济作物，也盛产谷类作物。东部的高地与南部沿海地区则有条件发展畜牧业。此外，亚平宁半岛还富有各种金属矿藏和木材。因此，它完全可以形成自给自足的自然农业经济，缺少希腊那种必须发展对外贸易的动力。

根据考古材料，早在旧石器时代，亚平宁半岛就有居民。新石器时代（公元前 5000 年代开始）居民已有原始农业，驯养家畜，制作陶器，聚居于圆形屋组成的村落中，当时的居民身材矮短，长脸黑发，属于地中海人种。但罗马的建立者并非当地土著，应该是在公元前 2000 年至公元前 1000 年移民至亚平宁半岛的印欧语系民族中的拉丁人，他们于公元前 8 世纪左右，定居于台伯河边拉丁姆平原上的 7 个小丘陵地带。当时亚平宁半岛的最先进的两个民族是埃特鲁斯坎人（他们的来历至今还在争议，大部分学者认为他们来自小亚细亚，曾经征服并统治罗马）和希腊人（他们在半岛的南部和西部以及西西里岛上建立起若干殖民地），这两个民族带给罗马人建筑工程、文字、神话、宗教和艺术等方面的大量先进知识，对罗马文化的发展影响最大。

罗马的兴起和历史发展进程

根据保存在古代希腊罗马历史学家著作和维吉尔史诗《埃涅阿斯记》中的传说，公元前 753 年，特洛伊城埃涅阿斯王子（其母是女神阿佛洛狄忒）的两个后裔——战神马尔斯与公主瑞亚·西尔维亚所生的双胞胎兄弟罗慕洛斯和雷慕斯，被母狼养大，建立了罗马城，罗慕洛斯成为第一个国王。考虑到这个传说迟至公元前1世纪才定型，它无疑反映了已经强大起来的罗马希望有一个光荣的历史，赋予自己神圣和希腊的起源。但另一方面，它可能也包含某些真实的核心。今天的考古研究认为，罗马城建立的时间与传说中的公元前753年十分接近，它可能是当时的拉丁部落发展的新殖民地。

图4-1　青铜像《母狼》

传说中还提到罗慕洛斯如何解决罗马城当时缺少妇女的问题，他安排了庆典活动，邀请当时在“七山”定居的萨宾部落参加，趁机抢走萨宾人的妇女。萨宾部落的国王塔提奥斯立即宣战，向罗马进军。但萨宾妇女并不抱怨被掳，她们请求休战。罗慕洛斯说服塔提奥斯与自己共同主政，两个部落结成联盟。传说的这部分可能反映了“七山”附近的几个部落结成了“七山联盟”，主要包括拉丁人的部落和萨宾人的部落，从自治村落发展为城市——罗马。

根据罗马历史的传统说法，从公元前753年罗慕路斯建城起到公元前509年高傲者塔克文被推翻为止，先后有7个国王统治罗马，这一时期被称为王政时代，这7个国王中有拉丁人、萨宾人和埃特鲁斯坎人。很多当代学者认为埃特鲁斯坎人在公元前7世纪入侵征服了罗马，并从公元前616年开始一直统治罗马，他们传授给罗马人拱门、拱顶及排水工程的建筑知识，残忍的角斗娱乐，以及通过动物内脏占卜的方法。为了突出国王的威仪，埃特鲁斯坎人使用王权仪仗“法西斯”[①]，一种插着斧头的束棒，这也被古罗马人保留下来，作为权力和威信的标志。由于最后一个埃特鲁斯坎国王高傲者塔克文施行残暴的苛政，罗马贵族集团开始酝酿着变革。革命导火索是塔克文的儿子强暴了罗马贵族妇女卢

① 希特勒和墨索里尼也采用了“法西斯”

克雷蒂亚，卢克雷蒂亚不堪其辱而自杀身亡。公元前 509 年，罗马贵族因此奋起反抗，废黜了国王，以共和制取代了王政，罗马进入共和国阶段。

罗马共和国的历史是一段连绵不断的战争史，也是罗马不断向外扩张的历程。经过一百多年的战争，到公元前 265 年，罗马已经统治了整个意大利。

对外战争给共和国带来巨大的财富，但也加剧了罗马贵族与平民之间的矛盾，从而推动罗马的宪政改革。根据共和国早期的宪法和法律，贵族几乎垄断了所有权力，元老院被贵族把持，执政官自然选自贵族，平民虽有权参加公民大会，但他们享受的政治权利是不完全的。贵族还垄断了宗教职务，平民不得染指。此外，贵族与平民之间不得通婚，使贵族阶层成为一个封闭的系统。贵族利用特权大量侵占战争得来的土地，平民却由于为国家连年出征又没有得到合理的战利品分配而愈加贫穷，有的甚至沦为债务奴隶，他们迫切希望减轻债务、得到土地。另一部分富有的平民（如商人、手工业者）也希望维护人身自由和合法权益，享受与贵族平等的权利，参与政权。

公元前 5 世纪开始，为了在政治和法律方面获得平等，平民与贵族展开了长达两个多世纪的斗争，并取得了一系列成果。公元前 470 年左右，平民迫使贵族同意设立保护平民权利的保民官，他有否决侵犯平民权利的法律和行动的权力。公元前 450 年，《十二铜表法》颁布，它把以往由贵族们随意解释和滥用的习惯法变成了对所有公民一视同仁的成文法。公元前 445 年，平民获得与贵族通婚的权利。公元前 367 年，《李锡尼—绥克斯图法案》规定至少一位执政官由平民担任。公元前 287 年，《霍滕西阿法案》规定平民会议的决议对所有罗马人具有约束力，无须元老院同意。

暂时解决国内矛盾之后，罗马开始在地中海地区的事务中发挥自己的影响力，这就不可避免地与其他国家发生冲突。从公元前 264 年到公元前 146 年，他们同迦太基人进行了三次毁灭性的战争，即布匿战争。

第一次布匿战争（公元前 264—前 241 年）的焦点是西西里岛，战争最后以罗马胜利而告终，罗马人取得了西西里岛的统治权，3 年后又从迦太基人手中夺走了科西嘉岛和撒丁岛。

第二次布匿战争（公元前 218—前 201 年）源于迦太基人在西班牙的扩张，迦太基的军队由军事天才汉尼拔（公元前 247—前 183 年）统帅，他率领军队从西班牙翻越比利牛斯山和阿尔卑斯山，从北部进入意大利。这支配备着战象的精锐部队在意大利势如破竹，屡败罗马军队。罗马将军费边（公元前 280—前 203 年）采用了拖延战术，与汉尼拔打消耗战，避免与其正面作战，同时伺机骚扰截断其补给线。费边因此而得名“拖延者”费边，“费边战术”也被后世用以专指拖延迂回，以持久战消耗敌人。费边战术使汉尼拔军队失去优势，无法给罗马致命一击，也为罗马重新积聚力量反攻赢得了时间，代价是汉尼拔的军队在意大利境内烧杀抢掠 15 年之久。带领罗马取得最终胜利的是普布利乌斯·科尔内利乌斯·西庇阿（公元前 236—前 183 年），公元前 206 年，西庇阿夺取西班牙，进军北非，迫使汉尼拔从意大利辙军回国防守。公元前 202 年，西庇阿在扎马战役中击败汉尼拔，第二次布匿战争以罗马获胜，取得西班牙告终。

然而，汉尼拔对意大利的入侵和迦太基战后复兴使罗马人认为必须彻底摧毁迦太基，根据普鲁塔克的记录，罗马元老老加图在每一次演讲结束时，都会重复一句话“迦太基必须被毁灭”。在这样的主战派影响下，第三次布匿战争（公元前 149—前 146 年）爆发了，罗马人在长期围困迦太基后，占领并烧毁该城，把 5 万名幸存者变成了奴隶，并且接管了迦太基人在北非和伊比利亚半岛上的土地。

在与迦太基人的冲突开始后不久，罗马在地中海东部地区卷入了安提柯和塞琉古王朝的冲突。在公元前 215 年到公元前 148 年，罗马与这些敌人进行了五次主要的战争。到公元前 2 世纪，这些战争的结果是罗马成为整个地中海地区的领导力量，终结了希腊化时代。罗马共和国末期，恺撒征服高卢，将莱茵河以西的德意志和法兰西等地区划入罗马。

罗马疆域的急速扩大再次导致国内矛盾激化。经济方面，由于大量战俘被贩卖为奴隶，奴隶制成为罗马经济的基本要素，出现大量由奴隶劳作的大农场、矿山和工场。廉价的奴隶替代了农民和工人，后者大量破产，只好涌入城市，成为穷困无助的城市流氓。政治方面，新旧贵族间、贫民与富豪间、有公民权的罗马人与没有公民权的意大利人间的矛盾日益激化。此外，受到残酷压迫和剥削奴隶多次发动大规模起义，例如，公元前 134 年的西西里起义持续了两年之久；公元前 73 年，斯巴达克斯领导角斗士起义，有 7 万奴隶参加了起义，起义军一度占领了意大利南部，之后被残酷镇压。文化方面，对希腊化世界的征服使大量东方观念和习俗进入罗马，破坏了罗马共和国早期充满爱国热情的英雄主义精神和保守淳朴的遵纪守法的传统，奢靡之风盛行，靠战争发财的富豪们恣意挥霍、耽于享乐，公共道德糜烂透顶。尽管以老加图为首的一些元老贵族还保持着清醒，大声疾呼恢复过去朴素的美德。贵族出身的革拉古兄弟也曾在公元前 133 年和公元前 123 年试图进行经济和政治改革，但两次改革均以失败告终，平民与贵族间的矛盾最终激化成内战，骑士阶层兴起，军事独裁出现了。

公元前 107 年开始，出身在平民家庭有一定威信的军人马略连续出任执政官，为了迅速征集军队，马略以募兵制代替了公民兵制，这就使士兵只忠于他们的将军，军队的利益高于国家利益。公元前 88 年，以马略为首的平民势力和以苏拉为首的贵族势力开战，苏拉取胜。公元前 82 年，苏拉被指定为无限期独裁官，采取了一系列措施重新巩固元老贵族的统治。公元前 79 年他放弃独裁官职位隐退，次年死去。在苏拉死后不久，他所颁布的法律随即被废弃了。但是，苏拉依靠军队实行独裁统治，给共和制度以沉重打击，为日后恺撒等人的独裁开了先河。

苏拉之后，几个手握重兵的将军登上政治舞台，其中庞培、克拉苏和恺撒三人出于政治需要，达成了互相支持的秘密协议，建立起历史上所谓前三头政治同盟，以期共同对抗元老院。为了巩固这个同盟，恺撒还把自己的女儿嫁给了庞培。公元前 1 世纪中期，共和政体越来越不适应逐渐扩张的帝国，恺撒开启了以中央集权的帝国政府代替共和政体的进程。公元前 49 年，恺撒率军从高卢进入罗马城，击溃了庞培与元老院的同盟，自任终身独裁官，集执政官、保民官和大祭司长于一身，掌握全部军事、政治权力，将元老院变为名存实亡的傀儡。但恺撒并未能成为罗马帝国的缔造者，公元前 44 年，以布鲁图斯和喀西乌斯为首的元老院贵族刺杀了恺撒。

恺撒遇刺后，罗马陷入了混乱。恺撒手下的两个重要将领安东尼、雷比达与其继承人屋大维于公元前 43 年 11 月在波伦尼亚附近会晤，结成同盟，史称后三头政治同盟。与前三头政治同盟的私人协定不同，后三头政治同盟获得了罗马公民大会的承认，是公开合法的。击溃了暗杀恺撒的贵族势力之后，他们三分罗马而治：安东尼统治帝国东部、埃及和希腊等地；屋大维控制帝国西部；雷比达则掌握非洲等地。8 年之后，同盟内部发生了争端，权力争夺主要在安东尼和屋大维之间，战争结束后，屋大维掌握了全部权力，并迅速巩固了自己的地位。

从公元前 43 年至公元前 2 年，屋大维任执政官 13 次，成为实际上的终身执政官，掌握了最高行政权；公元前 29 年，他打败安东尼后返回罗马，举行了盛大的凯旋式，获得"元帅"（imperator）称号，拥有了军队的最高指挥权；公元前 28 年，他改组了元老院，使自己成为首席元老；公元前 27 年，元老院授予其"奥古斯都"（意为神圣的、崇高的、庄严的）的尊称和其他荣誉，并恳请他直接管辖高卢、西班牙和叙利亚 3 个行省，统率 20 个军团，为期 10 年（后来这个期限又得到延长）；此外，屋大维还有终身保民官的权力，担任宗教最高职务的大祭司长，获得了"祖国之父"的荣誉称号；甚至他在世时就被许多城市直接奉为保护神，在意大利和许多行省建造了供奉他的祭坛和神庙。尽管在他统治的 40 多年里从未公开称帝，但屋大维已经改变了政府的本质，正如刘易斯所说："虽然他没有称帝，而是满足于'人民之父'和'第一公民'这种称号，但他最终以奥古斯都的名号取得了罗马第一个皇帝的地位。"[①]罗马已由共和国转变为帝国，罗马帝国的历史就此开始。

从奥古斯都到图拉真时期，罗马帝国继续不断扩张，社会经济空前活跃，交通畅通无阻，商业迅速发展，文学艺术十分繁荣，民众也安居

---

① 【英】布伦达·拉尔夫·刘易斯著. 君主制的历史. 荣予、方力维译. 北京：三联书店，2007 年版：第 8 页

乐业。但180年“五贤帝”中最后一位马可·奥勒留的去世，标志着罗马辉煌时代的结束和混乱衰败的开始。马可·奥勒留打破了过去传位给有才能的养子的传统，将帝位留给他残暴无能的儿子康茂德。公元193年，康茂德遇刺身亡，各行省纷纷推出自己的候选人争夺帝位，从而开启了暴力夺位的先例。公元235—284年，有20多位皇帝死于夺位之争，罗马国内农业和贸易遭到严重损害，边境也屡受侵犯。公元3世纪时，有才干的皇帝戴克里先和君士坦丁一度缓解了罗马衰落的颓势，但由于他们都采取了分区治理的政策，导致了罗马帝国的分裂。东、西罗马的对抗，使国力严重削弱，早已伺机而动的日耳曼人趁机频繁出击，加速了罗马的灭亡。410年，西哥特人曾攻陷罗马城。476年，日耳曼雇佣军首领奥多维克废黜了最后一个西罗马帝国皇帝罗慕洛斯·奥古斯都，西罗马帝国灭亡。以君士坦丁堡为首都的东部拜占庭帝国幸存下来，直至1453年。

罗马的政体

与罗马社会发展及其扩张相一致，罗马政体发展先后经历了王政时代、共和时代和帝国时代三个阶段。

王政时代，罗马的政治权力机构有三个：库里亚大会（建立在血缘关系上的胞族会议）、长老会议（由各氏族的族长和代表组成）和国王。库里亚大会有权决定战争、提出法律法令、审判重大案件和选举高级公职人员，国王也由库里亚大会选举产生。国王对其臣属拥有司法权，但国王权力受元老院制约，在王位空悬时由元老院进行统治。

罗马共和国施行的是共和制，共和制源于拉丁语的“公共事务”（res publica ）一词，它意味着国家不是君主的私人领地，权力源于人民集体，行政长官为国家服务。罗马共和国政体主要由三部分组成：元老院、公民大会和行政长官系统。

元老院在共和政体中处于核心和领导地位，最初的元老院成员都出身于贵族，卸任后的高级长官也补入元老院。

公民大会是全体罗马公民行使政治权利的机构。共和国时期，罗马同时存在三个公民大会：以血缘为基础的库利亚大会，以财产等级为基础的森都利亚大会（百人队会议），以部落为基础的特里布斯会议（平民会议）。库里亚大会的权力早在王政后期就被大大地削弱了，到共和国时期实质上仅保留了宗教方面的职能。森都利亚大会是共和国初期最重要的国家机构之一，它具有选举执政官和其他高级行政长官以及决定战争或和平的职能，也是人民上诉的最高法庭。特里布斯会议可以选举保民官、财务官、市政官和其他一些低级官吏，随着平民权力的提高，公元前 287 年它也成为主要立法机构之一。

最能体现罗马共和政体特征的行政长官主要是执政官和保民官。罗马政府最高行政首长是两个选举产生的执政官，任期一年。在危急时期，则可由元老院指定一名任期不超过六个月的独裁官。公元前470年左右，罗马政府设立保民官，保民官是以平民的保护者的身份出现的，全称“平民保民官”。这一官职的设立标志着平民势力的崛起，贵族与平民分权，二者相互制衡使共和体制更为完善。

罗马帝制始于屋大维开创的元首制，屋大维称自己为共和国的“第一公民”（princeps civitatis），即元首，他所建立的中央集权制度被称为元首制（the principate）。尽管屋大维始终谨慎地没有显露出任何建立王政的意图，但实质上元首制就是在共和政体形式下的君主专制。罗马元首制有以下特点：首先，元首与元老院共治，但屋大维通过削弱元老院财政、立法权限，使元首地位实际高于元老院。其次，共和制的各种政治机构公民大会、执政官等仍然存在，但权力缩减，元首为独裁需要新建立的机构逐渐掌握实权，如政府文官机构、元首顾问会议等。再次，元首权力不断增强，并且逐渐被神化。

公元 3 世纪，戴克里先称帝，完全抛弃了共和制的外衣，代之以公开的君主制。戴克里先的正式头衔是多米努斯（dominus 统治者，主人），与元首的权力来自人民不同，多米努斯的权力来自于神，为强调其权力的神圣性与绝对性，戴克里先制定了一系列隆重的宗教礼仪和宫廷仪式，比如，以跪拜吻袍礼代替了传统的致意，身着王冠紫袍出现在公共场合。至此，罗马正式成为君主制国家，但由于共和传统在罗马根深蒂固，罗马帝制中包含了浓郁的共和色彩，统治者的权力仍然受到一定的制约，王位的传承也没有完全依照血缘关系的亲疏，这与中国皇帝“家天下”的统治方式有很大的区别。

罗马法

罗马的法律和法学思想，是罗马人对世界文化的最大贡献。在西方文化史上，罗马第一次形成了职业法学家集团，第一次出现了法律学校和法律派别，第一次写下了大批法学著作，为西方法文化奠定了坚实的基础。

王政时代是罗马法的萌芽时期。这一时期法的意识与宗教信仰相混合，法律与宗教戒律相纠缠，以习惯法为主。

已知罗马第一部成文法是共和初期颁布的《十二铜表法》，它总结了罗马以往的习惯法，为后世罗马法的发展奠定了基础。共和国的后几个世纪中，《十二铜表法》被不断涌现的新的判例和原则所充实和改进，其中很大部分来自于大法官的告示和法学家的诠释，这也是罗马法的一个重要特点。

元首制时期，罗马法发展到巅峰，法律的范围扩展到更广泛的司法领域。此时，罗马法由三个部分组成：公民法、万民法和自然法。公民法适用于罗马公民，它构成了罗马法的核心。万民法是为适应帝国不断扩张的需要而制定的新法律，适用于没有罗马公民权的外邦人之间，以及外邦人与罗马公民间的法律纠纷。自然法则构成了罗马法的一般哲学基础或法理学基础，它是斯多噶主义的哲学思想对罗马文化发生影响的产物，也成为近代西方自然法学派的重要理论来源。

529 年，东罗马帝查士丁尼召集法学家对罗马的法学典籍进行彻底的整理，编纂成《查士丁尼民法大全》——包括《查士丁尼法典》（帝国法规，包括查士丁尼新颁布的法规）、《学说汇纂》（法学家著作的摘要）和《法学阶梯》（法科学生的入门书籍）。这是千余年来罗马法律的全面总结与升华。

罗马法律的发达与罗马特定的社会条件和生产关系有密切的关系，与古代社会其他法律相比，罗马法有两大显著的特点：其一，罗马法是人法而非神法，表明了罗马人重人事的特性；其二，罗马法是面向实际而非唯理的法律，它随着实践的变化不断修正，充分体现了求实精神。罗马法是第一个世界性的法典，有着强烈的开创意义，它构成了现代西方大陆法学体系的重要理论基础，奠定了法治的精神。

罗马法关于公法和私法的划分以及人法、物法、诉讼法的私法体系对现代西方民法影响至深。罗马法学家乌尔比安首创以法律维护的利益为标准，把法律分为公法和私法。公法包括宗教祭祀活动的规范，调整国家机构内部权力关系以及国家机关与公民之间的关系。私法调整公民个人之间的关系，包括财产所有权、债、家庭婚姻和继承等方面的法律规划。按盖尤斯《法学阶梯》一书的结构，罗马私法的体系分为人法、物法和诉讼法三个部分。罗马帝国的扩张及后期商品经济的发展，加之罗马政府对私人领域干预较少，使得私法成为罗马法的核心。罗马人最先规定了私有财产的权力，承认公民的私人权利，即使国家也无权干涉公民生活的某些方面，与希腊城邦民主过于强调公共利益相比，罗马人的观念无疑更具现代性，1804 年制定的《法国民法典》和 1900 年实施的《德国民法典》都继承和发展了罗法私法的体系。

罗马法学家的思想学说以及罗马法中许多原则和制度，也被近代以来的法制所采用。如罗马人的自然法思想，公民在私法范围内权利平等原则、契约自由原则、遗嘱自由原则、“不告不理”原则等，权利主体中的法人制度、物权制度、契约制度、陪审制度、律师制度等，都被现代西方法学继承和发展。

罗马的文化成就

宗教 古代罗马人的宗教信仰最初是原始的多神教，其中有城邦官方崇拜的天神朱庇特、战神马尔斯等，也有罗马远古英雄的传说、原始的祖先崇拜以及占卜等巫术成分。共和国中期，罗马宗教大量吸收希腊神话，将二者合为一体，罗马原有的神祇与希腊相应的神祇合为一体，还有一些希腊神祇被直接移植到罗马神系中，形成了一种希腊罗马混合宗教。

表 4-1　希腊罗马主要神名对照表

希腊名	罗马名	神职
宙斯 Zeus	朱庇特 Jupiter	万神之王，司天空、雷电、风雨
赫拉 Hera	朱诺 Juno	天后，司女人、婚姻和生育
波塞冬 Poseidon	尼普顿 Neptune	海神
哈得斯 Hades	普路同 Pluto	冥王
德墨忒耳 Demeter	席瑞斯 Ceres	谷物女神，司谷物和耕种
阿瑞斯 Ares	马尔斯 Mars	战神
雅典娜 Athena	密涅瓦 Minerva	智慧女神，司艺术、发明和武艺
阿波罗 Apollo	阿波罗 Apollo	太阳神，司艺术、诗歌、预言、雄辩和医术
阿佛洛狄忒 Aphrodite	维纳斯 Venus	爱与美之女神，春神，花神
赫尔墨斯 Hermes	墨丘利 Mercury	神之使者，司旅游、商业和贸易
阿尔忒弥斯 Artemis	狄安娜 Diana	月亮女神，狩猎之神
赫淮斯托斯 Hephaestus	伏尔甘 Vulcan	火神、匠神，司工艺、锻冶
狄奥尼索斯 Dionysus	巴克斯 Bacchus	酒神，狂欢之神

罗马帝国后期，由于时局的动荡以及民众直接政治参与的减少，一些来自中东和埃及的神秘宗教流传开来，这些神秘崇拜具有希腊罗马宗教中缺少的普世性、超越性、救赎性，普通大众能在其中获得极大的精神慰藉。

公元 1 世纪起，脱胎于犹太教的基督教开始在罗马帝国缓慢传播，直至公元 3 世纪初期，基督徒的总数也仅占帝国人口的 1%左右。早期罗马政府对基督徒相对宽容，虽然有一些蓄意的迫害行为，但时间较短，也没有对基督教造成致命的伤害。公元 3 世纪时，罗马帝国面临诸多内外困扰之际，戴克里先以及继任者伽勒留斯开始了对基督徒的大迫害，但当时基督教已经形成等级严密的宗教体制和紧密团结的社会团体，宗教迫害不但不能使其消亡，反而在某种程度上促进了它的传播。公元311年，伽勒留斯最终认清了这一事实，在去世之前颁布了宽容敕令。公元312年，罗马皇帝君士坦丁皈依基督教，积极支持教会，尽管君士坦丁并未禁止异教，但这一时期确实是基督教历史上的一个重大转折点。此后，在帝国君主的庇护下，基督教日益繁荣壮大。到4世纪末，狄奥多西大帝禁止公众信奉异教，基督教成为罗马帝国的官方宗教。

哲学　古罗马哲学是希腊哲学的继续和发展，其特点是把理性主义和东方的神秘主义相糅合。一直到共和国末期，罗马都没有产生过一位自己的哲学家，但小伽图、西塞罗、卢克莱修等人将希腊的柏拉图主义、斯多噶主义、怀疑主义和伊壁鸠鲁主义介绍到了罗马。罗马帝国后期形成了一种影响较大的唯心主义派别——新柏拉图主义，它以柏拉图的理念论和近东的神秘主义思想为基础，吸收了亚里士多德学派、斯多噶学派等哲学思想，为神灵和人类之间的联系提供了一种新的解释，成为基督教神学的思想渊源之一。代表人物是普罗提诺（又译柏罗丁，205—270年）。

史学　罗马史学也受到希腊史学的巨大影响。共和国时期最著名的历史学家波里比阿（公元前204—前112年）是客居罗马的希腊人，其著作《通史》叙述了罗马自公元前218—前146年对外扩张的历史。全书共分40卷，现仅存头5卷，其他均为残篇。他的史学理论和方法对罗马史学产生了很大的影响。

罗马史学的真正奠基者是加图（公元前234—前149年），他所写的《创始记》共7卷，前3卷追溯罗马城邦的起源，后4卷描述布匿战争的经过以及他生活时代的大事，仅存残篇。

共和末期的历史学家萨路斯提乌斯（公元前86—前34年），著有《喀提林纳阴谋》和《朱古达战争》，记载共和后期罗马重要史事。恺撒的《高卢战记》和《内战记》，分别记述他在高卢作战的经历以及他与庞培之战的经历，叙事翔实精确，文笔洗练流畅，也是研究共和末期历史以及高卢和日耳曼人历史的重要文献资料。

罗马帝国时期的著名历史学家有李维、塔西佗和普鲁塔克。李维（公元前59—公元17年）著有《罗马史》（全名《罗马建城以来的历史》），全书142卷，现存35卷，记述了从传说中埃涅阿斯时代至公元前9年700多年来罗马的历史。塔西佗（55—120年）仅存五部著作，最著名的是《历史》，记述公元69—96年罗马帝国早期的历史。《日耳曼尼亚日志》记载了公元1世纪末日耳曼人的社会生活状况，是最早的记录日耳曼人历史的专著。普鲁塔克（46—126年）的《传记集》（又称《希腊罗马名人传》）以对照比较的形式将希腊、罗马名人两两相对合传，并加以评论，开创了西方史学传记体的传统。

文字与文学　约公元前7世纪，罗马人在借鉴希腊字母的基础上创造了自己的拼音字母——拉丁字母。拉丁字母最初为21个，到中世纪时发展为26个。拉丁文是罗马时代和中世纪早期欧洲的通用语文，对西欧各国民族语言文学的形成有巨大影响。直至今天，医学和生物学领域中某些术语仍旧使用拉丁词。

罗马最早的文学创作是民间的歌谣、故事和谚语，公元前3世纪，在吸收和模仿希腊文学的基础上，罗马才出现了真正的文学作品。罗马文学的主要成就在诗歌、戏剧、散文方面。

罗马历史上第一个诗人安德罗尼库斯（公元前284—前204年）是被释放的希腊籍奴隶，他首次将《荷马史诗》之《奥德赛》翻译成拉丁文。第一位拉丁诗人是尼维阿斯则（公元前270—前200年），他写作了第一部罗马史诗《布匿战争》和历史剧《罗慕洛斯》。

维吉尔（公元前70—前19年）是罗马最重要的诗人，著有《牧歌》十首、《田园诗》四卷和史诗《埃涅阿斯纪》。最著名的是长篇史诗《埃涅阿斯纪》，全诗12卷，近万行，是西方文学史上第一部文人史诗。维吉尔极大地影响了拉丁诗歌的形式，《埃涅阿斯纪》一经发表便成为拉丁学校的阅读材料，同时代的著名诗人贺拉斯和奥维德都在自己的诗作中模仿《埃涅阿斯纪》。维吉尔对后世的影响是巨大的，文艺复兴的先驱意大利诗人但丁视维吉尔为导师和模范，常常在自己的作品中引用或是改编维吉尔的诗句，在其名作《神曲》中维吉尔是他在地狱和炼狱的向导和保护者。文艺复兴之父彼特拉克仿效维吉尔的笔法，用拉丁语写成了著名的史诗《阿非利加》。文艺复兴时期伟大英国作家乔叟也深受维吉尔影响，在他的两部重要作品《声誉之堂》和《善良女子殉情记》中都能找到模仿维吉尔的痕迹。17 世纪英国杰出诗人弥尔顿的代表作《失乐园》在形式上以《埃涅阿斯纪》为参照。此外，英国诗人蒲柏、济慈、丁尼生等都十分推崇维吉尔，受到他的影响。

贺拉斯（公元前 65—前 8 年）和奥维德（公元前 43—约公元 17 年）与维吉尔并称罗马文学黄金时代（奥古斯都时期）的三大诗人。贺拉斯的主要作品有《长短句集》《颂歌》等，《颂歌》被称为罗马抒情诗的典范。此外，他还著有《诗艺》一书，讨论诗的本质、语言、形式、内容等文艺理论。奥维德的诗歌以爱情题材为主，代表作是长诗《变形记》，全诗共 15 卷，取材于古希腊罗马神话。

普劳图斯（公元前 254—前 184 年）是罗马最著名的戏剧家，他成功地将希腊传统和罗马特色相结合，用诙谐滑稽的喜剧表现罗马的现实，主要作品有《一罐黄金》《孪生兄弟》《商人》等。另一位著名喜剧作家是泰伦提乌斯（公元前 190—前 159 年），他仅有 6 部作品传世，其中《婆母》和《两兄弟》是其代表作。悲剧作家阿克齐乌斯（公元前 170—前 85 年），一生写有 40 多部作品，仅存片段。

散文方面影响较大的是西塞罗，他的散文成就主要是书信和演说词，他的文体被誉为拉丁文体的典范，其文风雄浑壮丽，对文艺复兴时学者影响巨大。

建筑和雕刻 最能体现罗马特色的艺术是建筑和雕刻。罗马建筑承袭了希腊建筑的柱式体系，科林斯柱式影响最大。但罗马建筑更注重实用性和艺术性的结合，在规划的整体性、建筑技术结构的复杂、用途的广泛、类型的多样化方面都超越了希腊。

罗马建筑常用的材料是砖和石块，此外罗马人还发现和大量使用全新的建筑材料——用火山灰加沙石和水拌成的“混凝土”。罗马建筑的主要形式是圆拱、拱顶和圆屋顶，从半圆的拱门到体积巨大的穹顶，在混凝土技术的基础上，罗马人将苏美尔人发明的拱券和穹顶结构发展到了登峰造极的地步。代表性建筑有万神殿、凯旋门和竞技场等。

万神殿外观

万神殿结构示意图

图 4-2

万神殿是至今唯一保存完整的一座罗马帝国时期建筑，始建于公元前 27 年屋大维时期，公元前 80 年被大火烧毁后，公元 125 年重建，3 世纪时又有改建。万神殿由两部分组成：一是传统的长方形神殿门廊，宽 34 米，深 15.5 米，门廊正上方为等腰三角形结构，支撑门廊的是 16 根粗大的科林斯式的花岗岩石柱，继承希腊风格但装饰性更强，体现出罗马建筑的华丽浮艳；另一部分则是由内部 8 根巨大拱壁支柱承荷的巨形圆顶大厅，它采用穹顶覆盖的集中式形制，是罗马穹顶技术的最高代表。直至 1960 年，万神殿穹顶一直保持着世界最大穹顶的纪录，其直径达 43.4 米，正中有直径 8.92 米的采光圆眼，是整个建筑的唯一的采光口。穹顶内壁整齐地分布着 5 排 28 个凹格，每个凹格都有金铂包裹，里面还镶嵌着镀青铜的花朵，既减轻了穹顶的重量，又起到装饰的作用。殿堂建造比例协调，大厅直径、高度与穹顶一致，均为 43.4 米，殿顶圆形曲线向下延伸，形成一个完美的球体与地面相接。

罗马的工程建设也颇有建树，罗马人修筑了四通八达的道路和大量的桥梁，也设计建造了新水道和城市污水排放系统。

理论方面，生活在共和国末期至帝国初期的建筑师马尔库斯·维特鲁威·波利奥最早提出了建筑的三要素“实用、坚固、美观”，他编写的《建筑十书》总结了古罗马的城市规划、工程技术、建筑艺术、罗马早期的建筑创作等各个方面的经验，提出把人体的自然比例应用到建筑的丈量上，神殿类建筑物应该采用与完美的人体比例相似的比例构成方式。这本书是欧洲中世纪以前遗留下来的唯一的建筑学专著，是文艺复兴时期、巴洛克时期和新古典主义时期建筑界的经典，至今仍对建筑学界产生着深远的影响。

图 4-3　奥古斯都立像

罗马的雕刻艺术师承希腊，它更注重写实，注重揭示人体的个性和内心世界。到了帝国晚期，由于受基督教的影响，艺术作品便蒙上了一层宗教的神秘色彩。罗马雕刻精品有《奥古斯都立像》《卡拉卡拉像》《马可·奥勒留骑马像》等。

科学　罗马帝国在不断扩大疆域的过程中，吸收了境内各民族的科技成果，他们对这些成果加以融合和运用，促进了科技的发展，取得了较大的成就。由于罗马人极为注重实用性，因此他们的建树多在应用科学方面，理论学科上的成就远不及希腊人。

老普林尼（27—79 年）是罗马时代最有成就的科学家，他在总结前人经验和自己探索考察的基础上写成的《自然史》是欧洲最早的一部科学百科全书。

农业方面，加图（公元前 234—前 149 年）、瓦罗（公元前 116—前 27 年）和科鲁美拉（约生于公元 1 世纪）被称为罗马三大农学家，分别著有《农业志》《农业杂谭》《论农务》等著作。

医学方面，盖伦（129—199 年）在人体解剖学、生理学和病理学上也卓有建树。

此外，公元 2 世纪天文学家托勒密确立了“地球中心说”，天文学家索西吉斯协助恺撒修订了《儒略历法》，此历法在 1582 年经教皇格里高里十三世再修订，发展成为现行世界通用的公历。

罗马文化对西方文化的影响

罗马文化是希腊文化的继承者和传播者，早在罗马建城之初，意大利半岛上的希腊殖民城邦就给罗马人带来了希腊字母、宗教神话和艺术。公元前1世纪，罗马征服希腊世界的过程其实也是希腊文化征服罗马人的过程，实用主义的罗马人很快接受了当时欧洲最先进的希腊文化，在希腊文化的影响下，罗马发展出自己的文学、哲学、史学、艺术等，并且在帝国扩张的进程中将希腊思想和风俗传播到更广阔的区域。

另一方面，我们不能简单地把罗马文化看作希腊文化的复制品，罗马在西方文化发展进程中不仅仅起到承上启下的作用，罗马人自有其创新和伟大之处。“罗马的伟大成就在于它超越了城邦制狭隘的政治框架，创立了一个将地中海世界的不同国家合为一体的世界国家。……罗马却克服了城邦意识的局限性，发展了一种在整个帝国范围内通用的法律和公民制度。……罗马人的天才则表现在法律和政体方面。”①

首先，罗马征服了地中海世界，建立起有效控制辽阔版图的政治机构，罗马帝国内部的和平与秩序使得各地区经济贸易互通，农业和手工业生产趋于专业化，各民族文化风俗融合，先进文化成果得以保存和传播。实际上，在西罗马帝国瓦解之后很长一段时间，欧洲在思想文化意义上仍然是一个共同体，因为他们享有共同的文化遗产。更值得注意的是，中世纪从思想精神上统治着欧洲的正是罗马帝国的国教——基督教。

古代罗马人的政治实践，给西方政治传统增添了许多新的因素。罗马人独创的共和政体尽管仍然以贵族为主体，但不得不承认其中已经有后世三权分立思想的萌芽。在共和制演进的过程中，贵族专权逐步变为贵族与平民分享权力，保民官的设立是罗马政治的一大发明，它意味着政治制衡原则在罗马的确立。罗马人的共和政体或许与现代政治并无直接继承关系，但罗马共和确立的政治权力制衡原则却是西方政治发展中遵循的普遍原则。“在当今的西方政治体制中，无论是君主立宪制的国

① 【美】马文·佩里. 西方文明史（上卷）. 胡万里等译. 北京：商务印书馆，1993年版：第149页

家或共和制的国家，权力制衡原则均是其政治发展的首义和灵魂。”[1]

法律是罗马留给后世最珍贵的遗产之一。德国著名的法学家耶林说：“罗马帝国曾三次征服世界，第一次以武力，第二次以宗教，第三次以法律。武力因罗马帝国的灭亡而消亡，宗教随人民思想觉悟的提高、科学的发展而缩小了影响，唯有法律征服世界是最为持久的征服。”为了适应罗马帝国的不断扩张，罗马人在数世纪里创建并不断完善法律，除了前边所述罗马法对西方法律的巨大影响之外，罗马法重视人权和人应承担的责任，这为资产阶级的民权理论提供了思想渊源。希腊人的城邦民主制度将公民组织成为一个利益的共同体，而罗马人则进一步用法律为个人利益划定边界，罗马发达的私法体系对个人财产、权利、义务的规定使得“历史上第一次，由于法律，我们所说的私人生活才有了可能，个体自由的范围被创造了出来，法律规定其他人不得穿越其中。”[2]如果说希腊人凸显了集体的人，那么罗马人则创造了更具现代意义的拥有个体权利、独立人格的人。

知识拓展　经典导读

一、《希腊罗马名人传·小加图》（节选）

【提要】　《希腊罗马名人传》是罗马帝国早期希腊传记作家普鲁塔克的传世之作，以古代希腊罗马社会广阔的历史舞台为背景，塑造了一系列栩栩如生的人物形象，展示了当时的社会政治生活。

一共有 15 个奴隶、2 个自由奴和 4 位朋友与他在一起，他让这些人都骑马而自己步行，然而在赶路的时候，他轮流与他们边走边谈。自古以来，罗马的将领都喜欢步行，表示与士兵共甘苦，也是民主的象征，所有的铜像可以看到他们的小腿肚，长着两块健壮的肌肉有如鲱鱼。

---

① 兰奇光. 罗马文明历史地位的重新评价. 南通师范学院学报[J].2003.6

② 【法】菲利普·内莫著. 罗马法与帝国的遗产. 张竝译. 上海：华东师范大学出版社，2011 年版：第 3 页

……

无论从事任何工作他都能身先士卒；他的衣着、饮食和行军的方式，不像一个军官倒是与士兵毫无两样，特别是在领导统御、旺盛的企图心和用兵的智慧等方面，超过当时所有知名的将领，使得他在不知不觉当中赢得全军对他的挚爱。

……

小加图一心一意善尽职责，鞠躬尽瘁的精神使他赢得大多数人民的支持，通常他在同僚之中最早到国库办公，离开的时间最晚。无论是市民大会或元老院的会议，他绝不会缺席，因为他担心有人为了选举，用减轻债务、豁免关税来讨好民众，特别加以注意，不让这些伎俩得逞以免损害到城邦的利益。至少也要保持钱财来源非常干净，各种资料完整无误，不要受到邪恶的诬告者出于私心的摆布，等到国库充实以后，他让大家知道城邦的富裕不在于剥削人民的收益。

……

聚会结束以后，参与的人员向他告别，他与朋友一起散步，通常晚餐以后都会如此。他对守夜的军官下达必要的指示，回到自己的寝室之前，拥抱他的儿子和每一位朋友，感觉上比起以往更为贴心，再度使得大家对他的意图不胜疑虑。等他躺在床上，拿起柏拉图的对话录《论心灵》，读了大半卷书以后，抬头向上望没有看到悬挂在墙壁的佩剑，那是他的儿子在他用餐的时候将它取走。小加图大声呼叫随身的仆从，问是谁拿去他的随身武器。仆人没有回答，小加图又开始阅读，过了一会儿，没有出现强求或着急的样子，好像想要知道怎么会不见，于是吩咐把他的剑送过来。等了一会儿，虽然还在阅读，发觉没有人理会，就招来所有的奴仆，提高嗓门要他的佩剑。

……

然后一位小厮将佩剑送进去，小加图接过来并将剑身抽出来仔细地检视，当他看到尖端极其锋利就说道："现在我总算可以自行做主了。"于是他放下佩剑，再拿起书卷。据说他读了两遍，事实上柏拉图这篇对话录对于自杀的行为有极其严厉的指责。接着他就寝睡得很熟，那些无法入眠的人都能听到他的鼾声。

……

现在鸟儿开始歌唱，他再度打起盹来，最后布塔斯回来，告诉他港口都已平静无事，然后小加图躺下，看起来像整夜都没有睡觉，吩咐布塔斯出去要把门关好。等到布塔斯走出房门，他拔出佩剑戳进自己的胸膛，由于不顺手的关系，刺入的部位不对，使得伤口肿起来，无法立即丧命。他在床上不停挣扎，撞翻旁边一张小型的制图桌，发出很大的响声，奴仆听到不禁大声叫唤。他的儿子和所有的朋友马上进入他的寝室，发现他浸在血泊当中，一大截肠子从他的腹腔拖出来，他还活着，张开眼看到他们。这时大家面露惊惶之色，站在那里不知所措。医生上前救治，将没有断裂的肠子塞进体内，然后用线缝合伤口。等到小加图恢复知觉，发现他们的意图，就将医生赶走，然后用手拽出自己的肠子，撕开伤口，很快毙命。

资料来源：（古希腊）普鲁塔克著，《希腊罗马名人传》（下），第二章，吉林出版集团有限责任公司，2009 年版，第 1362 页

二、《罗马十二帝王传 · 尼禄》（节选）

【提要】 《罗马十二帝王传》是罗马帝国早期历史学家苏维托尼乌斯的传世名作，记载了罗马帝国最初的 12 个元首的生平事迹。从朱里乌斯（恺撒）开始到图密善结束。提供了有关罗马帝国丰富的史料，并包括帝王们的日常政治活动、私人生活、奇闻逸事等。

XXVI.蛮横、好色、奢侈、贪婪和残忍在他身上起初是逐渐表现出来的，并不明显，很像是少年人的不能自制。但即使在那时，也无人怀疑，那是他的天性所致，而非年龄关系。天一黑他便拿起平民戴的毡帽或绒帽钻进茶楼酒肆，或者在街上逛来逛去。他的恶作剧并非不惹祸。他经常殴打赴宴后回家的人，把敢于抵抗的人打伤，甚至把他们扔进下水道。他还打砸和抢劫商店，在宫中建立小市场，在那里分赃和拍卖，然后把得到的钱财挥霍一空。

XXIX.尼禄淫荡竟达到这种程度，几乎身边所有的人均被他玷污过。最后，他竟发明了一种游戏：他身披兽皮，从兽笼中被放出后，攻击缚

在木桩上的男人和女人的阴部。当他的兽欲满足之后，又表演被他的获释奴多律弗路斯所征服。为此，他嫁给了多律弗路斯，就像他当初娶斯波鲁斯一样。他喊叫、痛苦，模仿一个被奸污的少女。

XXX.他认为，利用财富和金钱的唯一方法是挥霍。

XXXIII.从谋害克劳狄之日起，尼禄开始了自己的弑父母和谋杀的生涯，因为即使他不是克劳狄之死的祸首，那至少也是一名同谋者，对此他并不掩饰。

XXVII.此后，尼禄不分青红皂白，随心所欲地滥杀无辜，随便找个借口，就可处死任何一个人。

XXXVIII.对人民和罗马城墙，他也一样不予吝惜。当有人在一般性谈话中说道："我死后，愿大地一片火海。"尼禄打断他的话说："不，在我还活着的时候！"他果然做到了。他似乎不堪忍受丑陋的古老建筑物和狭窄弯曲的街道，于是，他公然将罗马城付之一炬。尼禄贪图"金屋"附近的一些仓库地盘，先用攻城机械撞毁仓库，然后纵火焚烧，因为它们的墙壁是石头砌的。大火蔓延6天7夜。人民只好到纪念碑旁和墓地避难。除了数不清的房舍之外，依然装饰着敌人战利品的古代将军的宅邸也被烧毁了，国王时期，乃至后来的布匿战争和高卢战争中许愿和奉献的神庙均被化为灰烬。自古保存下来的令人叹为观止和具有纪念意义的一切东西亦被烧得干干净净。尼禄从玛塞纳斯塔楼上观看这场大火，如他所说，火焰的绚丽景象使他心花怒放，于是他穿上自己的舞台服装，高唱"特洛亚的陷落"。

资料来源：（古罗马）苏维托尼乌斯著，《罗马十二帝王传》，张竹明等译，第六卷，商务印书馆，2000年版，第221页

【问题与思考】

比较两则材料，小加图和尼禄是怎样的人？从中你能看出在他们生活的时代罗马的风气有何不同？

第五章 希伯来文明与基督教的诞生

在两河流域新月沃地的西端，靠近地中海有一条狭长的地带，相当于今日的叙利亚、黎巴嫩、巴勒斯坦、约旦和以色列所在地。从它的地理位置来看，它北依美索不达米亚文化圈，南临埃及尼罗河口，深受两河流域文化与古埃及文化的影响。但这里却在前两者文化的基础上，产生出另一种伟大的文化，它与古希腊、罗马文明一起，成为现代西方文化的两大来源之一。这个文化系统，叫作希伯来—基督教文化。

希伯来人的历史

由于史料的匮缺，希伯来人与其他民族一样，早期的历史是模糊不清的。根据《希伯来圣经》记载，约 5000 年前，阿拉伯沙漠的南部生活着一支闪语系的游牧民族，他们向北迁移到了美索不达米亚平原，与苏美尔人混居融合。公元前 2000 年初，这支部族出现了一位名叫亚伯拉罕（原名亚伯兰）的伟大的领袖，他本来跟随他的父母住在苏美尔的乌尔城，但有一天他忽然对当时流行的偶像崇拜产生了怀疑，于是便拿起斧头砸碎了所有泥塑的偶像，开始逐渐坚信天地间只应该有一位伟大的神“雅赫维”。他应雅赫维之召带领族人北迁，来到美索不达米亚西部的迦南地区。此后，雅赫维再次与亚伯拉罕立约，把迦南之地赐给希伯来人，以希伯来人作为他的选民，而希伯来人则要奉他为唯一的真神，并举行割礼为立约的标志。迦南原住民称这批从东边越河而来的人为“希伯来”，意即“越河者”。希伯来人，作为犹太人的先祖，从此真真正正地成为一个民族称号。而在亚伯拉罕北迁之前的那些闪族人，即使是亚伯拉罕的父母，也仅仅是闪米特人，而不是希伯来人。亚伯拉罕的北迁是一条分水线，它决定了希伯拉人的起源，一开始就与某种宗教信仰相关。

亚伯拉罕之后，是他的儿子以撒，接着是他的孙子雅各。这个时代被称为希伯来人的族长时代。此时希伯来人的社会结构相对简单，父亲（也是族长）决定家族中的大小事务。据《圣经·创世纪》记载，雅各与一位天使角斗了整整一个通宵之后，他得到了“以色列”Israel 这一称号，意为“神的勇士”。雅各生了 12 个儿子，后来便成为以色列的 12 支族。其中，最受宠爱的儿子约瑟，被嫉妒的兄弟们卖掉，最后到了埃及。约瑟后因自己出众的才华成为埃及法老的宰相，将埃及治理得丰饶富裕。也是因为他的缘故，大批希伯来人南迁埃及。

希伯来人在埃及繁衍众多，逐渐受到排斥。到法老拉美西斯二世时期，希伯来人遭到了残酷的奴役，他们在英雄摩西带领下逃出埃及。这是一段艰难的路程，他们越过红海，在西奈山附近无助地定居了四十余年，人心开始涣散，民族的统一向心力几乎瓦解。在这艰难的时刻，雅赫维在西奈山上显圣，摩西代表希伯来人再次与其立约，这就是著名的“摩西十诫”。它不仅使希伯来这个民族避免了灭族或者被埃及文化同化的危险，更重要的是，摩西代表希伯来人与上帝雅赫维再次立约，宣告了整个以色列民族都是上帝的选民。对上帝的忠实信仰，对律法的严格遵守，从此成为以色列这个民族牢固的、独特的精神信仰，成为他们在未来数次的大流散中不至于消失的根本原因之一。

当信仰一旦确定，希伯来人便准备返回他们的应许之地——迦南。摩西逝世后，他的接班人约书亚带领希伯来人绕道抵达约旦河畔，并向西渡过约旦河，最终返回迦南。到公元前大约 1030 年，扫罗统一希伯来，成立国家。这一时期，被称为希伯来人的“士师时代”，这也是希伯来人民族史上第一个真正有据可查的时代。

所谓“士师”，就是部落的宗教和军事领袖。从埃及返回的希伯来人和在迦南北部沿海地区长期生活的希伯来人一起形成了十二大部落。在战争时期，人们从各自的部落中推选出一个勇敢智慧的人作为自己部落的领袖，便是“士师”。最著名的“士师”便是英国诗人弥尔顿所做的长篇诗歌《力士参孙》中的参孙。在“士师时代”，各部落各自为政，甚至有时还会大打出手。直到公元前 12 世纪，来自爱琴海诸岛与小亚细亚沿岸的腓力斯丁人，凭借着先进的铁制武器，在公元前 1050 年左右迅速征服了迦南大片地区，这一地区也就有了“巴勒斯坦”之名，其意义实际上就是“腓力斯丁人的国度”。他们占领了迦南的沿海地区，并向内陆扩张，与希伯来人不断发生激烈的冲突。外部强敌压逼所造成的民族危机使希伯来人结束部落分裂，建立起了自己统一的民族国家。

图 5-1　示巴女王会见所罗门国王

约公元前 1030 年，先知撒母耳挑选了便雅悯部落的扫罗涂膏为王。扫罗称王，被认为是希伯来民族统一的开始，扫罗王也被认为是以色列联合王国的第一位君主，亦标志着士师时代的结束。扫罗之后，大卫继任君主，进一步统一国土和扩展疆域。他建都于耶路撒冷，将王国的版图扩大到北起黎巴嫩山、南至埃及边界、西起地中海、东达约旦河东岸的广大地区。公元前 973 年大卫去世，其子所罗门即位，希伯来王国进入最为鼎盛的时代。公元前 956 年前后，所罗门在耶路撒冷的锡安山上兴建犹太教的圣殿，圣殿成为希伯来人的祭祀中心，希伯来人的宗教信仰和民族意识因此得到进一步增强，这有利于王国的稳固。但同时，因为修建圣殿，所罗门加重了国内的税收，并把国土割让给腓尼基人，以换取他们的建筑材料，随后为了抵债，还征发自己的同胞到腓尼基的森林和矿山服役，由此引起人们的强烈不满。因此，所罗门王死后，王国分裂，北方的 10 个部落成立以色列王国，定都撒玛利亚；南方部落以耶路撒冷为首都，史称犹太王国。分裂以后的希伯来王国更为羸弱，北方的以色列维持了约两个世纪，公元前 722 年被亚述人所灭，以色列人被驱散各地，最后被同化而不知去向，因此被称为“失踪的以色列 10 个部落”。

犹太王国因国小地偏，侥幸躲过了亚述人的洗劫，至此，仍保持着希伯来人宗教文化传统的犹太王国的希伯来人开始被称为犹太人，宗教也被称为犹太教。但到公元前 586 年，巴比伦帝国的尼布甲尼撒王攻破耶路撒冷，摧毁了犹太圣殿，贵族、祭司、工匠等 5 万余人被俘往巴比伦，史称“巴比伦之囚”，犹太国就此灭亡。公元前 539 年新巴比伦帝国又被波斯所灭，波斯国王居鲁士大帝准许流亡的犹太人重返家园，并且同意他们重建圣殿。此后，犹太人在波斯人的势力下或多或少地过着相对安宁的生活，直到公元前 332 年，希腊的亚历山大大帝征服了巴勒斯坦，犹太人又开始处在讲希腊语君主的统治之下。期间，犹太人曾在民族英雄马加比领导下，通过起义，建立了以耶路撒冷为首都的独立国家——马加比王国。不过到了公元前 63 年，马加比王国受罗马人控制。公元 70 年，罗马皇帝残酷镇压了犹太起义，犹太人的国土完全被罗马帝国吞并，犹太人也逐渐流落到广阔的罗马帝国的其他各地，进入了为期 1800 多年的“世界性大离散时代”，从而在一种极其特殊的历史条件下延续、发展着自己独特的文化。

犹太教的基本教义

希伯来人在政治上并不是一个强大的民族，在建筑艺术等方面，也没有显示出多么让人惊叹的奇迹。但它仍然成就了一种伟大的文化，并使之成为世界两大宗教——基督教和伊斯兰教的源头。

一神教　希伯来人创立的犹太教是人类最早的一神教。这一切都始于苏美尔乌尔城中的那位亚伯兰。在那时，人们还在漫长的多神崇拜之中，他们相信万物有灵，众多的神代表自然界的各种品格与力量。当然，他们也给某个特定的神以突出的地位，让他成为自己部落的守护神。而某一天，亚伯兰却忽然对众多的偶像崇拜产生了怀疑，他挑选了一位叫雅赫维的神来立约，成为他的子民。在宗教思想史上，这叫作亚伯拉罕信仰。这种信仰认为，上帝雅赫维 Yhwh（因为没有元音，后来希腊学者将它读成耶和华 Yahweh）是独一无二的、永恒的和万能的，他是宇宙万物之源，他创造一切并主宰一切，再也没有一种力量在他之先或在他之上。这一宗教与文化传统，被犹太王国的希伯来人所继承，故被称作犹太教。

救世主观念 救世主又叫“弥赛亚”，原意为受膏者。救世主并不是神灵，而是耶和华神召选的一位凡人，作为神的使者，在预定的时间接受神遣，拯救苦难中的以色列民族，使之永享和平、友爱、正义。

自摩西时代起，凡大祭司、君王、先知就任，都需要有受封者头上膏油的仪式，表明是上帝派来的。公元前 586 年犹太国被巴比伦灭之前后，“弥赛亚”同国家复兴联系起来，当时的先知认为亡国是因为得罪了上帝；但上帝不会忘记他的子民。先知们预言，上帝将在适当时候重新派遣一位“受膏者”前来复兴犹太国。

图 5-2 耶路撒冷圣殿哭墙

对弥赛亚的信仰，再次大大地加强了犹太民族的凝聚力。耶和华不再仅仅是犹太人唯一的神，而且是世界万物之主。耶和华是正义的，即使犹太民族在未来的道路上受尽曲折，只要保持道德上的公平正义，救世主就一定会出现。这种等待弥赛亚奇迹般到来的期望，激励着犹太人民忠贞于自己的信仰，即使被迫远离圣地，在异族他乡流浪也坚定地供奉上帝。

律法观 律法，在希伯来语中被称为“托拉”，是指路的意思，表示律法是上帝指引人们前进的道路。希伯来律法可以说是和宗教连为一体的。犹太教并不满足仅仅肯定上帝的存在，或确认这一信仰所倡导的道德准则，而是进一步要求它的信徒在个人的行为和社会活动中切切实实履行它的道德准则。因此，犹太教的思想和教义从某种意义上来说是通过遵守律法体现出的。对于犹太教而言，检验一个人是否守教主要不是看他是否“信”，而是看其是否遵守律法，是否依据这些律法“行”。根据这样的传统，人们把犹太教说成是“因行称义”，以有别于宣扬“因信称义”的基督教。

“托拉”狭义指《希伯来圣经》的首五卷，即《创世纪》《出埃及记》《利未记》《民数记》和《申命记》，相传是耶和华在西奈山直接传授摩西的，故又称《摩西五经》。在对《摩西五经》的阐述和解释中，又产生《塔木德》，它以上帝诫命的形式出现，共有613条戒律，覆盖社会生活的方方面面。譬如，人的神圣性不可侵犯；服了6年苦役的奴婢应该获得自由；每隔7年，负债者应该得到债务豁免；法律上人人平等；子女不必为父亲的罪过承担责任；法官在任何情况下均不得接受馈赠等。这样，犹太教不仅表现为一种宗教上的信仰，另一方面，它也以律法为载体外化为道德行为规范和生活习俗的制约。它在道德上力图将每一种人类行动都转化为与上帝进行沟通的生活方式，这样，它就呈现出两面性，既是神圣的，又是世俗的；既是精神的，又是现实的。因此犹太教被称为一种伦理性的宗教。

契约观念 希伯来宗教还体现出一种契约意识，著名的有亚当之约、亚伯拉罕之约、挪亚之约和摩西之约等。

挪亚之约又叫“彩虹之约”。上帝因世人行恶决定降洪水灭绝人类，只有义人挪亚蒙上帝恩赐造方舟得以幸免。上帝晓谕挪亚与他的儿子，立约以彩虹为记号，将不会再用大洪水灭绝他们的后裔。英国学者霍布斯在《利维坦》中认为：这意味着两个理念的形成，一方面因立约，人类的行为必须受到约束，人类的权力受到限制；另一方面，也因为立约，上帝同样受到限制，他不能再任意夺人类的生命，人类的安全从此得到保障。这就形成了一种契约意识。不论是后来的亚伯拉罕，还是民族英雄摩西，这份隐含在立约中的契约意识一直保留了下来。契约是神圣的、不可毁弃，因为神的旨意不可更改。这种契约意识深藏在犹太人心里，成为不可侵犯的神圣原则，对他们后来的商业文化也有着重大的影响。

图 5-3　美国联邦最高法院上面的摩西像

犹太教与文学

希伯来文化在文学上的突出成就无疑是《希伯来圣经》的编撰和流传。基督教后来继承了犹太教的经典，称之为《旧约圣经》，同时又产生了一些新的经典，称之为《新约圣经》。

《希伯来圣经》（旧约）一开始，并不是以一种文学作品的面目出现的，它更多的是为了保存、传播和延续自己的宗教信仰，记录本民族的历史，将风俗与律法记载下来以便于族人遵守。因此，准确地说，它应该是一部文献集，而非一部文学作品。古本的《希伯来圣经》一共24卷，一般分为律法书、先知书和文集三个部分，其中又以“律法书”地位最高。包括《创世纪》《出埃及记》《利未记》《民数记》《申命记》五个部分，又被称为《摩西五经》，也就是《托拉》。“先知书”则记载了从希伯来人建国至新巴比伦征服犹太王国这一时期的先知言录以及相关历史。最后是“文集”部分，则是“巴比伦之囚”到波斯统治时期犹太人的历史和诗篇。

《希伯来圣经》最早出现于公元前11世纪，公元2世纪前后编撰完成。此外，希伯来文献还包括《次经》《伪经》以及《死海古卷》。公元前2世纪中叶，为了满足讲希腊语的犹太人需要，《希伯来圣经》又被翻译成了希腊文《七十子希腊译本》，但由于翻译中的加工，这一译本比原来的希伯来文经典多出了一部分，后人把这一部分有争议的经卷叫作“后典”，又叫作《次经》。《伪经》出现得更晚，一般不为犹太解经家认可。1947年，一位牧羊的少年在寻找他迷路的羔羊时，意外地发现一个很深的山洞并向里面投去了石子，他听到了似乎是打破了瓮的声音，便走进去试图发现一些金银财宝，然后，他发现了几个陶瓮，并且发现一个陶瓮里面有十一卷麻布包扎的羊皮卷，这就是《死海古卷》。它包括《圣经》《次经》《伪经》的部分内容，同时，也是世界上最古老的圣经抄本。

作为记录这犹太人信仰体系的书，《希伯来圣经》被世人公认为人类有史以来最伟大的一部书籍，是希伯来文化伟大成就和高峰的代表。其影响之广、之深几乎遍及世界文化，特别是西方文化的方方面面，从宗教信仰、伦理思想，到文化科学、文学艺术，概莫能外。更由于它的宗教性质，使得它的作品，无论诗歌，还是其他，都能体现出一种深宏感。

“自从以色列离开了埃及，

雅各的子孙离开异族的土地。

犹大便成了上帝的圣所，
以色列成了他的国土。

红海一见就奔逃，
约旦河水也倒流。
群山像公羊踊跃，
丘陵也像羔羊一样蹦跳。”

在《希伯来圣经》中，最优美的诗歌成就还体现在《雅歌》上，犹太人每年在逾越节纪念出埃及的日子里便会朗诵这些诗歌。据说它们是由所罗门所著，因此又被叫作《所罗门雅歌》。但就实质来说，对它更准确地理解应是当时的乡村婚礼诗歌，这些诗歌娇艳活泼，是圣经文学上亮丽的颜色。

“起来，我的爱卿。
快来，我的佳丽。
看严冬已过，时雨止息，且都过去。
田野的花卉已露，唱歌的时期已近。
在我们的地方已听到斑鸠声；
无花果已发出初果，葡萄树已开花放香；
起来，我的爱卿！
快来，我的佳丽！”

《希伯来圣经》中的《约伯记》，无论是在宗教思想史上，还是从文学本身来讲，都称得上是一部伟大的作品，文中对上帝的追问，对善与恶的反省，都深刻地影响到了后来西方文学史上的一些伟大作家，譬如陀思妥耶夫斯基。

犹太人的教育观

犹太人非常看重“智慧”一词，他们认为在耶和华还未创造大地与田野之前，“智慧”便已产生，耶和华以智慧定天，以智慧定地。因此，“智慧”是神圣并有功用的。这种崇智意识反映在犹太人的日常生活中，便体现为“学习”的意识。一方面，学习是内在的需要，因为只有不断地学习，才能成为一个敬上帝的人，可以远离罪恶，接近美德，世界就有了聪慧、忠告、自信和力量；另外一方面，对犹太人来说，学习也表现为外在的诫命，这在“摩西十诫”时就定下来了，以色列人必须用诫命和律法教育下一代，并将其世世代代地传下去。因此，对于以色列人来说，“学习”就不仅仅只是一种对知识的探寻，它更把“学习”上升到了一个信仰的高度，必须终生践行。他们认为，当儿童在街上玩耍不上学时，便是圣城耶路撒冷被毁之日；农民的孩子也要接受教育，因为他们是使科学进步的人；教育自己儿子的人，也要教育自己儿子的儿子，以及子子孙孙。早在公元前 3 世纪，犹太教会便开始开办学校，让儿童入学。公元前 5 年，便开始推广义务教育，犹太教区必须推广公共教育，父母必须送儿童上学。《塔木德》对具体的上学年龄做出规定：儿童在 6～10 岁必须入读小学；10 岁以后进入律法学校，15 岁之前都必须得在校学习。在犹太人反抗罗马起义失败，进入大流散时期后，犹太人仍然没有放弃教育与学习。他们在“隔都”（隔都是中世纪欧洲社会通过法律手段对犹太人实行强制隔离而设立的犹太区）里设置学校，由学者进行管理，顽强地保存着自己的民族文化和学习各个方面的知识。这种浓厚的崇智意识，正是一代一代催生出许多优秀的犹太人的原因。

在犹太教中，负责教育的主要角色是“拉比”。“拉比”本来是指精通律法的学者，后用于代指接受过正规宗教教育，熟悉《圣经》和口传律法，担任犹太教会教士的人。“拉比”既是学者，又是传道士，还是咨询者和评判者的角色，他们编撰研究的《塔木德》更成为犹太人智慧的宝库。

犹太人的商业意识

在漫长的流离时期，犹太人失去了自己的家园，饱受歧视，不准从政，不准占有土地，他们只有通过商业贸易去赚取金钱，获得生存的权利与安全的保障。因此，在其他民族还未明确形成自己系统的商业意识时，犹太人已经将赚钱上升到一个观念的层面。他们认为：智慧与金钱是统一的；金钱是没有臭味的，它是对人类安逸生活的祝福；《圣经》散发光明，金钱散发温暖；金钱不是罪恶，它也在祝福着人们。又因为金钱与智慧是统一的，因此，他们对金钱的另一面也抱有清醒的看法：金钱会给好人带来喜讯，使坏人更倒霉。

那么，如何更好地去赚取金钱呢？他们认为，应该更好地去学习知识，因为知识是致富的力量。一个商人，一定要学识渊博。

他们说：我们唯一的财富就是智慧，当别人说 1+1=2 的时候，你应该想到大于 2。同时，来自犹太教中契约精神也深刻地影响了他们的商业意识。犹太人被称为“契约之民”，他们注重合同，一方面谨慎地防范交易风险，分厘必争，毫不相让；另一方面又严格地遵守合同契约，讲究信用，建立起双方之间的忠诚关系。犹太人的这种商业意识不仅使他们生存并发展了下来，而且在今日缔造起了辉煌的商业与金融王国，并深刻地影响着世界的政治经济格局。

犹太教与基督教的诞生

希伯来人后来处于罗马帝国的统治之下，有着强烈民族主义精神的希伯来人仍然在热切地期盼着弥赛亚的到来。但是，由于在激烈的民族解放斗争中，因其经济地位和对罗马统治者态度的不同，犹太教渐渐地分裂出了三个教派：第一是撒都该派，这一派主要由耶路撒冷的祭师贵族集团组成。他们控制着耶路撒冷圣殿，犹太居民每年都得按教规向圣殿交纳各种各样的赋税以及贡品，因此，这一集团都相当富有。在政治上，由于犹太民族的政教合一性，因此，他们也享有高高在上的政治地位，即使在罗马帝国的统治下，他们也享有某种程度的对律法的解释权与司法权。这种经济与政治上的双重高高在上性决定了他们很多时候不自觉地偏向于罗马统治者。

第二是法利赛派，在被希腊统治时期，更准确地说，是在塞琉古帝国时期，他们曾经是民族英雄马加比起义中最为中流砥柱的一支力量，那时，他们被称为哈西丁党，意即“圣徒们”。在民族解放运动失败以后，他们采取了以生活上严格遵守犹太律法，来保持自己民族传统的态度。这是他们对异族统治者的另一种拒绝形式，因此，他们后来便被称为了法利塞派，意即“隔绝者”。他们大多代表着犹太人中的一批精英宗教知识分子，他们虔敬地信奉弥赛亚，认为只要严格地按律法生活，终有一天，救世主就会到来。

第三是与法利赛派同样保持严格律法传统，甚至比他们更为禁欲的是艾赛尼派。他们选择在死海旁边的库兰隐居，实行自己的一种乌托邦般的社会理想。他们反对祭司贵族，实行财产公有，反对奴隶制度，严格地遵守律法，互相帮助，保守本派的秘密。甚至他们中的大多数会以不婚主义来维持自己的圣洁。犹太贵族们常视他们为危险者。《死海古卷》便是他们留下来的文献。

除这三个教派以外，还有另外一个派别，严格地来说，他们其实不算一个正式的教派。它们更像是在犹太民族反对异族统治者的时候出现的一支激进的政治力量。从他的名字“奋锐党”可以看出，他们是以采取暴力手段为主要形式来达到民族解放的目的的。他们常常怀揣锐器，以便行刺暗杀。后来，耶稣收受的十二门徒中，有一位弟子西门便来自于奋锐党。

犹太民族就其本质，不像许多民族是以血缘、地域为纽带，它更是一个以犹太教为核心，从精神信仰上来统一团结的民族。在他们的宗教—伦理思想中，弥赛亚（救世主）的信仰是他们永不丧失斗志的希望源泉。但随着犹太教的分裂，到公元前 2 世纪中叶，弥赛亚的信仰悄然发生了变化，大部分人仍然坚信弥赛亚终将降临，而另外一部分人则认为，弥赛亚已经降临于世间，只是，他不是带着复兴大卫的王国，重建一个强大的以色列使命而来，他是为了建立一个不属于人间的天国而来，这个弥赛亚的名字，叫作“耶稣”。

罗马帝国与基督教的诞生

从公元前 1 世纪开始，罗马共和国便为帝国所代替，到公元前 3 世纪的戴克里先时期，元首更是正式改号为君主。建立在城邦经济与政治基础上的公民精神逐渐消失，而与城邦政治生活联系紧密的城邦官方宗教仪式已无法提供信仰的安慰，有着来世永生情怀的基督教便为处于苦闷与动荡中的罗马人指出了一条通往天国的拯救之路。基督教最终诞生于罗马帝国。虽然经历曲折，但至少在当时，有两种思想为基督教的出现与传播提供了背景与方向。

第一，古希腊罗马哲学的影响。从哲学之父泰勒斯到毕达哥拉斯，从苏格拉底到柏拉图，还是到后来的新柏拉图主义，哲学家们一直在试图寻找一种属于世界本源的东西。在泰勒斯那里，它是有形的水；在毕达哥拉斯那里，它是一种抽象的“数”；在苏格拉底那里，宇宙万物是神按“善”的原则而创造出来的东西；在柏拉图那里，这个世界本源变成了一种抽象的理念。这些哲学家对感官世界似乎都不太在乎，甚至采取了否定的态度。他们强调灵魂由于非理性的拉扯而堕落向尘世，因此，应该让灵魂从无知的沉睡中被唤醒，在变化不安的多事实中去发现最为本源的永恒元素。这种对永恒、本源的渴望，以及对灵魂净化的追求，正是基督神学产生、发展的一个浩大的思想背景。在这当中，又以斯多噶派与新柏拉图主义对早期基督神学的影响为深。斯多噶派认为世界是受一种客观规律支配着的，它被一个“立法者”所规定，整个宇宙直到最微小的细节，都是要被设计成以自然的手段来达到某种目的的。人类的存在也正是由这种自然规律所决定的。因此，人类应当与其相和谐，而德行便是与它相一致的意志，才是唯一的善。从整个世界来看，世界也应该与其相和谐的，人人都是世界公民，没有高低贵贱，遵循着“立法者”的法律。新柏拉图主义则认为，世界的本原是“太一”，它是唯一的，绝对的，无法用语言来形容。“太一”产生出世界理性，由世界理性产生出世界灵魂，由世界灵魂产生出物质世界。物质世界离“太一”最远，因此，它也是最恶的。人的灵魂起初是神的一部分，但他与物质世界相结合，背弃了神而被禁锢于物质世界之中，只有禁欲和默省，才能使灵魂从物质的束缚中挣扎出来，回到“太一”那里去。

第二，近东神秘主义宗教思想的影响。这里所说的神秘主义，是指来自波斯的琐罗亚斯德教。在琐罗亚斯德教里，同样包括了救世主到来、死者复活、末日审判等主题，同样的在道德方面对教徒做出了严格的要求，它以变异形式包括了中世纪基督教徒全部七大罪并且还要多出许多。在很长一段时间，它甚至比基督教更受空虚的罗马人的欢迎。从琐罗亚斯德教中分立出来的一支小教派——密特拉崇拜风靡一时。恩斯特·勒南有一句名言："如果基督教在成长过程中因致命的疾病而受阻的话，那么整个世界就是密特拉教徒了。"人们把它形容成一个典型的士兵宗教，以信徒的纪律、节制和道德而让人耳目一新。它宣布星期天是一周中最神圣的日子，12 月 25 日是一年中最神圣的日子。它同样举行圣餐仪式，分享圣餐者便是分享密特拉的生命而与他同在。在基督教的传播中，"密特拉崇拜"中的占星术、末世论，尤其是一些外在的仪式上，给予了基督教某种影响。

基督教的发展

当一切用来孕育的思想条件都成熟后，基督教也终于即将诞生。它很可能就由脱胎于犹太教艾赛尼派中的一支——拿撒勒派发展而来。它最早出现于公元 1 世纪，在巴勒斯坦的加利利地区。耶稣很可能是这支教派的创始人。当然，基督教信仰的耶稣是《福音书》上的耶稣，他是上帝的儿子，借童贞马利亚由圣灵怀孕而生。耶稣这个名字的希伯来语意思就是上帝拯救之意。一方面，从《福音书》上的耶稣经受撒旦的三次考验来看，与犹太教弥赛亚中的民族主义有所不同，耶稣拒绝了撒旦给予的世上万国与万国的荣华，他并不是要建立一个世俗意义上的帝国，而是一个超越世俗的天国，而他正是耶和华受苦的仆人；另一方面，耶稣将"爱"作为 "律法和先知一切道理的总纲"，他孜孜不倦地教导人们要爱上帝，彼此亲爱，而上帝如同天父一般爱着"世人"。在这里，耶稣使用的是"世人"这个具有普世性性质的概念，而不是像以前的犹太教那样仅仅限制在犹太民族那里。他说：那些怜恤人的、清心的、温柔的以及使人和睦的、哀恸以及为义受逼迫的人，都有福等着他们。

耶稣展开了他的传道活动。他主要在犹太下层人民中传教，深入村落与普通人共同生活，巡回讲道。讲道地点也不限于犹太教的会堂，路旁、地边都可见到他讲道的身影，讲道内容也不以经文为唯一根据，而是用简单明了的语言向人们说明上帝已经显现，正在建立自己的统治，天国即将来临，号召大家悔改。耶稣应该还会一些医术，并且是一个好的心理治疗师，因为他可以使瞎子看见，聋子听见，精神病患者恢复正常，这后来成为他的罪状之一，认为他在行妖术，使以色列误入歧途。耶稣的犹太教改革大大地释放了人们的积极性，很快就获得了众多的追随者。这引起了犹太上层和罗马人的恐惧和惊慌。法利赛派对他随意解释律法而感到愤怒，撒都该派则怀疑他在试图掀起一场民族的暴动，罗马人则认为他拒绝承认罗马的统治，因为他认为上帝才是唯一的统治者与主。最终，他们联合起来把耶稣拘捕，并控以“自称为犹太人的王”的罪名，将其钉死在十字架上，时年大约为公元 30 年。此时的基督教还只是犹太教中的一个小教派拿撒勒派，但基督教的雏形已经形成，并在耶稣死后，由他传说中的十二门徒继续发扬光大。这其中影响最大的是保罗，他本属于敌视基督教的法利赛派。大概在公元 35 年的时候，他被差遣去迫害基督徒，当他行走在去大马士革的路上时，据说耶稣向他显灵，召他做使者，此后他改宗基督教，四处传道。他在非犹太人中传教，不要求他们行割礼，只要诚心相信基督都可入教，使非犹太人入教的事变得很简单。他还抬高了基督的地位，使他从犹太人的弥赛亚变成上帝的独生子，基督为了救赎人类，降生人间，然后上十字架，用自己的血为人类赎罪，通过他的死而复活、升天，使人类得到救赎。总之，保罗为基督教成为世界性的宗教打下了基础。保罗大概在公元 65 年罗马皇帝尼禄大肆迫害基督徒时被处死，同时，其他一些使徒也开始将传教活动扩展到巴勒斯坦以外的地区，比如耶稣的大弟子彼得传说到过罗马，担任了罗马教会的领导人，并在那里殉教。起初，基督教徒们并没有自己的经典，他们把除诵读犹太教的《圣经》外，往往还宣讲耶稣的言行与故事，以及使徒们给社团的书信。在公元 1 世纪末，逐渐形成四大《福音书》，二十一篇书信以及《使徒行传》和《启示录》共二十七卷经典。组成《新约圣经》，与原来犹太教的经典《旧约圣经》一起构成《新旧约全书》，成为基督教最重要的典籍。这时的基督教，已经有了自己的崇拜对象（耶稣基督），自己的传教经典，较为成熟的系统理论以及独立的教会组织，于是，基督教就从犹太教中分离出来，而成为一个新的宗教。

初生的基督教与罗马帝国的关系十分的微妙。一方面，他们疯狂镇压基督教徒，另一方面，为了加速基督教与民族主义的犹太教的分离。他们也会对基督教相对地采取了比较怀柔的政策。但当基督教徒发展壮大的时候，他们又不得不对其进行限制。公元 260 年，皇帝加利伊纳斯执政，宣布基督教为合法宗教，准许基督教会自由活动，并发还教会财产，此后的 40 年被称为“长期和平时期”，基督教的势力再度猛增，直到公元 303 年，因政见不同，戴克里先发动了对基督教徒的最后一次镇压，但 305 年，戴克里先便被迫退位，结束了这场镇压。公元 311 年，罗马皇帝加勒里乌临死之前与西部领袖君士坦丁和东部领袖李锡尼共同发布《宽容赦令》，允许基督教徒信仰自由。而后来的罗马皇帝君士坦丁更是成为基督教最有力的支持者。传说在 312 年的某一天，君士坦丁率军作战，晚上做梦梦见天空有一个燃烧的十字架，十字架下方几个拉丁字“In Hoc Signo Vinces”，意思就是“依此兆你将获胜”，他和他的军队已经受到基督教上帝的保护。战争获胜后，君士坦丁转而支持基督教。公元 313 年，君士坦丁颁布了“米兰敕令”，承认基督教的合法地位。君士坦丁本人后来也接受了基督教的洗礼。公元 392 年，罗马皇帝狄奥多西一世颁布法令，关闭一切异教神庙，禁止在任何场合献祭。该法令标志着基督教正式取代多神教而成为罗马国教。基督教正式完成了从一个地方性的非法宗教到整个罗马帝国国教的转变。

总之，希伯来人尽管在政治上从来是一个弱小的民族，但他们所创立的一神教——犹太教中的宗教——伦理思想却深刻地影响了世界。从犹太人的角度来看，犹太教中的上帝的子民信念、神圣的不可知性信念以及纳赛亚信念成为他们失去国家后，民族凝聚最强大的力量，从世界文化的角度来看，这些信念被潜移默化地纳入基督教义，与希腊—罗马古典文化一起，成为西方文化的另一宗教源头。

知识拓展　经典导读

《摩西十诫》

【提要】　《摩西十诫》是摩西带领族人依靠神的指引，逃出埃及，渡过红海，来到西奈。为了给徘徊中的希伯来人坚定的信心，上帝在西奈山上刻写律法，为人类立下约束，这就是《摩西十诫》。它昭示了唯灵的精神信仰，平等的契约精神，坚定的道德原则。

第一条，我是耶和华你的神，曾将你从埃及为奴之家领出来。除我之外，你不可有别的神。

第二条，不可为自己雕刻偶像，也不可作什么形象，仿佛天上、地上、地下及水中的百物。不可跪拜那些偶像，也不可侍奉它们，因为我耶和华——你的上帝是忌邪的神。恨我的，我必追讨他的罪，自父及子，直到三四代。爱我、守我诫命的，我必向他发慈爱，直到千代。

第三条，不可妄称耶和华——你神的名。因为，因为妄称耶和华名的，耶和华必不以他为无罪。

第四条，当照耶和华你神所吩咐的，守安息日为圣日。六日要劳碌作你一切的工，但第七日是向耶和华——你神当守的安息日。这一日，你和你的儿女、仆婢、牲畜，并在你城里寄居的客旅，无论何工都不可作，使你的仆婢可以和你一样安息。你也要纪念你在埃及作过奴仆，耶和华你神用大能的手和伸出来的臂膀，将你从那里领出来。因此，耶和华你的神吩咐你守安息日。

第五条，当照耶和华你神所吩咐的孝敬父母，使你得福，并使你的日子，在耶和华赐你的地上得以长久。

第六条，不可杀人。

第七条，不可奸淫。

第八条，不可偷盗。

第九条，不可作假见证陷害人。

第十条，不可贪恋别人的妻子，也不可贪图别人的房屋，田地、仆婢、牛、驴，并他一切所有的。

资料来源:《圣经·约伯记》中国基督教三自爱国运动委员会中国基督教协会，2010年版

【问题与思考】

请仔细阅读《摩西十诫》，尤其是第一、二、三条，你认为它反映了犹太教中的一些什么样的思想。

第六章　中世纪与基督教文化

西方史学家一般将公元 476 年西罗马帝国灭亡，至 15 世纪末 16 世纪初这一历史时期称为“中世纪”。它在拉丁语中是“Medium aevum”，意即“中间时代”，古代和现代之间的一个时代。这种划分方法其实是文艺复兴时期对世界历史的一种简单粗暴的划分，正因其这种简单粗暴的分类，造成了很长一段时间，人们认为相对于古典的希腊罗马与近代文化的兴起，中世纪就是一个“黑暗时代”，人们的思想完全地被基督教的神学所束缚，不知“进步”为何物。这个观点造成了两个误区：一方面，没有看到中世纪是一个漫长的时代，单就西欧来说，它事实上包含了两个阶段的文化，早期，它的确受到了神学的束缚，但从 9 世纪开始，出现了加洛林文艺复兴，从 11～13 世纪，西欧社会更是出现了学术与文化普遍复兴的局面；另一方面，其除了以西欧为中心的基督教文化之外，在当时的世界上，还出现了两大文化，东罗马帝国发展出来的拜占庭文化以及阿拉伯半岛上发展出来的伊斯兰文化。

中世纪早期的历史

在罗马帝国的北部边界，生活着日耳曼人。日耳曼人系使用印欧语系中日耳曼诸语言的古代欧洲民族的统称。公元前后他们大致分布在多瑙河以北，北海及波罗的海以南，莱茵河以东，维斯瓦河以西。包括了法兰克人、汪达尔人、哥特人、盎格鲁人和撒克逊人等等。很长一段时间，他们与罗马人和谐相处，甚至成为罗马帝国的辅助军队。但大约在 4 世纪，日耳曼人开始大批向罗马帝国迁徙，除了人口压力与罗马帝国日渐衰弱的因素，据说他们还受到了来自中亚的匈奴人西侵的压力。372 年，来自中亚的匈奴人渡过了伏尔加河，他们先是打败了最东边的东哥特人，然后又胁迫邻近的西哥特人渡过多瑙河，进入了西罗马帝国境内。西哥特人在高卢南部和西班牙北部建立起了罗马境内的第一个日耳曼王国。随后，汪达尔人渡过莱茵河，越过直布罗陀海峡，在北非建立起了自己的国家。法兰克人则进入了高卢并定居在那里。盎格鲁与撒克逊人则进入了不列颠，并把那里本来的居民凯尔特人赶到了苏格兰和威尔士山区。东哥特人则在意大利建立起了自己的国家。476 年，末代皇帝罗慕路斯·奥古斯突鲁斯被迫退位，西罗马帝国灭亡。这就是历史上著名的“欧洲民族大迁徙”。涉及中欧、南欧、西欧、北非等广大地区。它瓦解了地中海地区罗马帝国持续几百年的大一统局面，标志着各民族国家开始形成。

6 世纪的时候，东罗马帝国的查士丁尼试图恢复古罗马帝国的荣光，将北非的汪达尔人与意大利的东哥特王国先后灭掉，但这一有限、勉强的统一并没有持续多久。在查士丁尼去世后没多久，罗马便被伦巴弟人、东罗马人和教皇领地一分为二，而斯拉夫人也开始大规模地进入了巴尔干地区。北非以及西班牙的大部分渐渐落入后来兴起的阿拉伯手中。在这一片混乱中，高卢地区的法兰克王国却在慢慢地壮大。496 年，他们精明的国王克洛维皈依了基督教，与罗马教会结盟。毫无疑问，对基督教的皈依使他获得了教会的大力支持，而克洛维则给予教会很多的特权。克洛维所建立王朝被叫作墨洛温王朝。在公元 8 世纪，墨洛温王朝出现了一个非常能干的宫相查理·马特，人们也叫他铁锤查理。751 年，他的儿子矮子丕平成为法兰西的国王，从而结束了墨洛温王朝的统治，建立了加洛林王朝，这个王朝的名字因著名的加洛林斯·马格努斯而来。加洛林斯·马格努斯，就是人们熟知的查理大帝。他以军功和在任时的文化复兴而闻名，把中欧大部分地区和意大利的北部和中部并入了法兰克王国的版图，几乎成了西欧和中欧的统治者。公元 800 年，罗马教皇利奥三世为他加冕成为皇帝，与东罗马的拜占庭皇帝遥遥相对。这标志着一个自信独立的欧洲开始出现了，同时也使欧洲人有了一种联合整体的意识。但好景不长，查理大帝死后，他的王国很快再次陷入了分裂。843 年，他的三个孙子各自称王，帝国一分为三，大体确定了欧洲未来三个大国——法兰西、德意志和意大利的雏形。而同时，北方的斯堪的纳维亚人，东方的匈牙利人，还有穆斯林的进攻，加洛林王朝再次分崩离析。当然还有独成一隅的盎格鲁—撒克逊人所建立的英格兰。总之，10 世纪的欧洲，出现了一个新的局面。

图 6-1　教皇为查理曼大帝加冕

封建制度的确立与庄园经济

随着法兰克在欧洲大地逐渐强大起来，一种新的社会制度出现了。8 世纪初，查理·马特把地产赐给他的军官们，而他的军官们则要求对他保持忠诚并向他纳贡或者纳税。这是一种典型的领主与附庸的制度，也就是封建制。它由“宗主”或“领主”与“封臣”之间的层层分封的金字塔形结构所组成。领主和封臣之间的关系是相对而言的，封臣又可以将他的“采邑”分封给自己的臣属，从而成为新的领主。这些受封的人被称为“宗主”或“领主”，而他们又是分给他土地那个人的封臣。每个封臣都必须每年一次跪在领主面前，做出他的宣誓效忠，承诺随时跟随他的领主作战。一般情况下，“采邑”是指世袭的土地，但有些时候，它也可以用来指职务或某种特权（譬如收某种税或者铸造钱币等)。“采邑”总是与 “豁免权”相伴随的。所谓“豁免权”，即指世俗贵族或教会贵族的领地不受国王代理人的管辖。这样的话，封建领主在自己的采邑内就拥有了绝对的经济、政治权力，这样就形成了一个个彼此封闭的采邑社会。最典型的表现就是庄园经济。

所谓庄园经济，就是庄园中，一切基本的生活必需品都是自给自足的。高级的贵族可能拥有几百甚至几千个庄园，最小的庄园也差不多有三四百英亩。每个庄园中不仅有大量务农的农奴，还有铁匠、鞋匠、纺织工和木匠等各种手工劳动者，甚至还有一位或几位牧师，负责日常的宗教事务。贵族们在他们的庄园上修建起城堡，城堡外面的墙一般有3米多厚，周围是一条护城河，护城河上有一座吊桥通向城堡的入口。不打仗的时候，人们就在城堡外面耕种土地。打仗的时候，便带着全部家当躲进城堡。虽然，在诗人笔下，城堡与庄园经济看上去是那么的具有田园牧歌般的色彩，但其实，房间阴暗潮湿，家具简陋。在没有从东方引起地毯之前，地上铺着蒲席或稻草，大家席地而坐，用手取食。食物种类也不多，很长一段时间，香料与食糖都是昂贵的东西，他们也不知道咖啡与茶。消遣活动除了听吟游诗人唱歌，讲故事之外，就是跟随领主出去打仗。而在欧洲渐渐地趋于和平，贵族们越来越老于世故之后，骑士制度逐渐地替代了这种潜意识的战争观念。

中世纪早期的文化与加洛林文化复兴

中世纪早期被普遍地认为是一个黑暗的时代，日耳曼民族的入侵，罗马帝国的崩溃，带来的是古典文化的覆灭，学术活动仅仅局限在基督神学中。公元800年时，当查理大帝凭自己的能力和权势将四分五裂的欧洲统一成一个大帝国的时候，他忽然发现，由于整个国家文化水平的低下，他几乎找不到有文化的行政人员来帮助他维系这个帝国的运转了。于是，他在他亚琛的王宫建立了一座宫廷学院，并从英格兰请来了一位才智过人的教士——阿尔昆。阿尔昆既教授基督教文学，也教授一些在战火中保存下来的拉丁语和希腊语作品。最主要的成就集中在两方面：一是他建立起了一些新学校，恢复了学术研究的传统。二是他订正了一批包括古罗马时代作品的拉丁文著作，并在修订的过程中改进了拉丁文的书写方法，发展出一种美观易读的“加洛林小写体”，成为中世纪西欧的标准字体，也是现代罗马字体的源头。这样，就把日耳曼文化、基督教文化与古典文化结合起来了。因此，尽管加洛林文化复兴主要集中在宫廷与修道院，规模与影响都比较有限，但它为 12 世纪的文化复兴奠定了基础，这也是欧洲人建立自身文化体系的开始。

拜占庭文化

当西罗马帝国灭亡的时候，东罗马帝国却仍然存在。它以君士坦丁堡为首都，又延续了千余年，直到 1453 年，才被奥斯曼土耳其帝国灭掉。它统治的地方实际上大部分处于欧洲之外，统治的民族主要是希腊人以及希腊化了的东方民族。在它的欧洲部分，主要是斯拉夫人和蒙古人，当然，也有一些日耳曼人。因这些因素的影响，在中世纪，它逐渐地发展出一种不同于西欧（以前西罗马帝国疆域）的文化，又因君士坦丁堡曾用名拜占庭，因此人们称它为拜占庭文化。

关于拜占庭文化的起源，目前学术界仍有争议。有的认为，当东、西罗马分裂的时候，拜占庭的文化就开始了。也有人认为没那么早，因为直到公元 6 世纪，查士丁尼仍然在试图恢复古罗马帝国的荣光，先后灭掉了北非的汪达尔人与意大利的东哥特王国。但是不管怎么说，在中世纪早期，当西欧社会完全下降到原始水平的时候，拜占庭的人们却仍然过着奢华安逸的生活。纵向的来看，在西罗马帝国灭亡，西欧社会陷入混乱后，它保存了大批的古典文化作品，使得希腊—罗马古典文化得以继承并在后来传入西欧，为后来的文艺复兴奠定了基础。横向的来看，当 7 世纪伊斯兰文化兴起后，拜占庭因其特殊的地理位置，也架起了东方伊斯兰世界与西方基督教世界的桥梁。

拜占庭最引人注目的成就之一是对罗马法的编纂与总结。公元 527 年，查士丁尼即位，钦定以大臣特里波尼安为首的 10 名法学家对罗马共和国以来颁行的法令和元老院决议进行修订整理，完成了《查士丁尼法典》《学说汇纂》《法学阶梯》三部法律汇编。后又加上了《查士丁尼新律》，这四部法典统称为《民法大典》，比起以前的罗马法，它减少了民族色彩，同时认为自然法优于人为法。今天法国、德国、意大利等许多国家均采用在其基础上发展而来的大陆法系。另一个能代表他们最高艺术成就的是建筑，代表作是圣索菲亚大教堂。他们把教堂设计成十字形，在中心的正方形上树立一个拱顶，而为了让圆形的拱顶与要覆盖的正方形配合，他们在其之间再加上三角穹窿与拱门，形成了一种非常富丽堂皇的风格。

图 6-2　圣索菲亚大教堂

大约在公元 726 年，拜占庭的皇帝利奥三世发起了一个反对偶像崇拜运动，他们认为，基督是如此的神圣，不可能以任何艺术的形式表达。这一场运动直接伤害了罗马教皇的感情，以至于他们选择转向了当时西欧社会最有权势的法兰克王国进行合作，埋下了后来东西教会决裂的隐患。

伊斯兰文化

当西罗马帝国灭亡，西欧社会陷入基督神学统治；东罗马帝国保存古典文化，并发展出拜占庭文化的时候，公元 7 世纪，一种新兴的文化却忽地产生并迅速地壮大，直到今天，它仍然是世界上最有影响的文化之一，这就是伊斯兰文化。

伊斯兰文化发源于阿拉伯半岛，紧邻着两个强大的帝国，东罗马与波斯。民族主要是阿拉伯人和贝多因人。作为游牧民族，很长一段时间他们都没有自己的政府组织。到 6 世纪的下半期，因为波斯与东罗马之间的战争，阿拉伯半岛成了亚非欧三方之间较为安全的贸易通道，一些小城镇逐渐发展了起来，最为著名的便是麦加。控制麦加城的是库赖什部落。570 年，穆罕默德降生于库赖什部落。610 年，他宣称听到了天国的神谕，除了安拉之外不再有其他的神，安拉要求穆罕默德接受“先知”的称号，传播一神教的信仰。但这触犯了麦加城里库赖什部落里贵族的利益，于是，622 年，穆罕默德出走雅特里布，并将其改名为麦地那（意即先知之城），622 年也就成为伊斯兰教纪元的开始。

630年，穆罕默德打败库赖什贵族，回到了麦加城。两年之后，穆罕默德去世，他的继承者被称为“哈里发”（意即先知的代表），成为穆斯林世界政治与宗教的领袖，开展了一系列的战争与征服运动。在短短的不到100的时间里，他们征服了波斯帝国和古罗马的大部分地区，疆域从印度边界延伸到直布罗陀海峡和比利牛斯山脉。波斯、叙利亚、埃及、西班牙都落入他们的手中。直到732年，在法国他们遇到了铁锤查理的抵抗，阻止了他们向欧洲的进一步扩张。

当时，伊斯兰的文化处于一个相当先进的水平。众所周知，他们将印度数字改造成了阿拉伯数字，发明了咖啡和印花布，用钟摆做成了时钟来计时，建造了很好的学校和图书馆。还有他们秘密的大马士革剑或托莱多剑。在医学方面，阿维森纳的《医典》直到17世纪仍被欧洲奉为权威著作。而拉齐斯则被奉为中古世界最伟大的门诊医生。在建筑方面，他们的门窗通常都是马蹄形的。在墙壁上装饰上美丽的几何线条，这些美丽的几何线条是阿拉伯图案艺术的杰出代表。它们的创作灵感主要来自于对真主安拉的感悟，是“安拉独一”与世间万物无限繁复的生命体现。

图6-3　阿拉伯式花纹

西欧基督教一统局面的形成

当罗马帝国四分五裂时，基督教会组织却早已成熟，不断的战争带来秩序的混乱与人心的不安，而弱小分散的民族国家还未形成统一的权威，基督教会在一片混乱中承担起了维持社会秩序与人心安稳的责任，帝国的权威逐渐被教会的权威所取代。

最初，日耳曼人信仰多神教。他们的主神是战神沃登，还有雷电神托尔、蒂乌以及弗雷亚等等。在与西罗马帝国的不断接触中，靠近西罗马帝国边境的一些日耳曼部落逐渐接受了基督教。据说，匈奴人在西侵的时候，452 年，他们的首领阿提拉所向披靡一路烧杀抢掠地来到了未设防的罗马城。这时的罗马教皇是利奥一世，他和他的红衣主教团走出罗马城，去会见了阿提拉。不知是什么原因，他们说服了阿提拉并成功地让他离开了罗马城，这显示了基督教的神力。当然，这只是一个传说。让日耳曼人加速与基督教结合的还是法兰克王国。496 年，法兰克国王克洛维精明地皈依了基督教，与罗马教会结盟，而教会给予他大力支持。渐渐地，无论是从个体精神上，还是从社会秩序、政治需要上，日耳曼人都开始基督教化了。欧洲基督教一统局面逐渐形成。进入中世纪后，基督教已经成为在整个欧洲地区占有绝对统治地位的宗教。对欧洲的经济、政治、文化都有支配性作用，连西欧各国的皇帝和国王一度也处在罗马教皇的控制之下。经过长期的演变，基督教渐渐发展成一个庞大的“王国”。

教会组织与东、西教会的决裂

到了罗马帝国后期，基督教形成了系统的组织体系，即教阶制。他们以城市为中心，在每一重要的城市设立一位主教，他对周边邻近地区的牧师具有管辖权。在大城市设有主事机构的主教叫作都主教，他管辖整个行省的牧师。而管理那些最大、最古老的基督教区的，譬如罗马、君士坦丁堡、安条克、亚历山大等，则被叫作大主教。这样，基督教会就形成了大主教、都主教、主教、牧师的四级教阶制度。而罗马由于是圣彼得与圣保罗传教所在地，更是受到信徒们的爱戴与尊敬。再加上罗马在帝国的中心地位，罗马宗主教在西欧教会的中心地位逐渐确立。不过，对于到底什么时候罗马主教开始称为教皇的，这个目前学术界仍有争议。教皇一词为 Pope（意为爸爸），据说跟利奥一世那次挺身而出说服匈奴人退兵有关。这个词从此成为罗马主教的专门称号，初步奠定了教皇制的基础。6 世纪后期，伦巴底人进攻意大利，相继占领了北部广阔的地区。罗马教皇格里高利一世领导了抵抗伦巴底人的斗争。他在罗马城建立了政教合一的统治，集宗教、政治和军事权力于一身，使罗马成为阻止伦巴底人南下的一个重要堡垒，教皇的威信大增，并形成了一定的政治势力。到他统治末期，他的教皇权威得到意大利、西班牙、法兰克、北非和英格兰大部分地区的承认。

751 年，铁锤查理的儿子矮子丕平做了法兰克国王。为了感谢教皇的支持，756 年，他将意大利拉文那总督区和罗马五城区的土地献给了教皇斯托芬二世，这就是教皇国的由来。779 年，查理曼大帝在一项敕令中将向教会缴纳什一税规定为法兰克王国的每一个居民应尽的基本义务。教会的经济势力越来越大。10 世纪前后，修道院已经发展成为西欧最大的庄园主。在政治上，教会俨然是一个国家，有自己的法律和法庭，可以对任何教徒，甚至包括皇帝和国王进行审判。教会的判决主要包括，针对个人的革除教籍和针对地区的剥夺教权。凡被革除教籍者，相当于非法者，为整个社会所不容，注定将贬入地狱；而被剥夺教权的地区将不会得到教会的帮助，居住在这个地区的人也将受到诅咒。

当教会的权力越来越大的时候，内部的分裂也就开始了。尤其是罗马与君士坦丁堡。与东罗马帝国一直存在，君士坦丁堡教会处在世俗皇帝的严密控制下不同，西罗马帝国的灭亡使得罗马教会的世俗权力越来越大。当利奥一世成为 Pope，提出圣彼得继承论时，就俨然有了凌越于东部教会的意识。而公元 726 年，拜占庭皇帝利奥三世发起的反对偶像崇拜运动，更是直接伤害了罗马教皇的感情。公元 857 年，东罗马皇帝废黜了君士坦丁堡的大主教伊纳爵，另立福提乌斯。罗马教皇尼古拉一世提出抗议并召开宗教会议宣布罢免福提乌斯。福提乌斯针锋相对地在君士坦丁堡召开宗教会议指责西部教会为异端。11 世纪中叶，罗马教皇派遣罗马教会教士担任意大利南部及西西里岛主教，由于以前这里属于东部教会的地盘，因此，君士坦丁堡针锋相对地也往那里派出了主教。1054 年，罗马教皇利奥九世派遣使节去见君士坦丁堡大主教塞鲁拉里，商探解决的办法，被塞鲁拉里拒绝。于是，使节将绝罚塞鲁拉里的教皇通谕放在索菲亚大教堂的圣坛上以示决裂，而塞鲁拉里则宣布将利奥九世开除出教，双方正式决裂。东部教会以正统自居，称为“东正教”，而西部教会则强调“普世性”，称为“公教”或“罗马公教”，也就是天主教。

修道院制度

对中世纪文化起源的任何研究，都必须得给修道院制度的历史以重要地位。因为，从古典文化的衰落到 12 世纪欧洲各大学的兴起，修道院作为最为典型的文化组织一直贯穿其中。当然，这其实并不是修道院的最初使命。最初，它是作为一种极端的禁欲主义出现于北非沙漠。君士坦丁皈依基督教后，大批人涌入教会，教会道德状况随之降低，这导致一些严肃的基督徒更加看重禁欲生活。于是，他们决定远离人世清修。这场修道运动的创始人是埃及的安东尼，他弃家到尼罗河畔的德巴意旷野隐修，通过折磨自己的肉体和克制情欲来磨砺对上帝的信心。越来越多的人跟随他的步伐，而修道的方式也越来越极端化，成为一种苦行和自我摧残的竞争。著名的圣西蒙·斯泰莱特，就在一根石柱顶上，苦修了 30 年。

为了改变这种极端的修道与折磨，公元 529 年，本尼狄克在意大利的西伽诺山上，建立了一所著名的修道院，他制定的《本尼狄克教规》后来成为中世纪修道院制度的标准，后来也被称为本笃会会规。会规规定，修道士必须经过一年的考验，发三绝誓愿。绝财、绝色、绝意。每天必须有 6～8 小时的体力劳动，7 次崇拜活动。还必须要有一定的阅读时间和抄写工作。这样，修道院就不仅仅是个宗教组织和经济社团，还渐渐地成为文化教育中心。他们所办的教会学校，成为后来大学的基础。

9世纪的时候，随着庄园经济的发展，修道院的财富也日益增加，而腐化也开始严重起来。尽管11世纪，修道院兴起了反腐败、改革教会的克吕尼运动，但仍然未将教会从腐化堕落中解救出来。13世纪，城市兴起，一些平民结成多种基督教异端派别，尖锐抨击罗马教会的专制腐败，对教权提出挑战。在这种情况下，宗教裁判所成立了。它负责判决异端：死刑和苦修赎罪。死刑均采用火刑。受火刑的人中，最有名的大概是布鲁诺。苦修赎罪的方法很多：最轻的是背诵祈祷文；其次是朝圣；较重的是在公共场合接受鞭打和戴十字架；最重的是监禁，如伽利略就曾被判终身监禁。同时，为了和异端争夺平民群众，加强思想控制，修道院也做出了一些革新，最为人知的就是托钵修会。其中的代表分别是多米尼克修会和弗兰西斯修会。托钵修会顾名思义，即是采取托体行乞修道的方式，以卑微方式重新过起圣洁谨微的生活。但后来，这两个修会则日益沦为罗马教会以恐怖手段镇压异端的帮凶，教皇直属的宗教裁判所就是交由这两个修会直接掌管的。谁会想到，当年，耶稣改革犹太教，基督教以它的包容性与无限接近神性的殉道精神获得了长足发展并以此而成为国教。可是，最终，曾经作为异端的、曾遭受过残酷压迫的基督教变成了所谓正统后，它对异教的坚决的不妥协和不宽容，在残酷的程度上比罗马帝国更有过之而无不及。

基督教的基本思想与礼仪

因各教派不同，基督教的观念与礼仪各有所区别。早在罗马帝国时期，基督教就有了第一次分裂。这次分裂主要是表现在如何认识上帝与基督的关系上。基督教秉持“三位一体”的观念，认为上帝只有一个，但具有圣父、圣子、圣灵三个位格。但这三者之间应该是一个什么样的关系就众说纷纭了。公元318年，利比亚教区主教阿利乌认为：基督既然是上帝的儿子，那么他就应该低于圣父，也就是圣子低于圣父。他的这一观点引起了亚历山大里亚主教阿塔纳修的不满，认为这是异端。为了调停争端，325年，君士坦丁皇帝召开尼西亚会议，反对阿利乌派，确立了《尼西亚信经》，把占统治地位一派的圣父、圣子、圣灵三位一体论作为了基督教的正统教义。381 年，狄奥多西一世在君士坦丁再次召开会议，会议重申《尼西亚信经》，加上了“圣父、圣子、圣灵同样具有神性”的提法，并将阿利乌派逐出帝国。从此，阿利乌派就转向了东方发展。

图 6-4　泥金手抄本　《凯尔斯经》

（公元 800 年左右）

基督教的另一个基本思想就是原罪与救赎的观念，这个观念由圣保罗的“十字架神学”发展而来。亚当与夏娃作为人类的始祖，因违背上帝的禁令而偷吃了禁果，因此，他们的后代子孙便从此背上了原罪。上帝怜悯人的原罪，派他的儿子降临世间，屈尊为人，舍身于十字架上，为世人赎罪来拯救世人。基督作为神人之间唯一的使者，再次架起了人与上帝之间桥梁，因此，世人必以信上帝和基督来完成对自己的救赎。那些虔诚信仰者，便会在死后灵魂升入天堂，而那些不敬上帝者，便会下地狱受尽折磨。

除此之外，基督教在发展过程中还形成了自己的一套圣事礼仪：洗礼、坚信礼、告解礼、圣餐礼、圣职礼、婚配礼、临终涂油礼。洗礼是入教仪式，表示洗除自己的原罪而成为敬上帝者。坚信礼是一个人到了能够了解教义年龄的时候，举行此礼坚定信仰。告解礼是向神甫忏悔自己的罪过。圣餐礼是举行弥撒时，主礼的神甫在对面饼和酒祝圣后，将其分给信徒。圣职礼是担任神职时举行的礼仪。婚配礼则是由神甫主持的信徒的婚礼。当教徒临终之时，则举行临终涂油礼来免除他一生的罪过。

教权与政权的斗争

中世纪的基督教已发展成一个庞大的“王国”，它拥有自己的法律体系和各级法庭，不可能再接受西欧各国皇帝或国王的调遣，而是与他们分庭抗礼。中世纪的教会有所谓“两把剑”的理论，说的是上帝把两把剑交给教皇，一把剑是治理灵魂用的，由教皇掌管。另一把由教皇转交给皇帝或国王，由他们来治理世间犯罪之用。这里，教会不否定皇帝或国王的统治权，但又认为教皇高于他们，因为上帝的剑是交给教皇转交的，而不是相反。这显然在一定程度上会引起皇帝或国王的不满。尤其在中世纪后期，随着城市的活跃，国王们更希望能借助新兴市民阶层的势力，建立起君主集权的统一的民族国家。这场斗争从 11 世纪开始，历时两百年，互有胜负。

教权与政权之争著名的例子之一，就是格里高利七世与德意志皇帝亨利四世关于授职权之争。1075 年，格里高利七世颁发禁止世俗授权的公告，宣称教皇有权废黜君王，并撤销了一批德皇任命的德意志主教的职务。1076 年 1 月，亨利四世召集全德意志主教在沃姆斯开会，宣称格列高利七世是一个伪僧侣，宣布废黜教皇格里高利七世。格里高利七世则对亨利四世处以破门律：开除、废黜和放逐亨利四世。按照破门律，被惩罚者如不在一年之内获得教皇的宽恕，他的臣民都要解除对他的效忠宣誓。对亨利四世致命的打击来自德国诸侯，在特里布尔会议上，大多数公爵表示如果亨利四世不能在一年之内恢复教籍，他们就不再承认他的合法性。民众也拒绝帮助皇帝，因为他已被逐出教门。亨利四世又没有足够的兵力来制服反叛的诸侯。到 1077 年，情况已很明显：除非亨利四世能重获教籍，他的皇位就将被颠覆。接着便发生了著名的“卡诺莎悔罪”事件：亨利四世在城堡外的冰天雪地中（据传说是赤脚）站立了三天，恳求教皇原谅他的一切罪过。此后，“卡诺莎之行”便在西方世界成了忍辱投降的代名词。

另外一个例子则是“阿维农之囚”，这与法国相关。13 世纪，具有强大王权的统一民族国家正在欧洲普遍兴起。在法国，美男子腓力四世雄心勃勃，仗着武力兼并了许多伯爵的领地，起用一批市民出生，精通罗马法的法学家控制司法权，排斥把握司法机构的神职人员，一心要把整个法兰西置于他的权力之下。他向享有免税特权的法国神职人员征税，这触犯了教皇卜尼法斯八世的利益。1296 年，教皇下了一道敕令，申明教会的免税特权不容侵犯，没有教皇特许，国王不得向教士征税，教士也不得向国王交税。腓力四世立即通令全国，未经国王允许，不得把金银、货币、武器、马匹等输往国外。禁止这些物品出口，就是禁止法国的诸侯、教士向教皇纳贡。尽管禁令只字未提及教皇，但事实上是断绝了教皇在法国的财政来源。卜尼法斯八世碰了个硬钉子，不得不允许法王向教会征税。他耿耿于怀，寻机向法王示威。1301 年，教皇听说腓力四世拟订了一个限制教皇权力的条例，他便责成法国巴米叶地区的大主教进行干预。大主教狐假虎威，指责腓力四世。腓力四世先是置之不理，继而雷霆大怒，要把大主教交给法国世俗法庭审判。面对腓力四世的挑战，教皇决心反击。卜尼法斯八世一连发出三道通谕，指责腓力四世在教会问题上犯有严重罪行，声明大主教只能接受罗马教廷的审判，宣布取消以前的财政上的让步。腓力四世则当众烧毁了教皇的通谕，庄严宣告他的子孙后代，除了上帝，永远不会服从任何外来权力。腓力四世还在巴黎圣母院召开了法国历史上第一次贵族、教士和市民三个等级的会议，巧妙地利用小贵族和市民的反教会情绪，压制教士服从国王。三个等级分别写信给教皇，申明国王只服从上帝，教皇不得干涉法国的内政。面对王权的严重威胁，卜尼法斯八世孤注一掷，颁布了一道教谕，宣称人欲得救，必须服从教皇，并开除了腓力四世的教籍。腓力四世针锋相对，列举了卜尼法斯八世的 29 条罪状，决定以国王的名义在法国审判教皇，并派军队赴罗马传讯教皇。1303 年 9 月的一天，卜尼法斯八世正在阿南尼宫召集枢机主教秘密会议，策划对腓力四世的惩罚。忽然，法军闯进宫来，声称禀法王的旨意，令教皇到法国受审。卜尼法斯八世一见这个场面，吓得仰面倒在床上，浑身打战，整整三天，没有喝上一口水，没有吃上一口东西，受尽了法军的戏弄。后来郁郁死去。1305 年，腓力四世授意法国波尔多大主教任教皇，即克莱门特五世。新教皇长期滞留法国，1305—1378 年的 70 多年间，不可一世的天主教教廷，屈尊迁居法国的阿维农。历史学家把在阿维农这段日子中的教廷，称为“阿维农之囚”。

教权与政权的斗争，以前者的失败为最终结局。这对中世纪文化的进展是有很大影响的。一方面它暴露了罗马教会自身的腐败，改革基督教会的呼声日增，以至 14 世纪掀起了声势浩大的反教权的宗教改革运动，并爆发了平民大起义。这些活动最终导致了 16 世纪的马丁·路德宗教改革，创立了和罗马天主教分裂的新教。另一方面，它也标志着建立君主集权的民族国家是大势所趋，罗马教会的控制力削弱，教会日益民族化。民族文化也得以突破基督教的精神专制而趋于活跃。市民已开始成为一种重要的力量。这些都为后来的文艺复兴创造了条件。

十字军东征

耶路撒冷一直是基督教的圣地，据说耶稣在此受难并复活。因此，去耶路撒冷朝圣便成为中世纪那些深受基督教影响的民众的最大愿望。但是，11 世纪后期，信奉伊斯兰教的突厥人向西亚移动，并占领了基督教的圣城耶路撒冷，基督教徒们朝圣的道路受到了阻碍。另一方面，封建制度下的领主们经常发动彼此间的战争，这使得宗教领袖们总有种隐约的不安，觉得不如将他们战争的热情引到一场对异教徒的杀伐中去。更重要的是，这是一个巩固教会权力，证明教皇权威的机会。于是，1095 年，教皇乌尔班二世在法国克勒芒召开宗教会议，号召各阶层居民都到东方去夺回“主的坟墓”。他许诺凡参加远征的人都可赦免罪孽，死后可升入天堂。说耶路撒冷是世界的中心，土地肥沃，像天堂一样，人们到那儿去可以把这块流着奶与蜜的土地夺过来，成为自己的产业。

对于他的号召，与会者不断报以“这是上帝所愿”的呼声。各地贵族和普通教徒立即响应，迅速汇集成一支讨伐穆斯林的军队。这些人将十字架形的布条缝在自己的衣服上，被称为“十字军”。从 1096 年开始，到 1291 年，一共发生了八次十字军东征。第一次十字军东征攻下耶路撒冷时，全城被洗劫一空。一个十字军武士曾这样描述：“在所罗门圣殿里屠杀了将近万人。如果你站在那里，死人的鲜血能从脚面直染上大腿。”第四次十字军东征，却去攻打了同样是基督教国家的拜占庭。当时君士坦丁堡发动政变，废帝伊萨克二世被囚禁，其子阿历克塞逃往西方请求教皇助父亲复位，并许诺将东方教会置于罗马教皇控制之下。德、法首领和威尼斯密谋经威尼斯水道攻取拜占庭。当时威尼斯愿意承担海上的运输费，但条件是要求十字军去攻打亚德里亚海岸的城市萨拉。这是一个基督教城市，是威尼斯在商业上的竞争对手，十字军最后攻占了这个城市。此后，这次十字军东征完全变了味。十字军与威尼斯合谋，开始计划攻打君士坦丁堡，于 1204 年将其占领，并对该城进行了大肆抢劫，古代艺术珍品和财宝一掠而空，古代国王的坟墓也大量被盗。圣索菲亚教堂镶满宝石的圣坛被砸成碎块瓜分，君士坦丁堡图书馆被烧成灰烬。这是对古代文化成果的一次大毁灭。当时的罗马教皇英诺森三世一方面责备抢劫者“越出了正轨”，另一方面却又将君士坦丁堡的陷落说成“上帝的奇迹。”是拜占庭人背叛天主教所应受到的惩罚。

1212 年竟还兴起过所谓的“儿童十字军”。据说是成年人有罪，不能解放主的坟墓，只有无罪的儿童才有能力做到。这一年，几万法国儿童集结在马赛准备渡海到东方去。结果，部分儿童因船只遭遇大风而葬身地中海，大多数儿童被船主运到埃及，卖为奴隶。来自德国的儿童在越过阿尔卑斯山时死亡大半，其余的在意大利滞留一段时间后回国，但许多儿童因饥寒交迫和疾病而死于途中。

尽管十字军东征的实质是权势极盛的基督教会实行对外扩张，打着圣战的旗号，企图在欧、亚、非建立罗马基督教的世界统治。但从其后果来看，随着远征恶劣后果的日益显现，人们开始产生怀疑，教皇的权威反而下降了。这在客观上也算是促进了人们自我觉醒意识的到来。

教父学与中世纪经院哲学

所谓经院哲学，意即在学院中讲授的学说。在加洛林文化复兴时期，宫廷学院和教会学校中讲授的便是经院哲学。到 11 世纪时，经院哲学的概念正式形成，它专门指在教会学校讲授的哲学。它在 13 世纪达到鼎盛，在 15 世纪中叶走向衰落。

经院哲学之前，基督教思想中占统治地位的是教父学。其代表是奥古斯丁（354—430 年）。著作有《忏悔录》《教义手册》《上帝之城》《三位一体》等，特别是《忏悔录》和《上帝之城》被基督教会奉为最重要的经典，他本人也成了教父学的最高权威。奥古斯丁宣扬原罪说，认为人类自背叛上帝以来，便有了两个国度。一个是上帝之城，一个是世俗之城。基督教徒将生活于上帝之城而获得永恒的救赎，而其他人则将陷入世俗之城的覆灭。他极力主张所谓知识就是关于上帝的学问，一切与上帝无关的知识都是无用的。他还进一步认为，信仰先于理性，高于理性，理性要为信仰服务，这种信仰就是对上帝的信仰。而研究自然会使人陷入理智的傲慢，导致对上帝的亵渎。他还认为，圣父、圣子、圣灵这三者不是三体而是一体，不是三个神，而是一个神，这个神就是全知全能的上帝。奥古斯丁的教父学对后来的经院哲学有着很大的影响。

随着中世纪盛期受教育的人数的增加，学术质量有了极大的提高。在 12 世纪出现了一股翻译热潮，大量古希腊和阿拉伯著作被翻译成拉丁语。学者花费大量时间，试图对亚里士多德的哲学思想，与基督教教会早期一些神学家的论点进行调和。亚里士多德强调人类的理性，教会的神学家们却坚持信仰。中世纪哲学家试图调和理性和信仰的关系。或用古希腊哲学家的逻辑工具，来论证圣经的正确性，论证上帝的存在。虽然它的目的还是为神学服务，但它把理性、逻辑思维和一些科学知识包括在自己的体系之内，这就包含了否定它自己的对立面。虽然经院哲学本身有禁锢人的思想一面，考证的问题常常显得烦琐和荒唐，如“一个针尖上可以站多少天使”、“亚当有无肚脐眼”等等，但人们在思辨之中学会了思考，学会了辩证的方法，为后来近现代西方哲学的发展铺平了道路。

经院哲学最初是从彼得·阿贝拉尔开始的。尽管他是一个僧侣，但却英俊而骄傲。他和女学生爱洛伊丝的恋爱故事一直是西方文学家们津津乐道的主题。他发出了经院哲学的先声，就是“通向智慧的第一把钥匙是不断地提问。怀疑使我们探究，探究使我们走向真理”。

最伟大的经院哲学家是托马斯·阿奎那。他曾跟随当时知识渊博的大阿尔伯特学习亚里士多德主义。大阿尔伯特认为：哲学与神学是两种不同的认识途径，一个依靠自然之光，一个依靠超自然之光，这两种光都来自上帝。大阿尔伯特的关于哲学与神学既区别又协调一致的思想，对于阿奎那产生了重要的影响。阿奎那最重要的著作是《反异教大全》（又称《哲学大全》）和《神学大全》)。在《神学大全》中，他指出哲学是通过理性来认识上帝、创世、天使、救赎等对象。而神学则是通过天启来认识这些对象。哲学与神学研究的既然是同一对象，它们在内容上就必定会有重合之处。基督教的某些真理，如上帝存在、灵魂不死等，既是天启的，也可以通过理性来证明。但另一些真理，如三位一体、原罪、道成肉身等，却是超理性的奥秘，只能诉诸天启和权威。这两种真理都源于同一个上帝，它们之间是不矛盾的。天启真理是比理性真理更加深刻和更加根本的真理。这代表了中世纪经院哲学的一个新的精神特征，即寻求信仰与理性的和解。阿奎那所代表的这种和解精神是与教父学中推崇神秘信仰、贬低理性的奥古斯丁主义背道而驰的，无意之中开启了西方近代哲学的理性主义先河。而他关于上帝存在的五种证明，在基督教哲学史上被认为是卓越的创举。

中世纪大学的产生与发展

修道院制度的产生，促进了教会学校的兴起。在中世纪早期，受教育的主要是贵族和僧侣，教师也主要集中在修道院和教堂里。东哥特国王狄奥多里克的秘书，修士卡西奥多鲁斯编出一本知识总汇《神圣与人类学识概览》，包括了必读神学著作和七门必修学科概要，规划了七学教育和神学教育的蓝图。七艺又分为前三艺和后四艺。前者指作为知识钥匙的文法、修辞和逻辑。后四者指作为实用学科的算术、几何、天文和音乐。在加洛林文化复兴时期，查理大帝更为兴办了一系列的学校。共分为三类：一类是最高级的宫廷学校，是全国教育与文化中心，培养高级官吏。二类是主教座堂学校，讲授神学，培养神甫与教士。三类是各种修道院学校，除培养修道士外，也向世俗子弟普及知识。学校的课程有两类，一类是所有学生必修的“七艺”。一类是少数学生深造的神学。

12 世纪起，随着西欧社会经济的发展，以前的城市又开始恢复生机，而一批新兴的城市也渐渐兴起，市民阶级开始形成。城市的兴起，刺激了更多的对世俗人才的要求。一些教会学校便扩大规模，发展为具有世俗性质的大学。从12世纪后期到13世纪起，大学如雨后春笋般纷纷兴起。从1000年到1200年，西欧最早出现的大学主要有四所，它们是位于意大利那不勒斯附近的萨莱诺大学（Salerno）、意大利的博洛尼亚大学（Bologna）、法国的巴黎大学（Paris）和英国的牛津大学（Oxford）。巴黎大学和牛津大学以神学和文科为主。文科的科目包括拉丁语语法、逻辑学、修辞学、算术、几何学、天文学和音乐。它们由罗马教廷批准建立，教会和托钵修会对它们有较大的控制力。对神学、哲学的教育尤为重视。著名的经院哲学家托马斯·阿奎那、罗吉拉·培根等都出自于这里。在学校里，教师享有极大的权利，他们选举校长，制订教学计划，实施行政管理，负责学位授予，建立以教师为权威的严格制度。在中世纪，巴黎大学成为基督教世界的神学—哲学国际学术中心。萨莱诺大学是从医学专科学校发展而来，仍以医学教学为主。博洛尼亚大学则以教授罗马法和宗教教规而闻名。博洛尼亚大学代表大学的另一种形式。较少受罗马教廷控制，更为世俗开放，注重实用专业学科，学生是学校管理的主体。1088年，著名法学家伊尔涅里乌斯在此任教，编著了《查士丁尼法典》，大力推动民法研究，并主张世俗权力高于宗教权力。他的学生格拉提安又出版了第一本《宗教法典》，博洛尼亚大学成为当时的法学研究中心。

在1200年以后，又有许多大学涌现，如英国的剑桥大学、法国的图卢兹大学、意大利的帕多瓦大学、那不勒斯大学、西班牙的帕伦西大学和葡萄牙的里斯本大学等。大学逐渐建立了标准的教学课程和学位制。在大学经过4年的基本的文科的学习后，还要学习拉丁文法、修辞学、逻辑学，如果通过考试，就可以获得学士学位。为了确保职业生涯中的地位，人们往往还要再花几年的时间获得更高的学位，比如文学硕士或法律、医学或神学博士。要获得硕士学位，就必须再用三四年学习数学、自然科学和哲学。要获得博士学位，则要进一步地学习。攻读神学博士尤其艰苦。到中世纪末，要获得巴黎大学的神学博士学位，首先要花8年左右的时间攻读神学硕士学位，再花12～13年攻读博士课程。在40岁之前获得神学博士学位的人凤毛麟角。

尽管大学主要由教会学校发展而来，并且深受教会的控制。但是，它毕竟使西欧社会的学术中心从修道院转移到了大学，而且，尽管神学仍占据着最主要的地位，但是，对古典文学的发掘，对医学、法学等世俗学科的发展，都将意味着大学，在未来的世纪里，将成为另一场文艺复兴运动的中心。

文学艺术的繁荣

中世纪留下了世界音乐史上一种久远的音乐形式：宗教音乐。它是一种以赞美诗为主的教堂音乐体系。最早由米兰主教安布罗斯倡导而被称为安布罗斯颂调，6 世纪末，罗马主教格里高利一世对它进行了改造，被收集在《格里高利颂歌谱》里，它是一种单一的、无伴奏的音乐。中世纪在音乐方面最大的突破是发明复调音乐，或一起演奏两个以上的协奏旋律，同时发明和完善了乐谱体系。大约从 10 世纪起，风琴成为教堂中的主要乐器。除了宗教音乐外，行吟诗人与歌者也对中世纪音乐有较大贡献。

在中世纪艺术中，除音乐外，最值得称道的是建筑艺术。中世纪教堂建筑分为两种不同的风格，罗马式与哥特式建筑。罗马式的建筑主要采用了古罗马式的拱券结构，它一般是在门窗和拱廊上采用半圆形拱顶，而这些拱顶强有力的外延感往往又被厚实的窗间壁和墙所抑制，显得雄浑而庄严。但 12 世纪下半叶，随着社会经济的发展和文化的复兴，罗马式建筑逐渐被哥特式建筑所代替了。

“哥特式”一词最初源于哥特人。中世纪初期的人们用它形容一切野蛮、陈旧和丑恶的东西。然而到了 12 世纪以后，哥特式建筑成为一种新型的基督教神秘主义的代表。它以尖形拱门代替罗马式的半圆形拱门，以较薄的墙壁和较大的窗子代替罗马式的厚实墙壁和狭小窗户，以明亮的光线代替罗马式的幽暗。它以一种向上的轻灵感代替了罗马式的厚重。如果说罗马式建筑是为了表达早期基督教信念的一种庄严力量，而哥特式建筑则更在意反映人向上帝无限接近的升华与超脱。另一方面，它更表现出了一种新的世俗精神，彩色玻璃上除了《圣经》里的画面，也有许多反映世俗生活的片断。同时，哥特式建筑总是坐落在不断扩展的中世纪城市中，由市民自己捐资修建而成为一个城市骄傲的中心。现今在西方仍然屹立着的许多气势恢宏的大教堂，如巴黎圣母院、亚眠大教堂、兰斯大教堂等等，都是哥特式艺术的杰作。

图 6-5　意大利比萨大教堂

图 6-6　英国威斯敏斯特大教堂

文学方面，主要分成拉丁文学和方言文学。拉丁文学中，在大学中产生了一批世俗的抒情诗歌。与基督教义完全不同，这些抒情诗歌歌颂四季、饮酒和赌博，当然还有爱情的欢乐。最重要的方言文学是英雄史诗。史诗是根据早期日耳曼人的口头文学，由文人加工整理而形成的。最著名的史诗有法国的《罗兰之歌》、德国的《尼伯龙根之歌》和西班牙的《熙德之歌》等。

十二三世纪时，出现了骑士文学。骑士文学的发源地主要在法国南部，特别是普罗旺斯地区。骑士的前身是蛮族统治者的军事仆从——武士，这些武士粗野而忠诚。后来演变成居于封建领主与平民之间的社会集团，扮演着世俗统治者的军事保护人的角色，常常因为出色的忠诚和勇敢而上升为贵族阶层。在上升演进的过程中，慢慢地发展出一套骑士精神的价值观："忠君、护教、行侠"，并逐渐发展出属于自己特有气质的骑士文学。首先，因其下层贵族的身份，因此深受史诗、俚谣影响。其次，因其军事保护人的角色，因此多英雄色彩。再次，因其护教，效忠宗教，因此又具神圣忠贞气质。最后，虽然效忠宗教却又不奉行禁欲主义，因此，又多浪漫婉转，与贵妇人之间的浪漫爱情便往往成为骑士文学的主题。总之说来，骑士文学糅合了民间传说的传奇、罗曼蒂克的爱情，甚至还有基督教的彼岸理想，因而培养出一种奇丽幻想的风格。骑士文学最具代表性质的是关于克尔特国王"亚瑟"和他的圆桌骑士的传奇，他从铁砧下拨出了宝剑，从岳父那里继承了一张象征平等，可坐150人的大圆桌。这些圆桌武士和亚瑟王一起，成为故事的主角，他们寻找基督教的圣杯，与贵妇人发生爱情，并为此流血冲突。骑士文学为后世的欧洲文学提供了"爱情"、"冒险"、"荣誉"三大主题。

同时，随着城市的兴起和市民人数的增加，出现了新的文学受众，也推动了新的文学形式的发展，市民文学也就成了新宠。在法国，出现了一种"韵文故事"的文学。韵文故事用押韵的诗行写成，短小精悍、诙谐幽默，嘲笑骑士的愚蠢无知，讽刺封建主和教士的贪婪。与韵文故事较为相似的市民文学还有寓言，最著名的是《列那狐的故事》和《玫瑰传奇》。《列那狐的故事》用动物做比喻，表现了新兴的市民阶级的机智，并嘲笑了封建贵族与国王的无能。《玫瑰传奇》则是13世纪的一部名著，它由两位作者完成而呈现出不同的风格。上部体现的是骑士制度的浪漫主义精神，而下部则更为辛辣地嘲笑了宗教的虚伪，体现出更多新兴市民阶级的趣味。

综上所述，被人们称为中世纪的黑暗时代，其实呈现出来的并不仅仅是一种色彩。在时间长河里，它在不断地变化着。从5世纪到9世纪是文化逐渐成形的时期，也是封建制度确立的时期。在 10 世纪以后，出现了许多重要的变化：（1）基督教会的严重腐败已使它走到了曾经自身的对立面，改革的呼声高涨。（2）世俗君王已经对教皇权力占了上风，建立统一民族国家的呼声高涨，神权统治已式微。（3）中世纪盛期，经济复苏、城市重新活跃。新的市民阶级也在不断地发展壮大。他们作为新的先进社会势力的代表，他们更关心世俗国家和现实利益。（4）希腊罗马的古典人文精神成为孕育精神变革的温床。（5）经院哲学中分化出经验论科学思想。（6）大学的兴起。（7）十字军东征中伊斯兰阿拉伯文化中丰富的科学成果的引进。这一切种种，无不暗暗刺激着理性科学精神的萌发。辩证法认为，人类社会总是在否定之否定的规律中前进，在罗马帝国的荒淫唯物世界中，孕育并盛开了用圣洁的鲜血所浇开的基督之花。而当唯灵主义的基督之花在西方遍地盛开时，它却以绝对的禁欲，绝对的专制走向了自身的否定，而再次孕育出人本主义的种子。总之，在经历漫长的中世纪后，另一个新的、朝气蓬勃的时代即将要出现了。

知识拓展　经典导读

一、《论德国宗教和哲学的历史》第一篇（节选）

【提要】　《论德国宗教和哲学的历史》是德国诗人海涅的作品。第一篇主要是论述了从基督教的产生到路德宗教改革运动时的德国宗教史。海涅认为，基督教将肉体与灵魂分割开来，从而引起人们的恐惧，这当中又离不开统治者对其的借用依附，因此，人们即使意识到基督教的虚妄，也会将其保存下来。

在德国我们所喜闻乐见的宗教是基督教。因此我就得叙述：什么是基督教，它怎样变成罗马天主教，又怎样从罗马天主教中出现新教，并从新教中出现了德国哲学。

那么现在我从宗教谈起。我预先请求一切虔信的灵魂，千万不必为此而担忧。虔信的灵魂，不要害怕！没有任何亵渎该神明的戏谑会玷污你们的清听。这种戏谑在德国也许还有用处，因为在德国目前还需要消解宗教的势力。我们那边的情况像你们革命前的情况一样，也就是说基督教和旧政权结成了不可分解的同盟。只要基督教对人民群众还发生影响，那么旧政权就不可能被打碎。参孙挥动刑斧之前，必须先有伏尔泰发出他那锐利的嘲笑。然而无论是前者的刑斧也好，或是后者的嘲笑也好，基本上并没有证明什么，而只是起了一些影响作用。伏尔泰只能损伤基督教的肉体。他从教会史中挖掘出来的所有诙谐，关于教条和礼拜仪式、关于人类最神圣的书籍《圣经》，关于诗歌里的最美丽的花朵处女马利亚的机警言论，以及他用来攻击僧侣阶层时所射出的那一整部哲学利箭的辞典，只不过损伤了基督教迟早要死的肉体．并没有触伤基督教的内在本质，没有勉伤它那深邃的精神，没有触伤它那永恒的灵魂。

因为基督教是一个观念，作为观念这样一种东西，如任何一个观念一样，是不会破碎的、是不死的。但这个观念又是什么呢？

正因为人们还没有明确理解这个观念，并把种种表面现象当作了主要的东西，所以至今还没有一部基督教的历史。两个互相对立的派别编写着教会史，并经常是互相矛盾着，但一个派别和另一个派别一样，它们始终不能明朗说出：作为基督教的中心点的，基督教的象征中、在它的教条和礼拜仪式中以及在它的全部历史中力求显示的，并且在基督教的诸民族的现实生活中表现出来的那个观念究竟是什么。无论天主教的大主教巴龙纽斯或新教的宫廷顾问施勒克，都没有向我们揭示那个观念究竟是什么。并且即使翻遍了曼西的《宗教会议记录》，阿赛马尼的《祈祷典范》和萨卡累利的整部《教会史》，你们还是看不出基督教的这个观念究竟是什么。你们在东方教会史或西方教会史中究竟看到些什么呢？在东方教会史中你们看到的无非是教义的诡辩，在这里又出现了古希腊的诡辩哲学；在西方教会史中你们看到的无非是有关戒律、有关教会利益的争论，在这里古罗马的法学决疑论和统治艺术以新的形式和强制手段来重新起着作用。事实上，一如人们在君士坦丁堡争论着有关逻各斯的问题一样，人们在罗马争论着有关世俗权力和教会权力的关系的问题一如人们在君士坦丁堡争论着上帝基督是否同质的问题一样，人们在罗马争论着主教职位授予权的问题。但拜占庭的诸问题：逻各斯是否和天父同质？马利亚应称为神的生母还是人的生母？基督是由于缺乏食物而不得不挨饿呢？还是他甘心情愿想要挨饿呢？所有这些问题的背后实际上都隐藏着种种宫廷阴谋，它们的解决全依赖于教廷里密室中的窃窃私语和连连嗤笑，例如，依赖于欧多茜亚的失势还是普尔开丽亚的失势，因为这个妇人憎恨涅斯特留斯，因为他泄漏了她的私情；而那一个妇人却憎恨赛利路斯，因为他受普尔开丽亚的庇护。归根结底，一切都关系到妇女们和阉官们的闲谈饶舌。一个人往往在某种教条的名义下，一个党派往往由于某一个人之故而受到迫害或受到支持。西方的情况也是一样，罗马要求统治下去，“当它的军团战败时，它便把一些教条送到外省去”，一切关于信仰的争端都以罗马的篡位为其背景，罗马大主教的最高权力是必须巩固的。他对于真正的信仰问题总是非常宽容的，然而当教会的权利一旦遭到侵犯，就会立即喷出谴责的烈焰。他对于基督的人格议论得并不多，但对于《伊西多教令集》的效力却啜啜不休；他通过教会法，主教的任免，诸侯势力的削弱，修道僧团、僧侣独身制等等而集中权力。然而这就是基督教吗？读了这些历史，基督教的观念就会向我们明白显示吗？这个观念是什么呢？

假如我们不抱成见地考察一下摩尼教派和诺斯替教派的历史，那么我们在基督诞生后最初几个世纪里就可以发现这个观念如何在历史上形成，并如何表现于现象世界之中。尽管摩尼教派被划为异端，诺斯替教派受到谴责，尽管教会给它们处以革出教门罪，但它们对教义的影响却保留下来了，从它们的象征中发展了天主教艺术，它们的思想方式贯穿了基督教各民族的全部生活。摩尼教派基本上与诺斯替教派没有什么差别。两者都有善恶两种根源相斗争的教义。摩尼教从古代波斯宗教那里接受了奥尔姆兹光明和阿利曼黑暗互相敌对的教义。另一教派，即真正的诺斯替教派，进一步相信善根之先在，并说明恶报之发生是由于流出，由于诸“爱伊奥思”的代代生殖，“爱伊奥思”离开其本源愈远，它们就变得愈混浊愈坏。按照凯林图斯所说，我们世界的创造者绝不是最高神本身，而是它的一次流出，亦即诸“爱伊奥思”之一，即真正的造物者，它逐渐变了质，现在成为恶相，同那最高神中直接生出来的逻各斯，即善根敌对着。诺斯替教的这个世界观是从古代印度来的，它附带着下面一些教义，上帝的道成肉身，克服肉欲、精神的自我内省等等，它带来了禁欲的、沉思的僧侣生活，而这才是基督教观念的最纯正的花朵。在教义中这个观念表现得非常混乱，在教仪中只能表达得非常暧昧。不过我们还是看见善恶两种根源的学说到处出现。邪恶的撒旦和善良的基督对立着，基督代表精神世界，撒旦代表物质世界；我们的灵魂用于精神世界，肉体用于物质世界；从而，整个现象世界，即自然，根本是恶的，撒旦，这黑暗的主宰者，就想用它来引诱我们堕落，因此，必须谢绝人生中一切感性快乐，对我们的肉体，这个撒旦的采邑，加以折磨，这样才能使灵魂越加庄严地升到光明的天国，升到基督光辉灿烂的国度。

这种世界观，这种基督教的真正根本思想，像传染病一样以令人难以置信的速度蔓延了整个罗马帝国，这种病痛延续了整个中世纪，它时而加剧，时而弛缓，使我们现代人还在肢体中感到痉挛和无力。我们当中即使有许多人已经痊愈，但还是逃不出这个无处不在的病院气氛，而且作为许多病人当中唯一的一个健康人，他仍会感到不幸。假如有一天人类完全恢复了健康，在肉体和灵魂之间重建了和平，肉体和灵魂重新在原始的和谐中互相渗透：那时人们大概不会理解基督教在肉体和灵魂之间所挑起的人为的不和了。将被自由选择的拥抱所产生、将在一个欢乐的宗教中茁壮繁荣起来的、更幸福、更美好的世世代代，必将对这些忧心忡忡。由于摒弃了这花花世界上一切享受、由于扼杀了温暖而多彩的感性，而变为褪色的、冷冰冰的幽灵的祖先们，报以怜悯的苦笑。是啊，我要肯定地说，我们的后代子孙一定要比我们美好得多和幸福得多。因为我相信进步，我相信人类注定是要享福的；而关于上帝，我怀着一种比那些臆断上帝创造人类是为了使他们受难的善男信女所抱的见解还要高超。我愿就在这块大地上通过自由的政治制度和产业制度的祝福，建立起那种为善男信女们误认为只有在世界末日那天，在天堂里才会实现的无上幸福。也许我的见解和信徒们的想法同样那是一种愚昧的希望，因为无论从政治或精神的意义上来说，还是从信徒的意义或天主教的意义上来说，都没有什么所谓人类的复活。

也许人类注定要永受苦难，各民族要永受诅咒，永受暴君的蹂躏，受暴君的帮凶的剥削并受到暴君的侍仆的侮弄。

唉，在这种情况下，人们即便认识到基督教是迷妄，也一定还会力图把它保存下来，他们必将披上僧服，赤着脚走遍欧洲，宣讲一切地上的财富的虚幻，宣讲弃绝一切，把抚慰人心的十字架放在被鞭挞的和被侮辱的人们面前，并许给他们死后的全部七层天堂。

资料来源：（德）海涅著，《论德国宗教和哲学的历史》，海安译，商务印书馆，1974年版

【问题与思考】

仔细阅读上述材料，如何理解这段话——“唯物主义在罗马帝国发展到惊人可怕的地步，大有摧毁人类精神的一切辉煌成果之势，基督天主教的世界观作为克制这种唯物主义的一剂灵药，是必不可少的。……在这罗马人的世界里，肉身已变得如此肆无忌惮，看来需要基督教的纪律，来使它就范。吃了一顿特利马尔奇翁的盛宴之后，是需要一次基督教似的饥饿疗法的。”

二、《罗兰之歌》（节选）

【提要】 《罗兰之歌》是法国最著名的英雄史诗，原为民间传说，后经行吟诗人的加工润色而不断完善。此诗以查理大帝时期，基督教与伊斯兰教的战争为时代背景，讴歌了罗兰忠贞爱国的英雄气质。史诗保留了民间文学粗犷、豪放的战斗风格，同时又具有浓郁的浪漫主义色彩。

一七一

罗兰感觉眼睛看不见东西，
他站起来，用尽了全身力气。

他的面容变得非常的惨白，
在他面前有赤色石头一块，
他悲伤愤怒，拿刀十次猛砍，
刀锋发出响声，但是没有折断。
“啊！”伯爵说道，“圣玛利亚，请你帮帮忙。
啊！杜伦达宝刀，你也遭了殃，
我要死了，我不能将你保障，
我曾许多次用你打了胜仗。
用你打下来许多重要地方，
那些都归白须的查理执掌。
我不能让你落在从敌前逃走的人手里，
你曾多年是勇敢的人的武器，
在圣洁的法兰西再没有那样的战士。”
一七二
罗兰拿刀在赫色石头上猛砍，
刀锋作响，但是没有折断，
当他看到不能把刀打烂，
他开始对着自己埋怨：
“啊，杜伦达，你多么雪白明亮好看，
在阳光下你闪耀璀璨；
查理王当时在摩利安山谷进兵，
上帝派天使送来命令，
要他把这把宝刀赠给一位将军。
那好国王、伟大的查理就给我这把剑，
我用这剑打下了昂儒和不列坦，
用这剑打下了贝都和麦安，
用它把高贵的诺曼底攻占，
用它打下了普罗旺斯和阿基坦，
还在伦巴第和罗马一带征战，

还有巴伐利亚、佛兰德地面
和布尔戈尼，还把整个阿普里亚跑遍，
使得君士坦丁堡向他贡献，
让撒克逊人听他差遣；
我还为他攻下了苏格兰，
还把英格兰变成他的属县；
我打下了那么许多地域，
都交给白须的查理王守护。
为了这把剑我悲伤痛苦。
不能让异教徒占有它，我宁愿死去，
天父啊，决不能让法兰西蒙受耻辱。
一七三
罗兰向那块赤色石头猛砍，
他砍下了那么大的一片，
刀锋发出响声，但是并没有折断。
它反跳出去，直飞上了天，
伯爵看到他不能打断这把剑，
他非常温柔地对自己埋怨：
“啊，杜伦达，你是多么圣洁美好，
你的金柄上镶满神圣珍宝，
有圣巴西的血和圣彼得的牙，
还有我主圣但尼的遗发，
还有衣服属于圣玛利亚。
不能让异教徒占有这把刀。
它应该为基督教人效劳；
行为懦怯的人也不能占有你
我用你攻下了许多大片土地，
交给花白胡须的查理王治理，
他是一位高贵强大的皇帝。”

一七四
罗兰感觉死亡已经不远，
死亡从头上渐渐降到胸间，
他跑到一株松树下面，
他伏身倒向青绿的草原，
在他身下放好他的号角和剑，
向着异教徒的大军转过了脸；
他这样做是因为他要让人明了、
查理和他的全军都将称道，
高贵的伯爵是在胜利时死掉，
他低弱地频频作了祈祷，
请求恕罪，他向上帝举起了手套。
一七五
罗兰感到他的牛命已经不长，
他伏在陡险的山坡上，向着西班牙地方。
用一只手，他痛击自己的胸膛，
“上帝，我祈求你，以你的善良，
将我的大小罪过加以原谅，
一切罪过从我出生的时光，
直到我最后遭到了死亡。”
他把右手手套向天高扬，
天使们这时从天上下降。
一七六
罗兰伯爵躺在一株松树下面，
向着西班牙他转过了脸；
许多事情他开始回忆，
这位候爷征服的许多土地，
他的亲人，可爱的法兰西，
抚养他的君王查理大帝，

他不能遏止伤心叹息；
可是他不愿让自己归入沦亡，
他承认罪过，请上帝原谅，
“天父啊，你从来不会说谎，
你挽救拉萨路脱离死亡，
公狮子面前把但以理保障；
请保卫我的灵魂不遭灾祸，
虽然在我一生中我犯了许多罪过。”
他向上帝献出右手手套，
圣加伯里从他手上把它拿掉；
他把头放在手臂当中，
合起双手，一命告终。
上帝派来了天使切鲁宾，
和圣米加勒救苦救难的大神，
同他们一起的还有圣加伯里，
他们把伯爵的灵魂带到乐园里。”

资料来源：（法）图罗尔杜斯编，《罗兰之歌》，杨宪益译，人民文学出版社，1981年版

【问题与思考】

阅读上述材料，谈一谈这首英雄史诗受到了哪些思想的影响。

第七章　文 艺 复 兴

文艺复兴是指14—17世纪在欧洲盛行的一场思想文化运动，人们在古代希腊罗马的文化中找到了充满活力的思想和人性的光芒，他们通过研究、阐释这些人性的美，来抨击教会，表达对现实生活的希望，从此掀起了一场思想解放运动。因打着复兴古代希腊罗马文化的旗号，因而被称作文艺复兴运动。

文艺复兴（Renaissance）一词源于法语，最早由意大利艺术家乔治奥·瓦萨里在1550年首次使用，原意是“再生”、“复兴”，最初只是用来描述一种艺术现象，表达自己对艺术发展的看法。后来随着运动的发展，文艺复兴扩大到各个领域，更多指“古典文化学术再生”，即把文学、艺术、哲学、政治学和自然科学等从神学中解放出来，实现思想文化领域的伟大变革。所谓复兴，绝不是回到古代社会，而是更多是从中汲取灵感，古为今用，从而建立起适应社会发展的新的思想文化体系。

“文艺复兴”并非仅仅局限于文学和艺术方面，它实际上还是一个历史概念，是一个时期的代名词，代表欧洲社会由中世纪向近现代过渡的时期。它发端于14—15世纪意大利的北部城市，15—16世纪在西欧如法国、德国传播，16世纪中—17世纪初传至西班牙，英国莎士比亚戏剧是文艺复兴运动的顶峰。17世纪40年代英国资产阶级革命前夕，英国议会封闭伦敦剧场，标志运动在西欧的结束。文艺复兴对于西欧实现由中世纪向近代的转型起了巨大的推动作用。文艺复兴带来一段科学与艺术革命时期，导致了文化上的返本开新，确立了自然人性和世俗生活的合理性，为新兴资产阶级注入了进取的精神力量，揭开了现代欧洲历史的序幕，被认为是中古时代和近代的分水岭。马克思主义史学家认为是封建主义时代和资本主义时代的分界。

文艺复兴的源起

意大利是欧洲文艺复兴的摇篮，文艺复兴在意大利兴起除了社会历史的动因以外，也有文化上的深刻影响。

意大利最早出现的资本主义萌芽为文艺复兴奠定了经济基础，这是意大利成为文艺复兴发源地的根本原因。14—15 世纪在意大利主要是一些城市国家，如佛罗伦萨、威尼斯、热那亚、罗马等类似于古希腊的城邦。这些城市国家为了在激烈的竞争中取得优势，纷纷采取了重商的政策，出现了资本主义的简单协作和手工工场，同时城市中工商业主掌握着国家的政权，再加之意大利处于地中海交通的枢纽，也是亚欧和东西方贸易的枢纽，使得意大利的工商业发达，于是在意大利也就最早出现了资本主义萌芽。佛罗伦萨是意大利最大的银行业和手工业中心。银行业与呢绒制造业是 14 世纪两大支柱产业，佛罗伦萨是意大利最大的银行业和手工业中心。这里是欧洲最先产生银行的地方，一度是欧洲的金融中心。其银行、钱庄超过 100 家，所铸造的“佛罗林”，为欧洲和近东地区的通用货币。这里的手工业也非常发达，全城三分之一的人口从事手工业，仅制造呢绒的手工工场就有 200 家左右，每年生产近 10 万匹呢绒，销往欧洲各地和地中海沿岸。

图 7-1　佛罗伦萨的呢绒工场

资本主义萌芽的出现，带来了一系列的变化，首先就是阶级关系上的变化。经济的发展，工商业城市中手工工场主、商人和金融家逐渐壮大，他们形成了一个新的阶级，也就是新兴的资产阶级。城市经济的繁荣，使事业成功、财富巨大的新兴资产阶级更加相信个人的价值和力量，更加充满创新进取、冒险求胜的精神，这些人既追求人自身的发展，同时也追求财富和现世的享乐，这是这一阶级的内在要求。而当时的实际情况却是基督教在欧洲占统治地位，教会宣扬要以“神”为中心，祈求来世的幸福，这就与新兴资产阶级的诉求相矛盾。具有资本主义性质的城市生活，是一种与中世纪宗教生活相对立的世俗生活，它成为人文主义诞生的现世社会基础，资产阶级为了实现自己的理想，为了维护其统治和扩大经济实力，必然想要建立起自己的思想文化体系，就必然要求在思想上进行变革，于是文艺复兴应运而生。

在古代希腊、罗马时期，欧洲已经创作了辉煌的古代文化，由于战乱和教会的文化专制，这些优秀的文化遗产在西欧被毁坏被遗忘了。但是许多文化典籍在东罗马帝国和阿拉伯保存了下来，而意大利在地理位置上与上述地区比较接近，14世纪，这些文化典籍回传意大利。再加上意大利是古代罗马帝国的中心地区，保留了许多古罗马的文化遗产，如古典建筑遗迹、藏书丰富的王侯藏书室和教堂图书馆等，而且因其东西方经济文化交流的发达而从拜占庭和阿拉伯获得了大量古典文化书籍，具有一种特殊的文化环境。

14世纪末，由于信仰伊斯兰教的奥斯曼帝国的入侵，东罗马的许多学者，带着大批的古希腊和罗马的艺术珍品和文学、历史、哲学等书籍，纷纷逃往西欧避难。后来，一些东罗马的学者在意大利的佛罗伦萨办了一所叫“希腊学院”的学校，讲授希腊辉煌的历史文明和文化等。这种辉煌的成绩与资本主义萌芽产生后，人们追求的精神境界是一致的。于是，许多西欧的学者要求恢复古希腊和罗马的文化和艺术。这种要求就像春风，就从意大利刮起，慢慢吹遍整个西欧。在崇尚古典思想的影响下，学者们孜孜不倦地开展搜寻和研究，从而为文艺复兴准备了人才条件。

文艺复兴的传播

人文主义在意大利产生后迅速传遍整个西欧，德国、尼德兰、法国、英国无不受到它的影响。文艺复兴思想在欧洲广泛传播的原因主要有：

一是学者本身的游历和大学的文化交流。阿尔卑斯山以北各国学生和学者文人往往喜欢到意大利游学或留学，他们在佛罗伦萨、威尼斯等地受到了人文主义思想的熏陶，同时意大利的文学家、艺术家也经常到北部各国作短期旅行，加之北部各国资本主义工商业经济的日益发展，文艺复兴运动势必在这一地区生根发芽；二是印刷术的引入和改进也促进了思想的传播。早在12—13世纪，中国的造纸术和印刷术就经阿拉伯人传入了西方，促进了印刷出版业的兴盛，使古典文化和新文化的著作得到大量的印刷出版，促进了文艺复兴的传播。

由于各国经济发展水平、历史文化背景以及地理位置的差异，文艺复兴在欧洲各国兴起的时间也有先后。15世纪中叶，文艺复兴运动首先扩及与意大利毗邻的德意志地区，大学成为德国文艺复兴运动的中心，著名的人文主义学者有伊拉斯谟、胡登、丢勒等，伊拉斯谟是北欧人文主义者的领袖。他发展了以基督为中心思想的人道主义思想，持续批评主教们及教廷的行为及生活方式是和传福音相违背的。北欧人文主义者与意大利人文主义者最大的不同是他们不仅关心古希腊和罗马的文化，而且还注意研究原始基督教的文献。他们常常被称为基督教人文主义者。16世纪初，文艺复兴波及法国，人文主义思想主要流行于贵族知识分子中间，最为著名的人文主义团体是“七星诗社”，著名代表人物有拉伯雷、蒙田、波丹等。由于西班牙皇权力量及教权力量强大，加之海外扩张和殖民掠夺，人文主义发展比较缓慢，西班牙迟至16世纪初才出现了文艺复兴运动，著名的人文主义者有塞万提斯、维加等。英国的文艺复兴运动开始得比欧洲大陆国家晚，但持续时间长，运动的高潮在16世纪末17世纪初，其成就主要在文学和哲学方面，代表人物有莎士比亚、莫尔、培根等，莎士比亚的戏剧是文艺复兴的最高峰。文艺复兴运动从16世纪开始也波及波兰、捷克等地区。

文艺复兴的实质和核心思想

文艺复兴从表面上来看是一场复兴希腊、罗马古典文化的运动，因为人们普遍认为文艺在希腊罗马的古典时代是最繁荣的。但在中世纪一度衰败湮灭，直到 14 世纪才获得“再生”和“复兴”。这场运动在当时就打着复兴古希腊、罗马文化的旗号，因此被称为文艺复兴运动。实际上这场运动并不是单纯的古典复兴，而是借古代文化之名宣传新的资产阶级思想。文艺复兴的实质就是 14—16 世纪欧洲新兴资产阶级一场反封建的思想解放运动。新兴资产阶级认为中世纪文化是一种倒退，而希腊、罗马古典文化则是光明发达的典范，他们力图复兴古典文化——而所谓的“复兴”其实是一次对知识和精神的空前解放与创造。表面上是要恢复古罗马的进步思想，实际上是新兴资产阶级在精神上的创新。

文艺复兴的思想核心是人文主义。人文主义（Humanism）一词是 19 世纪初才出现的，但其渊源可追溯到古希腊罗马时代。人文主义又称人本主义或人道主义，它的含义大致是：强调对人的尊严予以热情关注，提倡以人为中心的文化，这是一种和中世纪以神为中心的文化相对立的文化。人文主义的核心是个人主义，理论基础是人性论。人文主义是新兴资产阶级的思想体系，具有新兴思想的人被称为人文主义者。人文主义者把人从神的世界，拉回到现实世界。他们赞颂人、赞美人生和自然，崇尚科学和理性，这就形成了文艺复兴时期新文化的基本内容：（1）人文主义者提倡人权，反对神权。他们肯定和注重人、人性，要求在各个领域把任何人性从宗教神学中解放出来；（2）人文主义者提倡现世享受，反对禁欲苦行。他们反对“天堂”和“来世”的精神寄托，要求天堂在人间，他们肯定现实生活，颂扬尘世生活的幸福，歌颂爱情，认为爱情是人最高尚的感情，认为人有追求荣誉和财富的权利；（3）人文主义者提倡自由平等，反对世袭等级。他们反对封建压迫和世袭等级贵贱观念以及神权思想，宣扬人的个性解放和自由平等，要求打破封建等级思想的束缚，实现人人自由平等；（4）人文主义者提倡科学理性，反对愚昧迷信。他们反对天主教会的蒙昧愚民政策，批判中世纪教会对科学和文化的摧残，鼓吹理性和智慧，提出“知识就是力量”，“知识是快乐的源泉”；主张探索自然，发展科学文化，接受新事物，全面和谐地发展个人的才智。

人文主义是欧洲文艺复兴时期新兴资产阶级反封建的社会思潮，是资产阶级人道主义的最初形式。新兴资产阶级知识分子以人文主义为武器，对封建教会和神学展开了猛烈的抨击。他们在西欧掀起了一场反封建反教会的思想解放运动。人文主义最重要的内容就是肯定人性和人的价值。要求享受人世的欢乐，要求人的个性解放和自由平等，推崇人的感性经验和理性思维。从艺术生活到社会生活，把人的历史、人的世界、人的活动以及人的精神、形象和身体本身作为关注的中心。人文主义者主张与命运抗争，认为人生来就是平等的，反对以出身、门第来决定个人社会地位的封建等级制度都具有进步意义。但是我们不得不看到的是，人文主义实质是资产阶级个人主义和享乐主义，他们所表现的社会实际上只是部分有产者可以自由放任的社会。

文艺复兴时期的文化成就

文艺复兴运动是一场规模巨大的文化创造运动，它在复兴古典文化的旗帜下，出现了文学艺术的繁荣和近代哲学与自然科学的兴起，涌现出一批在人类文化史上永远闪光的巨人。这是一个杰作喷涌，大师辈出的时代。正如恩格斯所说："这是人类以往从来没有经过的一次最伟大的、进步的变革，是一个需要巨人而且产生了巨人——在思维能力、热情和性格方面，在多才多艺和学识渊博方面的巨人的时代。"[①]这些巨人们所创造的科学文化成就，成为人类的宝贵财富。

文学　欧洲文艺复兴首先发生在文学领域，这一时期文学上成就最高的国家有意大利、法国、西班牙和英国，文学先驱有但丁、彼特拉克、薄伽丘、拉伯雷、塞万提斯、莎士比亚等人。其中前三人因都是佛罗伦萨人，被称为意大利早期文艺复兴的"文学三杰"。

但丁·阿利格里（1265—1321 年）是意大利诗人和政治家、文艺复兴的先驱。他是意大利佛罗伦萨人，出身于没落贵族家庭。但丁、莎士比亚和歌德被誉为西方文学史上的"三大天才巨匠"。他的作品很多，

① 马克思恩格斯选集（第 4 卷）. 北京：人民出版社，1995 年版：第 261～262 页

都广泛地反映了中世纪后期意大利的社会矛盾，大胆地谴责了教皇和教士的贪婪专横，表露了人文主义思想。处女作抒情诗集《新生》讴歌的是精神恋爱，有强烈的神秘色彩。他的《帝制论》是一部政治学论著，提倡政教分离，反对教皇干涉政治，这种思想在西方政治史上占有重要地位。但丁的代表作是被人称为“百科全书”的长篇叙事史诗《神曲》，花了10年时间用意大利民族语写成，共三部100章，14 233行。《神曲》原名为“神圣的喜剧”，全诗分《地狱》《炼狱》《天堂》三部分，采用中世纪惯用的寓意、梦幻、象征手法，叙述但丁在梦中由古代罗马诗人维吉尔带领，游历了地狱和炼狱，然后又由圣女比亚特丽丝引导游历了天堂。在梦幻游历中遇到的各类古今人物。通过对这些古今人物的描绘、对话和评价，抨击了教会的贪婪腐化和封建统治的黑暗残暴。《神曲》中的地狱指的是现实世界，天堂则是人类的理想和希望，是一个充满光辉、欢乐和爱的地方，炼狱是人类从现实到理想中须经过的苦难历程。但丁笔下的地狱形似一个上宽下窄的漏斗，共九层。第一层是生于基督之前，未能接受洗礼的古代异教徒，在这里等候上帝的审判。其余八层，罪人的灵魂按生前所犯的罪孽（贪色、饕餮、贪婪、愤怒、信奉邪教、强暴、欺诈、背叛），分别接受不同的严酷刑罚。炼狱共七级，加上净界山和地上乐园，共九层。犯有骄妒怒惰贪食色七大罪过的灵魂，分别在这里修炼洗过，而后一层层升向光明和天堂。天堂是幸福的灵魂的归宿，居住着行善者、虔诚的教士、立功德者、哲学家和神学家、殉教者、正直的君主、修道者、基督和众天使。在《神曲》中，但丁甚至把教皇打入地狱，他对在地狱第八层的教皇尼古拉三世说：“你留在这里吧，因为你受的刑罚是公正的”，并为当时还在世的教皇卜尼法斯八世在地狱的火窟中预留了一个位置，充满着对教会和封建贵族的谴责，对自由、理性和求知精神的歌颂，带有鲜明的人文主义色彩。《神曲》内容深邃而复杂，思想是互相矛盾的，既表现了中世纪基督教神学世界观的陈旧意识，又表现出了新时代人文主义思想和文学的萌芽。恩格斯说他是“中世纪的最后一位也是新时代的第一位诗人”。

弗朗西斯科·彼特拉克（1303—1375年），出身于佛罗伦萨的一个律师家庭，是意大利文艺复兴时期代表人物。他不仅是人文主义的奠基者，而且也是近代诗歌的创始人。首先提出用“人学”来对抗“神学”，因此被誉为“人文主义之父”。他以诗文著称于世，主要作品有抒情诗《歌集》、史诗《阿非利加》、颂歌《意大利颂》等。彼特拉克是第一个对人做出高度赞扬的作家，因此被称为“人文主义奠基者”。他认为人是世界上最宝贵的生命体，应受到头等重视。他提出了著名的人道主义幸福观命题“我不想变成上帝，或者居住在永恒中，或者把天地抱在怀抱里。属于人的那种光荣对我就够了，这是我所祈求的一切，我是凡人，我只要求凡人的幸福。”他的代表作是抒情诗集《歌集》，开创了“十四行诗”体裁（也称商籁体 Sonnet，意即短歌），包括 300 多首十四行诗，大多是抒发诗人对年轻时所眷恋的少女劳拉的爱情，他大胆地突破了禁欲主义、神秘主义以及经院哲学的束缚，直接描写爱情，反映显示生活中的美丽情感和喜怒哀乐，追求一种现世的幸福生活，表现了强烈的人文主义精神，获得了“桂冠诗人”的称号。彼特拉克的诗篇在内容上和形式上都开创了一代诗风，为后来莎士比亚等所仿效，为欧洲抒情诗的发展开辟了新路。

乔万尼·薄伽丘（1313—1375 年），出身于佛罗伦萨的一个商人家庭，他是彼特拉克的好友，酷爱并研究古典文化，具有渊博的古典学识。他是个多产作家，写过传奇、叙事诗、史诗、短篇故事等。他的代表作是短篇小说集《十日谈》，它是欧洲文学史上的第一部现实主义文学巨著，是欧洲近代短篇小说的先导。主张“幸福在人间”，被视为文艺复兴的宣言。1348 年，意大利的佛罗伦萨发生了一场可怕的瘟疫。每天，甚至每小时，都有大批大批的尸体运到城外。从 3 月到 7 月，病死的人达 10 万以上，昔日美丽繁华的佛罗伦萨城，变得坟场遍地，尸骨满野，惨不忍睹。这件事给薄伽丘以深刻影响。为了记下人类这场灾难，他以这场瘟疫为背景，写下了一部当时意大利最著名的短篇小说集《十日谈》。《十日谈》叙述 10 个青年男女为躲避黑死病，在佛罗伦萨乡间一别墅里住了 10 天，为了消磨时间，轮流讲故事，每天每人讲一个故事，10 天讲了 100 个故事，故名《十日谈》。通过这些故事，作者揭露教会的黑暗腐败，讽刺教士的奸诈和伪善，赞赏手工业者、商人的智慧和才干，歌颂真挚的爱情和高尚的情操，表现了资产阶级对人生的追求也有对物质享受和两性之爱的赞美。被评论家认为是一部具有在笑声中摧枯拉朽力量的杰作。其中一则故事讲到一位死心塌地皈依天主的教徒将儿子从小带至深山中隐修，以杜绝人欲横流的尘世生活的诱惑。儿子到了18岁，随父亲下山到佛罗伦萨，迎面碰上一群健康、美丽的少女。头一次见到女性的小伙子问父亲这是些什么东西，父亲要他赶快低下头去，说这是些名叫“绿鹅”的“祸水”。岂料路上儿子却对父亲说：“爸爸，让我带一只绿鹅回去吧！”人文主义的实质就是人性的解放，这是对教会所宣扬的禁欲主义的辛辣讽刺。《十日谈》通过现实主义的描写，猛烈抨击教会的腐败和黑暗，具有强烈的世俗主义的色彩，是文艺复兴人文主义文学作品的杰出代表。小说严谨的框式结构和发人深思的幽默讽刺风格对欧洲文学也产生了广泛的影响。

弗朗索瓦·拉伯雷（1494—1553年）出身于法国中部的律师家庭，是法国文艺复兴时期最重要的人文主义作家。他知识渊博，在医学、神学、数学、法律、天文、地理等许多领域都有造诣，他医术精湛，据说他的写作初衷是为了写故事供病人消遣。代表作是长篇小说《巨人传》。该巨著共5卷，取材于法国的民间传说。小说以浪漫主义的夸张手法描写了两代巨人国王卡冈都亚和庞大固埃的出生、求学、建功立业和寻求真理的神奇故事，塑造了力大无穷、知识渊博、宽宏大量、热爱和平的巨人形象。该书是对快乐的巨人时代的全方位写照。书中人物多是乐天派而又粗放不羁的狂饮暴食者，诙谐辛辣的文笔创造出一个美妙的巨人世界。作者通过描写巨人和他们永不满足的胃口，来借喻文艺复兴运动对新知识，新技术的向往。在小说中，拉伯雷痛快淋漓地批判教会的虚伪和残酷，特别痛斥了天主教毒害儿童的经院教育，在拉伯雷的理想社会里，人性是善良的，人民是纯朴的，他的理想的行为准则就是：“你爱做什么，就做什么”，提出“依愿行事”的口号，主张培育“全知全能”的人，体现了作者的人文主义理想和教育改革的要求。《巨人传》是一部高扬人性、讴歌人性的人文主义伟大杰作，鞭挞了法国16世纪封建社会，是新兴资产阶级对封建教会统治发出的呐喊，充分体现了人文主义者对人、人性和人的创造力的肯定。在读拉伯雷的《巨人传》时，人人可以快意地笑，爽朗地笑，尽情地笑，这就是他被人们誉为“伟大的笑匠”的原因。

米盖尔·德·塞万提斯·萨维德拉（1547—1616年），西班牙伟大的文学天才，出身于西班牙中部一个破落贵族家庭，有着传奇般的经历，曾从军到意大利，在一次与土耳其人的作战中失去了左手，归国途中又被海盗掳去，到北非做苦工，后被亲友赎回，一生穷困潦倒。他写了许多诗歌和剧本，代表作是长篇小说《堂吉诃德》，最初的创作动机是讽刺骑士文学、摧毁骑士文学的地盘，后来却成为一部真实反映十六七世纪西班牙社会现实的伟大作品，被誉为“一部行将灭亡的骑士阶级的史诗”。小说主人公堂吉诃德是一个破落贵族的后裔，因读骑士小说入了迷，自己也决心当一名游侠骑士。他说服邻居桑丘·潘沙为自己的侍从，将一个农村姑娘臆想为自己的意中人，在自己幻想的世界中，把乡村旅店当作城堡，把旋转风车当作巨人，把羊群当作军队，把理发匠当作武士，闹了许多笑话，直到临死才幡然醒悟。这部作品通过对堂吉诃德的愚蠢和荒唐行为的描写，嘲讽和批判了过时的骑士制度，具有反封建的精神。滑稽可笑的喜剧因素与发人深思的悲剧因素的完美结合是《堂吉诃德》的重要特点，这种对立性格糅合在一个人的身上，使堂吉诃德的形象深入人心，也使塞万提斯享誉后世。

图 7-2　莎士比亚

威廉·莎士比亚（1564—1616年），是英国文艺复兴时期最杰出的戏剧家和诗人，是英国文化的象征与骄傲。他出身于英国中部斯特拉夫镇一个商人家庭，家境富裕，13 岁家道中落而辍学经商，在 23 岁时，莎士比亚离开家乡来到伦敦，在剧院做过马夫、杂役和跑龙套，后来从事戏剧创作，他吸取百家之长，创作了许多流传千古的戏剧作品，一生共写了 37 部戏剧，154 首十四行诗，2 首长诗和其他诗歌。他的戏剧流传至今已有近 500 年，是全世界出版最多、流行最广、演出也最多的作品，对世界文学及文化的影响深远。他在 16 世纪和 17 世纪前半叶创作了一系列戏剧，其中最为著名的喜剧作品有《温莎的风流娘儿们》《威尼斯商人》《仲夏夜之梦》《第十二夜》等，悲剧作品有《罗密欧与朱丽叶》《威尼斯商人》《哈姆雷特》《麦克白》《奥赛罗》和《李尔王》等，历史剧有《亨利三世》《理查四世》《亨利四世》等。他的作品大多取材于古希腊、罗马、意大利和古代英国，但反映的却是英国当代的现实，其艺术世界非常丰富，塑造了无数不朽的典型人物。尤其是他的四大悲剧标志着作者对时代、人生的深入思考，着力塑造了这样一些新时代的悲剧主人公：他们从中世纪的禁锢和蒙昧中醒来，在近代黎明照耀下，雄心勃勃地想要发展或完善自己，但又不能克服时代和自身的局限，在同环境和内心敌对势力的力量悬殊斗争中，遭到不可避免的失败和牺牲。哈姆雷特为报父仇而发现“整个时代脱榫”了，决定担起“重整乾坤”的责任，结果是空怀大志，无力回天。奥赛罗正直淳朴，相信人而又疾恶如仇，在奸人摆布下杀妻自戕，为追求至善至美反遭恶报。李尔王在权势给他带来的尊荣、自豪、自信中迷失本性，丧失当国王而做一个普通人，也能同样或更加伟大，因而经受了一番痛苦的磨难。麦克白本是有功的英雄，性格中有善和美的一面，只因王位的诱惑和野心的驱使，沦为“从血腥到血腥”、懊悔无及的罪人。这些人物的悲剧，深刻地揭示了在资本原始积累时期已开始出现的种种社会罪恶和资产阶级的利己主义，表现了人文主义理想与残酷现实之间矛盾的不可调和，具有高度的概括意义。正因为莎士比亚从人文主义的思想中获得了营养，他所塑造的人物体现了他对道德问题的思考，在他的作品里，人文主义思想表现得最为充分，他赞叹道：“人是一件多么了不起的杰作！在理性上多么高贵！在才能上多么无限！多么文雅的举动！在行为上多么像一个天使！在智慧上多么像一个天神！宇宙的精华！万物的灵长！”[①]马克思赞誉莎士比亚是“人类最伟大的天才之一”，同时代的本·琼斯称他为“时代的灵魂”。莎士比亚的作品几乎被翻译成世界上的各种文字。莎士比亚的戏剧代表了文艺复兴时期文学的最高成就。

艺术 文艺复兴时期的艺术是形象的人文主义。虽然建筑、雕塑和绘画仍然需要宗教提供立身之所，但以人为本位的观念却为之提供了源泉。人文主义艺术家们冲破教会的禁欲主义，努力刻画人体和自然之美，同时把艺术创作与自然科学结合起来，实现了科学与艺术，真与美的平衡。在这一变革中，出现了不少伟大的人物，如早期佛罗伦萨画坛的乔托和波提切利，晚期威尼斯画派的乔尔乔内和提香，而最有代表性的是全盛时期的达·芬奇、米开朗琪罗、拉斐尔，他们被称为意大利晚期“艺术三杰”。他们的出现，集中体现了欧洲文艺复兴时期美术的高度成就及其重要特征。

文艺复兴艺术的发祥地也在意大利。新画风的先驱可以追溯到 14 世纪初的乔托以及 15 世纪早期的马萨乔，他们两人主要为教堂作壁画。乔托·迪·波多涅（1267—1337 年），佛罗伦萨画家，他的主要贡献在于一是扩大了绘画的内容，一反中世纪艺术的公式化、象征化手法，而带有浓烈的生活气息，没有宗教的神秘感；二是引入了三维立体画法，打破了平面结构的传统画法，开创性地运用了透视的新技巧，使绘画具有丰富的层次和立体感。因而乔托被誉为“近代美术奠基人”和“欧洲绘画之父”，对文艺复兴艺术的发展影响很大。传世作品有《哀悼基督》《犹大之吻》和《逃出埃及》等。在《逃出埃及》中，乔托开始用自然景色作为绘画的背景，而且十分注意刻画人物的感情世界，画中的人物极为平静，连驮人的驴子似乎也停止了迈动蹄子，玛利亚的恐惧一点都看不出来，但约瑟疾行在前，显示了逃出埃及这一事件的危急和可怕。一个忧愁的天使飞翔在前方的上空引路，背景的山树画得单纯，质朴，

① [英]莎士比亚著. 莎士比亚全集（第 9 卷）. 朱生豪译. 北京：中国书店出版社，2013 年版：第 49 页

显示文艺复兴初期，人的思想意识总是放在“人”上面的。马萨乔是新时代画风的创始人，他的作品进一步摆脱禁欲主义的束缚，其作品有《逐出伊甸园》等，表现的是亚当与夏娃被逐出伊甸园之后的情景。亚当双手捂面，而夏娃手掩羞处，而在表情上流露出一种羞愧、恐惧、痛苦和忏悔的感觉，画家准确地控制了整个画面的稳定感。而波提切利被人们称为佛罗伦萨画派最后一位大师，真名叫亚历山大·菲利普。少年时代就酷爱绘画，开始时当金银艺匠学徒，因为有绘画天资，15 岁时被做皮革匠的父亲送到画家菲利普·利比的画室学画。后来又转从委罗基奥门下，与比他小 7 岁的达·芬奇同窗。其创作多以古代希腊罗马的传说为题材，但注入一种唯美的追求，代表作有《维纳斯的诞生》《春》《诽谤》等。其中《维纳斯的诞生》最为著名，描绘美神维纳斯从碧波荡漾的爱琴海中诞生，赤裸着身躯踩着贝壳飘然而来，大理石般的躯体纯洁美丽，华美的金发在风中飘扬，春之女神张开斗篷，风神拥着花神迎接她的诞生。人物线条优美流畅而生动，画中维纳斯眼神中露出迷惘、忧郁、茫然，给人神秘之感。

图 7-3　维纳斯的诞生，波提切利，约 1482 年

15 世纪晚期到 16 世纪初，意大利文艺复兴进入它的全盛时期。意大利涌现出文艺复兴的“艺术三杰”，他们就是达·芬奇、米开朗琪罗和拉斐尔。他们是博学多才的天才式巨匠，为文艺复兴精神提供了伟大化身。

列昂纳多·达·芬奇（1452—1519年）是意大利文艺复兴时期的一位画家，也是整个欧洲文艺复兴时期最杰出的代表人物之一。他是一位思想深邃，学识渊博，多才多艺的美术家、雕塑家、建筑家、工程师、科学家、科学巨匠、文艺理论家、大哲学家、诗人、音乐家和发明家。因为他是一个全才，所以他也被称为“文艺复兴时期最完美的代表人物”。达·芬奇有着完美主义的自我要求，在绘画上孜孜以求，一生留下了难以数计的手稿和草图，在其手稿中赫然出现了飞机、潜艇、大型机动船、摩天大楼、大型攻城器、掘土机、车床、毛纺机等，但真正完成的作品不多。其中最著名的是《最后的晚餐》《蒙娜丽莎》和《岩间圣母》。他把科学研究和艺术幻想巧妙地结合起来，在绘画构图、明暗、透视、色彩等方面都有所建树，首创了“薄雾法”（即空气透视法），并以人文主义的热情，在“人的尺度”中探索其表现力。《最后的晚餐》是为米兰圣玛利亚教堂所做的一幅壁画，存留至今。它取材于《圣经》中犹大出卖耶稣的故事，在耶稣与十二门徒的最后的晚餐上，当耶稣说道“你们中间有一个人出卖我了”时，圣餐变成了一场戏剧表演，十二个人表情各异，惊讶、恐惧、愕然、愤恨、紧张、平静，各种形态表现得细致入微，活灵活现。人物之间互相呼应，彼此联系，“多样统一”的美学原则，在这幅画上得到了空前有效的体现。《蒙娜丽莎》是他创作的最高成就，现藏巴黎罗浮宫，是享有盛誉的肖像画杰作，原型是达·芬奇朋友的妻子。画中人物坐姿优雅，笑容神妙，达·芬奇极其准确地捕捉到了蒙娜丽莎一瞬间的迷人微笑，用精湛的笔触细致入微地描画了她微妙的心理活动，给人以亲切感和现实感。这种臻于完美的生动肖像作品，实为人文主义关于人的崇高理想的光辉体现。

图7-4　蒙娜丽莎，达·芬奇

米开朗琪罗·波纳罗蒂（1475—1564 年）是意大利文艺复兴时期著名的雕塑家、画家、建筑师和诗人。在长达 70 余年的创作生涯中，他的艺术创作深受人文主义思想的影响，在艺术上具有坚强的毅力和雄伟的气魄，表现当时市民阶层的爱国主义和为个人而奋斗的精神面貌，富于人性和人的情感。被誉为“市民英雄的创造者”。代表作品有雕塑《大卫》《摩西》和梵蒂冈西斯廷教堂壁画《创世纪》《末日审判》等。《大卫》现收藏于佛罗伦萨美术学院，雕像高 2.5 米，连基座高 5.5 米，是文艺复兴人文主义思想的艺术外在体现。米开朗琪罗在雕刻过程中注入了巨大的热情，他塑造出来的不仅仅是一尊雕像，而是重视人及其精神的思想在艺术上得到表达的象征。雕像充分体现了一种顽强、坚定和正义的精神气质。他双眉紧锁，目光炯炯，全神贯注，显示出压倒一切敌人的威武姿态。是雕塑史上最杰出的作品之一。《摩西像》现存罗马梵蒂冈圣彼得大教堂。《圣经》说摩西是犹太人最早的领袖，他带领犹太人逃出埃及领地，摆脱埃及法老的奴役，建立独立的犹太人国家并成为代表上帝向犹太人传谕“十诫”的立法者。摩西作为先知，头上有两个小角，象征从摩西身上放射出的非凡的光芒；右手拿着刻有“十诫”的两块石板，左手托着长长的美髯，头向左上方向旋转，神情严厉而全神贯注。摩西的发达肌肉，呈现理想化的健美和巨人般的力量。深刻的智慧、饱满的精力和坚强的意志，正像一个公正无私的法律捍卫者和人民的保护者。《创世纪》是梵蒂冈西斯廷教堂屋顶天顶上的一组壁画，面积达 500 平方米左右，是美术史上最大的壁画之一。这幅巨型壁画历时 4 年多才完成，共 9 幅描写了《圣经》中创世纪的 9 个场面，其

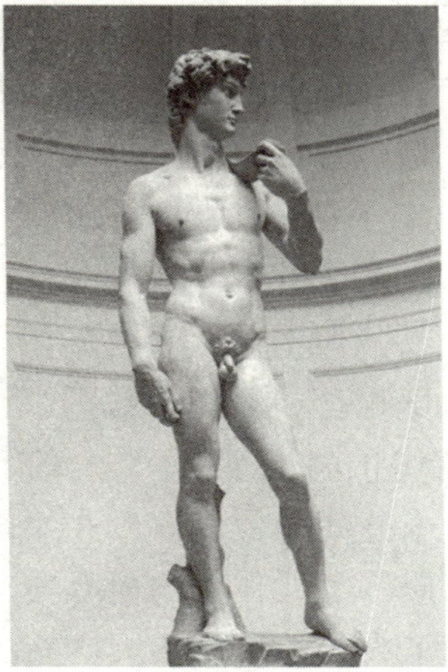

图 7-5　大卫（雕塑），米开朗琪罗

中以《创造亚当》最为杰出。亚当倚在岩石上，满脸慵懒、悲愁。求援似地注视着上帝，期待着创造主给他以力量和智慧，上帝带着创造世界的气魄，如同父亲一般把手伸向亚当。《末日审判》也许是16世纪效果最强烈的作品，但不是由于色彩，而是由于运动和体积，数百个旋转翻飞的裸体汇成了力的狂风。米开朗琪罗的雕刻和绘画作品展示了人体美与内心美，歌颂了人的力量与伟大，充满了人文主义精神。

图 7-6　西斯廷圣母，拉斐尔，1514 年

拉斐尔·桑西（1483—1520年）是意大利文艺复兴兴盛期著名画家。他出身于乌尔比诺的艺术世家，是一位谦虚好学、博采众长的艺术大师。虽然只活了 37 岁，但一直过着优裕的生活，还得到贵族和教皇的赏识，为梵蒂冈宫殿画壁画，并主持圣彼得大教堂建筑工程，是文艺复兴盛期最红的画家，他的艺术特点是秀美、典雅、和谐、明朗，被后人尊为“古典主义艺术”。用“超凡入圣”、“尽善尽美”形容，不仅使当时人倾倒，并且延续了400年之久。在他短短的一生中总共创作了 300 多幅作品，美术史上尊称他为“画圣”。拉斐尔对圣母主题的喜好成为其风格的标识。中世纪，由于神学蒙昧主义和禁欲主义的影响，宗教画中的圣母形象，都被画得神秘朦胧，苍白消瘦，僵硬呆板，给人以阴冷威严的感觉。但是，拉斐尔在人文主义思想影响下，他笔下的圣母，年轻、美丽、丰润、健康、眉宇间洋溢着母亲的慈爱和幸福；耶稣也被画成天真活泼的孩子，画面给人以温暖、亲切之感。代表作有《西斯廷圣母》《草地上的圣母》和《雅典学派》等。《西斯廷圣母》是为西

斯廷教堂作的祭坛画，画中的圣母温柔美丽，眉宇间洋溢着母性的慈爱和幸福，像是一位普通母亲，不像以前的圣母像那样神情呆滞、不可亲近，画中圣母没有丝毫的神秘感，完全是一位充满了欢乐、幸福、美丽的人间母亲。这幅画表现了一个平凡而伟大的母亲形象，她为了人类的幸福把自己的爱子献给人类，这正是拉斐尔人文主义思想的体现。《草地上的圣母》现藏于奥地利维也纳的艺术史博物馆，在画中圣母侧身而坐，她照看着两个正在嬉戏的孩子。图中两孩子明亮的肤色在圣母深蓝的外衣及绿色的草原之前明显地浮现出来，圣婴耶稣正玩弄着施洗约翰谨慎交出的十字架，这使圣母表情慈爱静谧又微妙，笼罩着预感儿子未来命运的忧郁。画面线条柔和，远景优美，近景是鲜花遍地，天空有几朵轻盈的白云，映着柔和的微光。情与景富有浓郁的诗意，洋溢着人世间天伦之乐的幸福、美好的情调。《雅典学派》是梵蒂冈教皇宫签字大厅的一幅壁画，该画采用了人文主义者常用的追忆过去来展望未来的方法，以古希腊哲学家柏拉图兴办雅典学院为题材，画面构图宏大，在雄伟壮丽的大厅里，视觉中心人物是古希腊哲学家柏拉图和亚里士多德，画中汇聚着 50 多位来自于不同时代、不同民族、不同地域、不同学派的杰出哲学家、科学家、艺术家、政治家，古今同堂，自由热烈地进行学术讨论，他们代表着古代文化中七种自由学术：即语法、修辞、逻辑、数学、几何、音乐、天文，可谓洋溢着百家争鸣的气氛，凝聚着人类天才智慧的精华。该画表现了作者对古希腊罗马世俗文化的崇拜，对科学、真理和知识的追求。

过了盛期以后，意大利文艺复兴艺术中还出现了威尼斯画派，代表人物是乔尔乔内和提香。乔尔乔内（1477—1510 年）的代表作《睡着的维纳斯》开创了西方绘画历久不衰的一个题材——裸体的躺卧着的女神像。以维纳斯入画是人文主义精神的一个充分体现，自 15 世纪后期以来成为新美术中最受欢迎的题材。这幅画把女神置身于一个优美的田园风景之中，维纳斯的体态极其完美，沉睡的神情和田园风光的宁静相配合，给人一切恰到好处之感。提香（1477—1576 年）被誉为西方油画之父。是意大利文艺复兴后期威尼斯画派的代表画家。他的画讲究色彩的绚丽，因擅用金色色调，被称为“金色提香”。他的画讲究色彩的绚丽，并且更具有世俗化的倾向。代表作有《乌比诺的维纳斯》《劫掠欧罗巴》和《天上的爱与人间的爱》等。《天上的爱与人间的爱》是其成名作，取材于希腊神话。为夺回被叔父霸占的王位，伊阿宋要去阿尔喀斯夺取天神的圣物金羊毛。爱神阿弗洛迪忒使阿尔喀斯的公主美狄亚对英雄伊阿宋一见倾心。在美狄亚的帮助下，伊阿宋和他的英雄朋友们渡过重重难关，终于杀死了守卫的毒龙，取得了金羊毛。之后，美狄亚与伊阿宋结合。画面上，爱神正劝说美狄亚，要她帮助伊阿宋夺取金羊毛。这幅画的寓意很多，其中之一是天上的爱代表爱神所统辖的虚幻之爱，人间的爱代表美女爱英雄的世俗之爱。在田园牧歌式的背景下，给我们展示的是一种让人如痴如醉的梦幻般的美丽。

文艺复兴在艺术上的成就不仅表现在绘画雕塑上，在建筑，音乐等方面也取得了较大成就。罗马是文艺复兴式建筑的集中地，厚实的墙壁、较小的窗户、高耸的穹顶和明朗的圆柱，恰好和哥特式建筑形成鲜明的对比。高耸入云的哥特式建筑是把人们引向虚无缥缈的天空，而文艺复兴式建筑则显得端庄、稳实、雄壮，体现了世俗主义理想，这方面的典型建筑物是腓力·布鲁奈列斯奇设计的圣彼得大教堂。文艺复兴时期，世俗音乐也发展起来，中世纪圣乐在音乐领域里的垄断地位被打破，使音乐不再是宗教的附属品而发展成为一门独立的艺术，这一时期音乐家们创造的新音乐文化，为近现代音乐学的发展奠定了基础。

政治思想 文艺复兴时期出现了一些杰出的人文主义政治思想家，代表人物有马基雅维利和莫尔等人。

尼科洛·马基雅维利（1469—1527 年）是意大利文艺复兴时期杰出的政治思想家和历史学家。他发展了“开明君主专制”的政治思想，西方学者称其为西方“政治学之父”。他出身于佛罗伦萨一个破落的贵族家庭，在清贫中自学成才，通晓拉丁文、古典文学和史学，对古罗马的政体和政治思想也非常熟悉。曾任佛罗伦萨掌管军事外交的国务秘书。

1512 年，梅第奇家族复辟，共和国瓦解，马基雅维利的政治生涯也宣告结束。此后，他开始把精力放在著书立说上，主要著作有政治学著作《君主论》、史学著作《佛罗伦萨史》、军事著作《战争的艺术》等。其中代表作是一部政治学名著《君主论》，于 1513 年写成，堪称惊世之作。《君主论》是对意大利几百年间的历史教训以及作者多年从政经验的理论性总结，集中阐述了他的政治观点，着重讨论了君主专制理论和君王权术论。他指出，罗马教廷是意大利长期战争分裂的主要根源，并提出了实现意大利的统一的方案——建立强有力的中央集权国家。他提出”君主应以夺取权力和保持权力为目的，而为此所采用的手段，总会被人认为是光明的，而且会受到人们的称颂”。所以君主为达到目的，可以不择手段摆脱道德的束缚，君主应兼具狮子和狐狸的本领，既凶猛又狡猾。他摒弃了中世纪宗教教条式的推理方法，从历史的经验角度出发，以“人性本恶”的基本假设为依据，认为国家的产生是出于人性本身的需要，并不是上帝的意志，从而否认了君权神授。他大胆地将政治与伦理道德分离，认为政治的基础不再是伦理道德，而应由权力取而代之。他在《君主论》中还比较了各种军队的特点与优劣，强调了建立自己的军队的必要性，同时还描述了君主在军事方面的责任。《君主论》在西方政治思想史上具有划时代的意义，马基雅维利用人文主义的理性思维来考虑和分析政治，考虑政府的运作。他从纯粹人性的角度和现实的角度来看待政治问题，寄希望于意大利的君主实现意大利的统一和强大，这种理论在他所处的时代表现出历史进步性，有积极意义。《君主论》自 1532 年开始印行，在政界、宗教界、学术等领域引起巨大的反响，20 世纪 80 年代初被西方评论界列为和《圣经》《资本论》等相提并论的影响人类历史的十部著作之一。当然马基雅维利主张的为达目的可以不择手段的政治权术思想也产生过消极的影响，后来被西方学者称为“马基雅维利主义”。曾被反动势力和法西斯主义所歪曲、利用。实际上，“马基雅维利主义”和马基雅维利的政治思想是有所区别的。“马基雅维利主义”在西方是贬义词，冠之会名誉扫地。

托马斯·莫尔（1478—1535年）出身于英国伦敦的一个律师家庭，毕业于牛津大学，曾任高等法院大法官，1535年因反对亨利八世兼任教会首脑而被处死。莫尔是英国空想社会主义学说的创始人，人文主义学者和政治家，以其名著《关于最完美的国家制度和乌托邦新岛的既有益又有趣的金书》（简称《乌托邦》Utopia）而名垂史册。书中叙述一个虚构的航海家航行到一个奇乡异国乌托邦的旅行见闻。“乌托邦”一词来自于希腊语，意为“没有的地方”，该书分两部分，一是严厉批判英国的专制君主制度及其对外侵略政策，揭露英国新兴资本主义生产方式采用圈地运动进行原始资本积累，对英国圈地运动做了辛辣的讽刺，他说：“你们的羊一向是那么驯服，那么容易喂饱，据说现在变得很贪婪，很凶蛮。以至于吃人，并并把你们的田地，家园和城市蹂躏成废墟。”圈地运动因此也被称为“羊吃人”运动；一是对乌托邦新岛54个城市的社会经济制度和政治制度的描绘，莫尔第一次用它来表示一个幸福的、理想的国家，在那里，社会的基础是财产公有制，人们在经济、政治权力方面都是平等的，实行按需分配的原则。公民们没有私有财产，每十年调换一次住房，穿统一的工作服和公民装，在公共餐厅就餐，每人轮流到农村劳动两年，官吏由秘密投票方式选举产生，职位不得世袭。居民每天劳动六小时即能满足社会需要，其余时间从事科学、艺术、智慧游戏活动。没有商品货币关系，金银被用来制造便桶溺器。乌托邦人也奉行一夫一妻制和宗教自由政策。莫尔的结论非常明确：私有制乃万恶之渊薮。私有制使“一切最好的东西都落到最坏的人手中，而其余的人都穷困不堪”。因此“只有完全废除私有制度，财富才可以得到平均公正的分配，人类才能有福利”。莫尔在社会主义史上第一次提出了消灭私有制，建立公有制的问

图7-7　托马斯·莫尔

题。他的思想对后来的空想社会主义理论有很大的影响。然而《乌托邦》中也有一些阶级社会的烙印，如保留奴隶等。莫尔去世300年后被册封为圣人，至今英国民众仍以多种形式正在纪念他，称他为英国历史上的伟人。

近代自然科学的诞生 文艺复兴不仅在文学艺术等方面打破了封建神学的禁锢，而且在自然科学领域也掀起了一场革命，产生了近代自然科学。在科学知识、思想、方法上都开创了一个新纪元。

科学革命首先从天文学开始，波兰天文学家尼古拉·哥白尼（1473—1543年）是第一个向神学挑战的近代科学家，他出版了《天体运行论》一书，提出了日心说，认为太阳是宇宙的中心，所有行星在以太阳为公共圆心的圆形轨道上绕日旋转；地球是一颗普通的行星，它有自转并与其他行星一样绕太阳公转。以现代的观点来看，哥白尼的学说并非完美无缺，但是它从根本上纠正了自古流传并为基督教会所支持托勒密“地心说”（它是教会的官方学说，与基督教关于上帝创世的教义是一致的）的错误，从而确立了新的宇宙观，当哥白尼的学说为世人所接受之后，它就不可避免地动摇了教会的权威，从而解放了人们的思想。哥白尼日心理论在哲学世界观方面的价值大于其在科学上的价值，对于思想解放的意义大于其方法论的意义。因此，《天体运行论》一发表就被列为禁书，教会对它极端仇视和恐惧，直到200多年后的1758年才被开禁。之后，布鲁诺和伽利略在哥白尼之后对日心说的捍卫和发展做出很大的贡献。意大利天文学家乔尔丹诺·布鲁诺（1548—1600年）继承和发展了哥白尼的太阳中心说，他比哥白尼更进一步，即抛弃了恒星固定在以太阳为中心的最高天球的信念。他在1584年出版的《论无限性、宇宙和诸世界》中阐述了他的宇宙无限、世界无限的观念，并做了哲学上的论证。提出宇宙是无限的，宇宙不只有一个太阳系，对宇宙而言，就不可能只有一个中心。太阳不是宇宙的中心，而只是太阳系的中心。由于布鲁诺批判经院哲学和神学，反对地心说，宣传日心说和宇宙观、宗教哲学，1592年他被捕入狱，最后被宗教裁判所判为“异端”烧死在罗马鲜花广场，为捍卫真理献出了自己的生命。伽利略（1564—1642年）是意大利文艺复兴后期伟大的物理学家和天文学家，根据他对光的折射的知识设计制造了可将物体直径放大 30 倍的世界上第一架天文望远镜，于 1610 年在《星际使者》中公布了由此得到的若干重大发现：月球表面凹凸不平，太阳又黑子。木星有卫星，银河由无数发光的恒星组成等，通过大量的天文观测证明了哥白尼学说的正确性，1632 年他又发表了《关于两大世界体系的对话》，把哥白尼的学说推进到了一个新阶段，再次给经院哲学和教会神权以沉重打击，因此他也受到了宗教法庭的残酷迫害和终身监禁。

在医学方面，文艺复兴时期也有所突破，著名的医学家有维萨留斯和哈维。如果说哥白尼的日心说推进了我们对太阳系的认识，而医学的突破推进了我们对人类自身的认识。安德烈斯·维萨留斯（1515—1564年)是比利时外科医生和医学家，他以多年从事人体解剖之所见，于 1543年发表了《人体构造》一书，正确阐述了人体的构造，否定了古代权威盖伦的人体的血液从右心室通过室壁流入左心室的错误观点，并指出男女身上的肋骨一样多，否定了基督教关于上帝用男人肋骨创造女人的说法。维萨留斯敢于向旧传统和神学挑战，成为近代解剖学的奠基人。后来被教会发配去朝圣，途中劳累致死。威廉·哈维（1578—1657 年）是英国的医学家、解剖学家和生理学家，他写了《论心脏与血液的运动》一书，最早发现了人体血液循环系统的规律，创造了生理学这一新的科学，哈维的学说彻底推翻了盖伦的观点，同时给了教会的神学说教以沉重打击。哈维的学说有大量事实为据，虽然还有不完善之处，但终究为科学的生理学奠定了基础，由此被誉为近代生理学之父。

近代唯物哲学的勃兴 文艺复兴时期，在同经院哲学的斗争中，一个以自然和人类社会为研究对象的人文主义哲学开始兴起，使哲学发展到了近代哲学的新阶段。

蒙田（1533—1592 年）是法国人文主义思想家和哲学家，他曾任波尔多市市长，与亨利三世等过从甚密。他是启蒙运动以前法国的一位知识权威和批评家，是一位人类感情的冷峻的观察家，亦是对各民族文化，特别是西方文化进行冷静研究的学者。以《尝试集》（散文）三卷留名后世，在西方文学史上占有重要地位。他的散文主要是哲学随笔，因其丰富的思想内涵而闻名于世，被誉为“思想的宝库”。他并不停留在前期人文主义文学高唱人的赞歌、颂扬“巨人”无穷力量的层面上，而是把目光转向了人自身的局限性，揭示人对于宇宙之渺小，信仰失落时的丑恶，人与人的陌生、隔阂与孤独。作品中表现的怀疑论思想，显示了文艺复兴后期思想家对人自身认识的深化，他认为人存在着与生俱来的愚昧无知，但人却自认为是自然界的主人，自以为掌握了全部的真理，这种自以为是妨碍了人们对于真理的探索，他的座右铭是“我知道什么”，对传统思想进行挑战和否定，这实际上是针对经院哲学的批判。他喜欢苏格拉底，就是因为苏格拉底是第一个承认自己无知的人。很少有人能像蒙田那样受到现代人的尊敬和接受。《尝试集》于 1580—1588 年分三卷在法国先后出版。自此以后，他的作品就再也没有绝版过。到今天，世界上所有的书面语言都可以读到它。它与《培根人生论》《帕斯卡尔思想录》一起，被人们誉为欧洲近代哲理散文三大经典。

弗兰西斯·培根（1561—1626 年）是文艺复兴时期英国伟大的哲学家和科学家，近代经验论哲学的创始人，马克思称他是“英国唯物主义和整个近代实验科学的真正始祖”[①]。出身于新贵族家庭，曾入读剑桥大学为中途辍学，担任过英国大法官，后因被指控受贿而终结政治生涯。主要著作有《学术的发展》《新工具》和《论科学的价值和增长》等。他提出唯物主义经验论的基本原则，认为感觉是认识的开始，它是完全可靠的，是一切知识的泉源。他重视科学实验在认识中的作用，认为必须借助于实验才能弥补感官的不足，深入揭露自然的奥秘。他重视归纳法，强调它的作用和意义，认为它是唯一正确的方法。他认为科学的目的是用新发明和新发现来改善人们的生活，提出了著名的口号“知识就是力量”，这是对神学权威的否定和对教会的沉重打击，他把实验和归纳第一次上升到认识论和科学方法论的高度，对推动英国、欧洲的自然科学和哲学的发展做出了重大贡献。

---

① 马克思恩格斯选集（第 2 卷）. 北京：人民出版社，1995 年版：第 163 页

文艺复兴的影响

文艺复兴运动作为一场弘扬新兴资产阶级文化的思想解放运动，在传播过程中为早期的资本主义萌芽发展奠定了深厚基础，也同时为早期的资产阶级积累了原始财富。文艺复兴运动使正处在传统的封建神学的束缚中慢慢解放，人们开始从宗教外衣之下慢慢探索人的价值，作为人，这一个新的具体存在，而不是封建主以及宗教主的人身依附和精神依附的新时代。文艺复兴运动充分地肯定了人的价值，重视人性，成为人们冲破中世纪的层层纱幕的有力号召。文艺复兴运动对当时的政治、科学、经济、哲学、神学世界观都产生了极大影响。是新兴资产阶级在意识形态领域里一场革命风暴，也被称为“出现巨人的时代”。

文艺复兴也存在一些缺陷。文艺复兴运动是资产阶级对旧的上层建筑的变革，有着阶级和历史的局限性，它宣扬的是资产阶级世界观和人性论，同劳动人民的思想和要求存在很大距离。这个时期的艺术家、文人和学者们虽然大力表现和发扬人文主义精神，认识和揭露天主教会和教皇的腐朽、罪恶，但是他们还是乐于接受教皇及教会的保护和豢养，与之没有彻底决裂，而不愿走上宗教改革的道路。大多数人文主义者把在古代受到维护的那些迷信落后的东西保留下来，如魔法、巫术和占星术等。文艺复兴运动在传播过程中因为过分强调人的价值，在传播后期造成个人私欲膨胀，物质享受和奢靡泛滥，有一系列的负面影响。

总之，文艺复兴运动是人类历史上一次伟大的文化革命运动，它所掀起的反封建、反教会神权的革命浪潮，从根本上动摇了教会的权威和神学世界观的基础。它解放了人们的思想，也解放了生产力，揭开了欧洲资产阶级文化的光辉序幕。它在对当时的文学、艺术、科学、哲学以及政治学等方面都取得了了辉煌的成就，为近代资产阶级革命做了思想和舆论上的准备，迎来了资产阶级革命的新时代。它促使欧洲文化走在世界文化发展的前列，对世界各国有重大影响，为加速世界文化发展的进程做出了卓越的贡献。

知识拓展　经典导读

一、《神曲 · 地狱篇》（节选）

【提要】　《神曲》是中世纪意大利诗人但丁的代表作，是世界文学史上里程碑式的伟大作品，给中古文化以艺术性的总结，也现出文艺复兴时代人文主义思想的曙光。作者记叙了自己在幻想中游历地狱、炼狱、天堂三界的故事。通过在这三个地方的所见所闻，从一个侧面反映了意大利从中世纪向近代过渡的转折时期的现实生活和各个领域发生的社会、政治变革，显示了争取人格独立的人文主义光芒，也体现了作者对和平、仁爱以及万物有序的理想的追求。

在人生的中途，我发现我已经迷失了正路，走进了一座幽暗的森林，啊！要说明这座森林多么荒野、艰险、难行，是一件多么困难的事啊！只要一想起它，我就又觉得害怕。它的苦和死相差无几。但是为了述说我在那里遇到的福星，我要讲一下我在那里看见的其他的事物。

我说不清我是怎样走进了这座森林的，因为我在离弃真理之路的时刻，充满了强烈的睡意。但是，走到使我胆战心惊的山谷的尽头—— 一座小山脚下之后，我向上一望，瞥见山肩已经披上了指导世人走各条正路的行星的光辉。这时，在那样悲惨可怜地度过的夜里，我的心湖中一直存在的恐怖情绪，才稍微平静下来。犹如从海里逃到岸上的人，喘息未定，回过头来凝望惊涛骇浪一样，我的仍然在奔逃的心灵，回过头来重新注视那道从来不让人生还的关口。

我使疲惫的身体稍微休息了一下，然后又顺着荒凉的山坡走去，所以脚底下最稳的，总是后面那只较低的脚。瞧！刚走到山势陡峭的地方，只见一只身子轻巧而且非常灵便的豹在那里，身上的毛皮布满五色斑斓的花纹。它不从我面前走开，却极力挡住我的去路，迫使我一再转身想退回来。

这时天刚破晓，太阳正同那群星一起升起，这群星在神爱最初推动那些美丽的事物运行时，就曾同它在一起；所以这个一天开始的时辰和这个温和的季节，使我觉得很有希望战胜这只毛皮斑斓悦目的野兽；但这并不足以使我对于一只狮子的凶猛形象出现在面前心里不觉得害怕。只见它高昂着头，饿得发疯的样子，似乎要向我扑来，好像空气都为之颤抖。还有一只母狼，瘦得仿佛满载着一切贪欲，它已经迫使很多的人过着悲惨的生活，它的凶相引起的恐怖使得我心情异常沉重，以致丧失了登上山顶的希望。正如专想赢钱的人，一遇到输钱的时刻到来，他一切心思就都沉浸在悲哀沮丧的情绪中，这只永不安静的野兽也使我这样，它冲着我走来，一步步紧逼着我退向太阳沉寂的地方。

我正往低处退下去时，一个人影儿出现在眼前，他似乎由于长久沉默而声音沙哑。一见他在这荒野里，我就向他喊道："可怜我吧，不论你是什么，是鬼魂还是真人！"他回答我说："我不是人，从前是人，我的父母是伦巴第人，论籍贯，他们俩都是曼图阿人。我出生 Sub Julio，虽然迟了些，在圣明的奥古斯都统治下，住在罗马，那是信奉虚妄假冒的神祇的时代。我是诗人，歌唱安奇塞斯的正直的儿子在睥睨一切的伊利乌姆城被焚毁后，从特洛亚迁来的事迹。可是你为什么回到这样的痛苦境地？为什么不攀登这座令人喜悦的山？它是一切欢乐的基础和阶梯。""那么，你就是那位维吉尔，就是那涌出滔滔不绝的语言洪流的源泉吗？"我面带羞涩的神情回答说，"啊，其他诗人的光荣和明灯啊，但愿我长久学习和怀着深爱研寻你的诗卷能使我博得你的同情和援助。你是我的老师，我的权威作家，只是从你那里我才学来了使我成名的优美风格。你看那只逼得我转身后退的野兽，帮助我逃脱它吧，著名的圣哲，因为它吓得我胆战心惊。"

他见我流下泪来，回答说："你要逃离这个荒凉的地方，就需要走另一条路，因为这只迫使你大声呼救的野兽不让人从它这条路通过，而是极力挡住他，把他弄死；它本性穷凶极恶，永远不能满足自己的贪欲，得食后，比以前更饿。同它结合的人很多，而且以后更多，直到猎犬来到，使它痛苦地死掉为止。他既不以土地也不以金钱，而以智慧、爱和美德为食，将降生在菲尔特雷和蒙特菲尔特罗之间。他是衰微的意大利的救星，处女卡密拉、欧吕阿鲁斯、图尔努斯和尼苏斯都是为这个国土负伤而死的。他将把这只母狼赶出各个城市，最后把它重新放进地狱，当初是忌妒从那里放出它来的。所以，为你着想，我认为你最好跟着我，由我做你的向导，从这里把你带出去游历一个永恒的地方，你在那里将听到绝望的呼号，看到自古以来的受苦的灵魂每个都乞求第二次死；你还将看到那些安心处于火中的灵魂，因为他们希望有一天会来到有福的人们中间。如果你想随后就上升到这些人中间，一位比我更配去那里的灵魂会来接引你，我离开时，就把你交给她；因为统治天上的皇帝由于我未奉行他的法度，不让我进他的都城。他的威权遍及宇宙，直接主宰天上，那是他的都城和崇高的宝座所在，啊！被他挑选到那里的人有福啊！”于是，我对他说：“诗人哪，我以你所不知的上帝的名义恳求你，为使我逃脱这场灾难和更大的灾难，请你把我领到你所说的地方去，让我看到圣彼得之门和你说得那样悲惨的人们。”

于是，他动身前行，我在后面跟着他。

资料来源：（意）但丁著，《神曲》第一章，田德望译，人民文学出版社，2002 年版

【问题与思考】

阅读《神曲》三部曲，谈谈作品中各种意象的隐喻性和象征性。

二、《巨人传》（节选）

【提要】　《巨人传》共分五部分，讲述两个巨人国王卡冈都亚及其儿子庞大固埃的神奇事迹：卡冈都亚不同凡响的出生；庞大固埃在巴黎求学时的奇遇；庞大固埃和卡冈都亚对婚姻问题的探讨；庞大固埃远渡重洋，寻访智慧源泉——“神瓶”，并最终如愿以偿。作为一部讽刺小说，《巨人传》运用了各种各样的手法。作者认为，“笑是人的本质”。

因此，书中的笑料俯拾皆是，读来令人忍俊不禁。本书的语言也是五花八门，无所不包，从而拥有“最奇特的语言交响乐”之美誉。

古代的史学家和诗人曾提到不少人出世方式的离奇古怪，如果在这里一一叙述，未免过于冗长。你如有工夫，不妨一读希列那《自然研究》第七卷；但是你决没有听说过比庞大固埃的诞生更稀罕奇妙的事情。因为他的身材和体力成长之速，真是难以让人置信。人人都夸赫鸠力士在摇篮里便扼死了两条长蛇，简直算不了什么，因为那不过是两条小蛇，容易对付；而庞大固埃在摇篮里干出来的事情真会把人吓得半死。

在这里我且说一说，他如何每一顿饭要喝 4600 条母牛的奶，为了铸造一只铁炉，给他煮麦糊，就动员了昂热省的莎市、诺曼底省的维尔第欧和洛林省的勃拉蒙所有铁铺。人们把他的麦糊盛在一只铜盆里，这只铜盆至今保存在布尔日市政厅前面的广场上。但是，他的牙齿是那么长大而有力，连铜盆也被咬去了一大块，你只要去一看那只盆便知端的。

一天清早人们让母牛给他喂奶（因为，史书特别注明，除了奶牛，他没有别的奶妈），他一手挣脱了把他系在摇篮上的绳索，抓住奶牛一条小腿，把它的半个奶头，半边肚腹，连同肝肾，一齐啃将下来吃下肚去，如不是母牛拼命吼叫，像狼在咬他的后腿一样，非整个身子给他吞下肚去不可。人们听见牛叫，连忙赶来，从孩子手中夺下母牛；然而，尽管他们抢夺，庞大固埃还是撕下了一条牛腿。他手执牛腿，啃得津津有味，像人们吃香肠似的；人们又想夺他手里的骨头，他连骨头也吞下了肚，像鸬鹚吞食小鱼一样，嘴里还直哼：“好吃！好吃！好吃！”那时候他还不大会讲话，意思是牛腿味儿真美，恨不能再吃一条才好，人们看了这般情况，就用粗大缆绳把他捆绑起来。那缆绳和唐市为拉挽里昂盐车而制造的绳子一样粗细，和废弃在诺曼底天恩海港里那只费朗索瓦号大海船上用的缆绳也不相上下。

有一天，他父亲豢养了一只大狗熊，来舔他的面颊，因为他的奶妈们没有把他的嘴巴洗干净，他一下子扭断捆住他的绳索，毫不费力，就像参孙干掉菲力士人一样，一把抓住那位狗熊老爷，像撕小鸡一般，把它撕成几片，然后放进嘴里大嚼，当作点心，吃下肚去。

为此，卡冈都亚担心孩子遭受意外，命人特制四根粗大的铁链，将他绑住，又在他摇篮四边，装上许多粗硬的木条，将摇篮紧紧箍住，后来这四根铁链，一根在拉罗仙儿，每天晚上，人们把它连在海港两个灯塔中间；一根在里昂；一根在安夫茹；另一根被魔鬼盗走，将去捆绑魔王吕西夫，因为那天吕西夫进早餐，厨师上了一碟巡官灵魂炒杂烩，吃了之后大闹肚皮痛，搅得个天翻地覆。尼古拉·德·列拉诵圣经赞美巴桑大王奥格的一章说，奥格少时，力大无穷，家人用铁链把他绑在摇篮里。据此，我这项记载是信而有证的；因为这些铁链不能轻易扭断，尤其是他躺在摇篮里，伸不开手，使不上劲。

然而有一天，适逢假日，他父亲卡冈都亚大开筵席，欢宴亲王大臣。不难想象，满朝官员忙于准备筵席，将可怜的庞大固埃撇在了一旁，没人理睬。你猜他干些什么？

干些什么。朋友们，你且听我道来。

他先想用手扭断摇篮上边的铁链，但是不成。于是他两脚乱蹬，直到把摇篮一头蹬穿，尽管这一头有一根三尺见方的木棍挡着。等他双脚伸出摇篮，便顺势一滑。两脚着地；然后，他使足劲头，站将起来，脊梁上还背着他的摇篮，活像一只向城墙进攻的大乌龟；从后面看去，又像是一艘竖立在地面上的五百吨货船。他这般打扮，大摇大摆走进宴会大厅，把满堂宾客吓得要死。这时他两只手臂仍被绑着，不能伸出来抓东西吃，只得低下头去，很费力地用舌头到盘子里舔。见到这般情况，他父亲明白就里，人们不该把他撇在一边，什么东西也不给他吃。经在场亲王大臣们的建议，命人解开他的铁链。宫廷里的一班御医们也纷纷议论，说如果长期把他绑在摇篮里，就会终身害淋漓之症。

铁链解开之后，人们让他坐下，他就大吃起来，同时心头发恨，对准摇篮，一拳打去，打成五十万个碎片，一面宣称从此不回摇篮里睡觉。

资料来源：（法）弗朗索瓦·拉伯雷著，《巨人传》第二卷第四章：庞大固埃的童年，鲍文蔚译，人民文学出版社，1983 年版

【问题与思考】

以《巨人传》为例分析拉伯雷作品中的怪诞形象及其代表的文化意义。

三、《哈姆雷特》(节选)

【提要】　《哈姆雷特》，又名《王子复仇记》，是莎士比亚悲剧中的代表作品，这部作品创作于 1602 年。在思想内容上达到了前所未有的深度和广度，深刻的揭示出封建末期社会的罪恶与本质特征。其中如父王为恶叔所弑，王位被篡，母后与凶手乱伦而婚，王储试图复仇而装疯卖傻等情节，均可见于古老的北欧传说。莎士比亚不只属于一个时代而属于所有世纪，他的戏剧就像灿烂星空中的北斗，为人们指引着方向。他提出“生存还是毁灭，这是一个值得考虑的问题”正是哲学的基本命题。

哈姆雷特　生存还是毁灭，这是一个值得考虑的问题；默然忍受命运的暴虐的毒箭，或是挺身反抗人世的无涯的苦难，在奋斗中结束了一切，这两种行为，哪一种是更勇敢的？死了，睡着了，什么都完了；要是在这一种睡眠之中，我们心头的创痛，以及其他无数血肉之躯所不能避免的打击，都可以从此消失，那正是我们求之不得的结局。死了，睡着了；睡着了也许还会做梦；嗯，阻碍就在这儿：因为当我们摆脱了这一具朽腐的皮囊以后，在那死的睡眠里，究竟将要做些什么梦，那不能不使我们踌躇顾虑。人们甘心久困于患难之中，也就是为了这个缘故。谁愿意忍受人世的鞭挞和讥嘲，压迫者的凌辱，傲慢者的冷眼，被轻蔑的爱情的惨痛，法律的迁延，官吏的横暴，和俊杰大才费尽辛勤所换来的鄙视，要是他只要用一柄小小的刀子，就可以清算他自己的一生，谁愿意负着这样的重担，在烦劳的生命的迫压下呻吟流汗？倘不是因为惧怕不可知的死后，惧怕那从来不曾有一个旅人回来过的神秘之国，是它迷惑了我们的意志，使我们宁愿忍受目前的折磨，不敢向我们所不知道的痛苦飞去？这样，重重的顾虑使我们全变成了懦夫，决心的赤热的光彩，被审慎的思维盖上了一层灰色，伟大的事业在这一种考虑之下，也会逆流而退，失去了行动的意义。且慢！美丽的奥菲利娅！女神，在你的祈祷之中，不要忘记替我忏悔我的罪孽。

奥菲利娅　我的好殿下，您这许多天来贵体安好吗？

哈姆雷特　谢谢你，很好，很好，很好。

奥菲利娅　殿下，我有几件您送给我的纪念品，我早就想把它们还给您，请您现在收回去吧。

哈姆雷特　不，我不要，我从来没有给你什么东西。

奥菲利娅　殿下，我记得很清楚您把它们送给我，那时候您还向我说了许多甜蜜的言语，使这些东西格外显得贵重；现在它们的芳香已经消散，请您拿了回去吧，因为送礼的人要是变了心，礼物虽贵，也会失去了价值。拿去吧，殿下。

哈姆雷特　哈哈！你贞洁吗？

奥菲利娅　殿下！

哈姆雷特　你美丽吗？

奥菲利娅　殿下是什么意思？

哈姆雷特　要是你既贞洁又美丽，那么顶好不要让你的贞洁跟你的美丽来往。

奥菲利娅　殿下，美丽跟贞洁相交，那不是再好没有吗？

哈姆雷特　嗯，真的；因为美丽可以使贞洁变成淫荡，贞洁却未必能使美丽受它自己的感化；这句话从前像是怪诞之谈，可是现在时间已经把它证实了。我的确曾经爱过你。

奥菲利娅 真的，殿下，您曾经使我相信您爱我。

哈姆雷特　你当初就不应该相信我，因为美德不能熏陶我们罪恶的本性；我没有爱过你。

奥菲利娅　那么我真是受了骗了。

哈姆雷特　进尼姑庵去吧；为什么你要生一群罪人出来呢？我自己还不算是一个顶坏的人；可是我可以指出我的许多过失，一个人有了那些过失，他的母亲还是不要生下他来的好。我很骄傲，有仇必报，富于野心，还有那么多的罪恶，连我的思想里也容纳不下，我的想象也不能给它们形象，甚至于我没有充分的时间可以把它们实行出来，像我这样的家伙，匍匐于天地之间，有什么用处呢？我们都是些十足的坏人；一个也不要相信我们。进尼姑庵去吧。你的父亲呢？

奥菲利娅　在家里，殿下。

哈姆雷特　把他关起来，让他只好在家里发发傻劲。再会！

资料来源：（英）莎士比亚著，《莎士比亚悲剧　哈姆雷特》第三幕第一场，朱生豪译，译林出版社，2013 年版

【问题与思考】

请阅读《哈姆雷特》剧本，举出主人公哈姆莱特的几句经典台词，并立足于人文主义者的观点进行简要赏析。

四、《君主论》（节选）

【提要】　《君主论》论述了君主应该怎样进行统治和维持，作者认为军队是一切国家的主要基础，君主要拥有自己的军队，并应靠残暴和讹诈取胜。君王在统治之时要以实力原则，不择手段去实现自己的目的，同时要效法狐狸与狮子，同时拥有狐狸的狡猾和狮子的勇猛。《君主论》被称为邪恶的圣经，历代帝王的枕边书。

现在开始从上述的第一种品质谈起。我认为，被人们认为慷慨自然是好事，可是，如果慷慨在做法上不能使你获得称赞，它就损害了你。因为假如你有道德地并且正当地慷慨行事而不为人所识，你就逃脱不了与慷慨相反的恶名。所以，如果一个人希望享有慷慨的名声，就不可避免地会带上某些奢侈的成分，以致一个君主常常在这一类事情上把自己的财力消耗殆尽，到头来，如果他们想继续保持慷慨的名声，他就必然异乎寻常地加重人民的负担，横征暴敛，为获得金钱，而不惜一切代价。

以致他的臣民因此而仇恨他，而且当他困乏的时候，没有人会尊重他。这样，他的慷慨实际上损害了许多人，而受惠者却只是极少数人。因此他是首先遭遇困难的人，无论发生什么危险，他都会首当其冲。而一旦他认识到这一点并想要停下来的时候，他立即就会得到吝啬的恶名。除非君主自己负担损失，否则就不能够让自己这种慷慨的品德留传于世。因此，假如是英明的君主的话，就不应该对吝啬的名声在意。当人们看见他由于例行节约，因此收入丰盈，能够抗御任何人对他发动的战争，并且不加重人民的负担就能建功立业，这样随着时间的流逝，人们将会愈来愈认为这位君主慷慨。如此一来，他对所有人来说都是慷慨的，因为他没有增加他们的负担，他们又代表着大多数；反之，他只是对于没有施予的人来说是吝啬的，但这些人毕竟是极少数。在我们这个时代里，我们发现做出了伟大事业的，只是那些曾经被视为吝啬的人们，至于其他的人则全都没有成功。教皇朱利奥二世就是借助慷慨的名声才登上教皇宝座的，可是，为了发动战争，他后来就不顾及保持慷慨的名声了。当今的法国国王路易十二发动了许多次战争，却没有向他的属民征收更多的赋税，而是依靠他长期节约所得，以供他的额外开支。当代的西班牙国王费尔迪南多如果拥有慷慨之名，就不可能从事并且完成那样多的事业了。

第十六章　所以，为了不过多地掠夺百姓，为了能够保全自己，为了不使自己陷于穷困潦倒而被人们所轻视，为了不使自己变成敲诈勒索之徒，君主不应该介意招致吝啬的名声，因为这是他能够继续统治的恶德之一。也许有人会说："恺撒就是由于慷慨而取得统治权的，而且许多其他人也曾由于慷慨或者被称为慷慨而取得了至高无上的地位。"我则要回答他说：要么现在你已经是一位君主，要么你正在争取君主的地位。假如是第一种情况，这种慷慨就是有害的；假如是第二种情况，那么慷慨却是十分必要的。恺撒是那些渴望取得罗马君权的人们当中的一个，但是，假如他在夺取罗马君权之后仍然不节省他的支出的话，他就会给帝国带来毁灭。假如有人反驳说：世界上有许多君主，他们依靠军队建立了伟大的功绩，同时也拥有慷慨之名。对此我要回答说：君主所花费的钱财，要么是他自己的和他的臣民的钱财，要么就是别人的钱财。在前一种情况下，他必须节约；如果是在第二种情况，他就不应该错过任何表示慷慨的机会。

假如一位君主带军队出征，进行掠夺、敲诈、勒索花费别人的财物，这个时候必须慷慨，否则士兵就不追随他了。就像居鲁士、恺撒、亚历山大所做的那样，对于既不是你自己的也不是你臣民的财产，你完全可以作一位很慷慨的施主，因为非常淋漓痛快地慷他人之慨，这不仅不会损坏你的名声，而且还能提高你的声誉。只有挥霍了你自己的财产，才会损害你自己。世界上再没有比慷慨耗费得更厉害的东西了，因为当你慷慨的时候，你就失去了使用慷慨的权力，不是使自己贫穷而最终被人轻视，就是因为为避免陷于贫穷而贪得无厌，最终让人憎恨。因此，作为一位君主，首要的事就是，必须提防被人轻视和憎恨，而慷慨却会把这两者带来。因此，明智之士宁愿承受吝啬之名，因为它虽是恶名，却不会带来憎恨，追求慷慨之好名，则必然招致贪婪之恶名，而贪婪之恶名会带来丑名与憎恨。

资料来源：（意）马基雅维利著，《君主论》第十六章：慷慨与悭吝，王伟译，北京联合出版公司，2014 年版

【问题与思考】

有人说《君主论》是西方世界的“厚黑学”，谈谈你的观点。

第八章　宗教改革

15 世纪后半期，随着欧洲资本主义的产生和发展，封建主义走向没落，标志是封建教会出现了全面危机。英、法、西班牙等主权国家逐步加强中央集权，开始摆脱罗马教会的控制，教皇权威趋于没落；在商品经济的冲击下，教会越来越世俗化，教会的衰颓和教会当权者的腐败引起人们的普遍不满；从意大利兴起的人文主义思潮，对封建教会进行了猛烈的冲击，人文主义者对教会的腐败进行了无情的揭露和批判。在这样的条件下，16 世纪初，以马丁·路德为首掀起了一场席卷全欧洲的宗教改运动，改革中产生了脱离罗马教廷的三大新教——路德宗、加尔文宗和安立甘宗，结束了天主教在西欧一统天下的局面。路德教派主要分布在德意志北部和东北部以及北欧、美国等地；加尔文派主要分布瑞士、法国、英国和美国等地；英国国教又称安立甘宗或者圣公会主要存在于英国的都铎王朝时期。新教的三大主流教派在起因、发展经历和宗教思想方面各不相同。

欧洲早期的“异端”运动和思潮

中世纪西欧各国，几乎人人都是天主教徒，从生到死都与天主教会发生密切联系，他们的思想和行动都受到天主教会的严密控制。天主教堂遍布欧洲，天主教成为欧洲封建统治的精神支柱。随着历史的发展和社会环境的变化，民族意识的增长和专制君主的兴起，以及社会各阶层对教会经济盘剥的不满，出现了一些代表市民阶级利益的异端教派和神秘主义思潮。其中影响较大的有法国南部的“异端”运动，英国人威克里夫的“异端”学说和捷克人胡司对教会的批评。

早在 12 世纪，在法国南部和意大利北部就出现了一个异端教派阿尔比派，因以法国阿尔比城为其基地而得名，参加者主要是市民、骑士和贵族。阿尔比派否认教会的权力，谴责教会聚敛财富，认为教皇是魔鬼的代理人，教会是罪恶的化身，主张过简朴的生活，教徒应以自身的纯洁来同罪恶划清界限。阿尔比派思想在人们中传播迅速，引起教会的极大恐慌，因此被教会定为异端。1209 年教皇英诺森三世虽然发动十字军镇压了这一异端运动，但罗马教廷却产生了提心吊胆的危机感。

约翰·威克里夫（1320—1384 年）是英国牛津大学神学教授，他提出了激进的教会改革主张。他否认教皇权力高于教会，认为《圣经》才是高于教会和教士的最高权威；怀疑教会财产的正当性，提出没收教会的财产分给贵族，保持教会的贫穷与纯洁；主张英国教会应该脱离罗马教廷，建立民族教会；提出简化宗教仪式和用英语做礼拜等。为了便于更多的人直接阅读，他首次把拉丁文《圣经》完整地译成英文。威克里夫的改革思想和实践拉开了基督教会内部改革的大幕。在他死后，宗教会议宣布他为“异端”。威克里夫是 16 世纪大规模宗教改革的先驱者，他的《圣经》至高无上的思想对后来的宗教改革家产生了很大的影响。

在欧洲各国的早期宗教改革中，捷克胡司的宗教改革活动影响最大。约翰·胡司（1369—1415 年）是捷克布拉格大学校长。1401 年受神父职，次年起兼任布拉格伯利恒教堂教士。他从威克里夫的思想中汲取了大量的养分，提出了自己的宗教改革主张。他否认教皇具有最高权威，提出《圣经》才是最高权威和教义的唯一源泉，并将《圣经》从拉丁文译为捷克文；严厉谴责教皇兜售赎罪券的行为揭露高级教士的奢侈与残暴；废除烦琐的宗教仪式和等级森严的教阶制度，认为教士和信徒是平等的，应在圣餐礼中同领圣餐；主张取消教会特权，建立捷克民族教会，主张用捷克语举行宗教仪式。胡司的宗教主张引起了罗马教皇和德国天主教会的仇恨。1415 年胡司以“异端罪”被宗教裁判所处以火刑。胡司之死引发了捷克人民长达 15 年之久的胡司战争。

威克里夫和胡司的“异端”活动，是 16 世纪宗教改革的先声，预示了大规模宗教改革的来临。

德国马丁·路德的宗教改革

宗教改革发端于德意志，这是由当时德国的社会和宗教状况决定的。首先，德意志王权薄弱。德国当时并没有形成强有力的中央政权，教会和世俗封建势力以及发展起来的自治城市，各自称雄，当时德国分裂为七大选侯、十几个大诸侯、二百多个小诸侯、数以千计的帝国骑士领地，虚弱的王权形同虚设，根本无法号令天下，而罗马教廷却利用德国的四分五裂，加紧对德国的搜刮掠夺，德国成了教皇的“肥肉”和“奶牛”。据统计，16 世纪初，每年从德国流入罗马教廷的财富达 30 万金币，与之相比，德意志帝国的年税收只有 14 000 金币。其次，德意志教会体制内部发生了重大的利益分化。德国各阶层对罗马教廷的掠夺日益不满，以教皇为首的教会当权者以各种手段搜刮民财，如买卖神职、出售赎罪券、出售圣像和圣徒遗物等，他们还用开出教籍、宗教裁判等手段残酷压制人们的反抗活动。广大下层教士因不满教会的腐化堕落，因而要求改革，并得到了教会一些中上层教士的同情和支持，逐步成为教会内部一种强大的改革势力。再次，教会外部更是四面楚歌。新兴资产阶级强烈要求教会民族化，建立适应资本主义发展的“廉价教会”。德国农民把宗教改革与反封建斗争联系在一起，不断发动武装起义。德国世俗诸侯也希望通过改革来增强自己的实力。最后，由于德国没有强有力的政治统治者，对于各地各邦较微偏激的思想也难以控制，这也有利于地方上独立的宗教思想的发生，因此德意志人民的思想比较自由活跃。这些都为德国的宗教改革提供了土壤，随着人们对教会的不满日益加剧，以买卖赎罪券为导火索，宗教改革便首先从德国爆发了。

马丁·路德（1483—1546 年）是 16 世纪欧洲宗教改革运动的发起者，基督教新教路德宗的创始人。他出身于德国艾斯莱本的一个矿工家庭，曾获文学学士和硕士学位，神学博士学位，曾任维登堡大学神学教授。在爱尔哈特的神秘主义思想、胡司的宗教改革思想和奥古斯丁的预定论影响下，逐渐形成了自己的“因信称义”神学思想，寻找到一条通过内在的信仰而非外在的苦行来解脱罪孽和获救的道路。

图 8-1　马丁·路德

1514 年，教皇利奥十世把美因茨大主教的职位卖给了勃兰登堡的阿尔贝特，为了帮助阿尔贝特拿出这笔钱以及筹建修建罗马圣彼得大教堂，利奥十世印刷大量赎罪券，1517 年派多米尼克修会的台彻尔到德国向教民兜售。这位修道士在推销赎罪券的功能时宣称："当你购买赎罪券的银钱叮当落在箱子里，你的亲人就从炼狱的火焰中出来了。"还有一名无耻的推销员，对他的顾客说："你投下银钱，现在我看见你父亲的左腿已经迈出炼狱的火焰只剩右腿还在火里面；再继续加钱吧！"那人说："不必了。我父亲并没有右腿！"这种急功近利的赎罪观和搜刮民财的无耻行径激怒了路德。他在维登堡大教堂门前张贴了"欢迎辩论"的《关于赎罪券的效能的辩论》（即《九十五条论纲》），要求公开辩论赎罪券问题。揭开了宗教改革运动的序幕。德意志宗教改革就此开始。

第 27 条 他们鼓吹的仅仅是人的主张，说什么当钱柜中的银币叮当作响，炼狱中的灵魂即会应声飞入天堂。

第 36 条 每一个真诚悔改的基督徒，即令没有赎罪券，也同样可以得到赦罪或免罪。

第 40 条 真诚悔过的基督徒甘愿为其罪孽受罚，赎罪券的特权却免除了罪罚，并且使人憎恶罪罚，或者说，它至少提供了这样的机会。

第 56 条 教皇宣称他所赐予的赦罪恩惠是取自教会的"宝藏"，基督信徒对此"宝藏"既未充分讨论，也不了解。

第 86 条 教皇是当今的富中之富，他的钱比古时最大的富豪克里沙士还多，那他为什么要花费可怜的信徒们的钱，而不掏自己的腰包来建造圣彼得教堂呢？”

资料来源：《九十五条论纲》节选

《九十五条论纲》在德国引起了很大的反响，路德一下子成为德国的民族英雄。1520 年，教皇下令革除路德的教籍，焚烧他的著作，帝国皇帝命令限期捉拿他。在这种情况下，路德不仅没有屈服，反而更加激进，他写了《致德意志基督教贵族公开书》《论教会的巴比伦之囚》《论基督徒的自由》三大论著，标志他与罗马教廷的公开决裂，并阐述了他的宗教改革思想。他主张因信称义。“只有信，不是行为，才使人称义，使人自由，使人得救”，人只有靠信仰才能得救，不能靠善功、圣礼和神职人员。这一思想使人获得精神上的自由和灵魂得救的自主权，带有鲜明的人文主义色彩，成为新教神学理论的核心和基础；他主张《圣经》地位至高无上。人人都是牧师，基督教徒是完全自由的，由此否定教皇与教会的权威；他主张简化宗教仪式，反对教会过度的宗教圣礼，将七项圣礼精简为两项，即洗礼和圣餐礼；他主张废除教阶制度，在各国建立廉洁、俭朴的教会，这实际上是提出了建立“廉俭教会”的改革主张，满足了广大民众、资产阶级的需要；他还主张君权高于神权，君主的权利高于教士甚至教皇，激发德意志的民族意识，得到了很多封建诸侯的支持。路德认为神职人员可以还俗和婚配，1525 年他与原修女凯瑟琳·冯·波拉结婚，为废除神职人员独身制作出了表率。在斗争过程中，路德也赢得了一些德国贵族的同情和支持，受到了萨克森公国腓特烈等人的保护，被暗中迎进瓦特堡城堡，后半生过着几乎与世隔绝的隐居生活。而正是在此期间，由于拉丁文写成的《圣经》不利于民众阅读，他将《圣经》译成德文，这有利于《圣经》的大众化，也为德语的统一和规范奠定了基础，使得德意志民族找到了维系民族意识、民族感情的最佳工具，开启了德意志民族统一的征程。

马丁路德的宗教改革打击了天主教会的神权统治，形成新教路德宗，为欧洲宗教改革开辟了道路，促进了思想解放，促进了欧洲民族国家的发展，发展了人文主义思想。通过宗教改革，出现了新教即新的基督教，人们不再盲目迷信罗马教廷，在天主教神权统治体系中首次打开缺口。路德的新教学说影响了千千万万的德意志人。他在人的内心世界中发现了宗教，它通过对信仰的强调，而把宗教的基础从天上搬到了人间，从教会搬到了个人的内在体验中。路德打破了神圣与世俗之间的森严壁垒。马丁·路德思想首先在萨克森公国内建立起来，标志着一个全新的教派——路德宗（又称信义宗）诞生了。1530年前后，德意志的许多诸侯都皈依了新教。路德关于自由的思想迅速在下层农民中引起反响，1524—1525年，最先接受路德主张的一些德意志农民举行起义，他们在激进牧师托马斯·闵采尔的领导下，提出了他们在社会领域的要求，他们希望废除农奴制和封建义务。农民起义被镇压下去后，支持路德的诸侯们与神圣罗马皇帝一直处在对立状态。1555年，德皇查理五世与路德宗诸侯签订《奥格斯堡和约》，确定了"教随国定"的原则，即诸侯有权决定其臣民的宗教信仰，"在谁的领地内，就信奉谁的宗教"。路德宗的合法地位由此得到确认。马丁·路德在整个欧洲被奉为宗教改革领袖，他本人也因此而成为影响西方文化命运的最重要的历史人物之一。

宗教改革的扩展

德国的宗教改革迅速波及西欧各国，在英格兰、法国、苏格兰、荷兰都能感受到这种影响，丹麦、挪威、瑞典等北欧诸国也接受了路德宗。其中影响最大的是加尔文教的建立和英国的宗教改革。

加尔文的宗教改革　约翰·加尔文（1509—1564年）出身于法国北部的诺阳城，后定居瑞士日内瓦。曾学习拉丁文、神学、法律，受到了路德学说的强烈吸引，创立了更加激进的加尔文教，被誉为"欧洲宗教改革的第二位伟大人物"。对于宗教，路德更多是一个摧毁者，而加尔文则更多是一个建造者。

在1532—1534年，年轻的加尔文在思想上发生了一次"突如其来的转变"，处于"忽然归正"的阶段，此后他放弃了对人文科学的兴趣，成为一名宗教革命家。此后，因被法国王室认作"异端"而被迫离开巴黎。1536 年，他受日内瓦宗教领袖法雷尔的邀请前往日内瓦进行宗教改革实验，成为市议会的实际领导人。同年出版了《基督教原理》一书，该书最后成为非常系统和完整的新教经典著作。书中阐述了他的宗教改革思想，其核心是“预定论”。他认为世人的生死荣辱，都是上帝先定的，人的意志无法改变，人出生前上帝就定下了“选民”和“弃民”，那些注定得到永生的人就是上帝的“选民”，那些罚入地狱的人则是上帝的“弃民”，一个人的成败与是否得救，不在于忏悔、善功与圣事礼仪，而是由上帝预定的，一个人之所以发财致富，完全靠上帝的恩赐。上帝的先定不因人的行为而改变，所以祈祷没有意义。这就彻底否定了天主教会和罗马教皇的作用。他的这种伦理思想成为资产阶级发财致富、改造世界精神源泉。

在新教的三大主流教派中，加尔文教的发展历程最为坎坷艰难。改革之初，加尔文最初神权政府的尝试因过分苛刻而遭到了日内瓦人的抵制，1538 年以下层市民为主的自由派把加尔文和法雷尔驱逐出境。1540 年改革派重新掌权，又把加尔文请回主持工作。1541 年加尔文在日内瓦建立政教合一的共和政权，从而建立了一整套新的宗教组织和新的教规，开始大刀阔斧地实施自己的改革主张。其主要措施有：（1）废除主教制，建立长老制，“长老会”是教会的最高权力机构，由民主推选的方式产生的 12 人组成，直辖于市议会，教会的职务包括长老、牧师和执事；（2）简化宗教仪式，在七项圣事中只保留洗礼和圣餐礼；（3）改组市议会，建立政教合一的神权政府；（4）提倡节俭，反对奢侈，严禁赌博、跳舞、酗酒、卖淫、演戏等行为；（5）鼓励经商致富，放贷取利，认为正当的经济活动是增加上帝荣耀的一种途径[①]……这些制度受到了资本主义发展较快的西欧各国的欢迎，出现了大量的加尔文宗教徒，从而确立了另一个新的教派——加尔文宗（也称归正宗）。日内瓦成为归正宗的坚强堡垒，因此日内瓦被称为“新教的罗马”，加尔文被称为“新教的教皇”。但新政权同样对具有进步思想的人实行种种迫害。

① 赵林. 西方文化概论. 北京：高等教育出版社，2008 年版：第 270 页

加尔文宗彻底否定了天主教会和罗马教皇的作用，鼓舞了新兴资产阶级的进取精神，也为资产阶级剥削提供依据，由于它的教义和组织形式都更符合新兴资产阶级的要求，因此在西欧广为传播。1559 年，法国的 49 个加尔文教会召开秘密会议形成同盟，加尔文宗在法国称为“胡格诺派”[①]。英国的加尔文信徒要求清除英国国教中的天主教因素和纯洁教会，因此被称为“清教”[②]。加尔文宗尤其在法国影响很大，1562 年，加尔文教的信徒与天主教徒开始爆发宗教战争，胡格诺派的首领最后通过继承关系登上王位，称亨利四世，开创波旁王朝。在新教三大主流教派中，只有加尔文教在当时产生了较大的国际性影响。

英国的宗教改革 14—15 世纪的英法百年战争结束以后，英国资本主义迅速发展起来，民族意识也不断增强。当时的欧洲在路德宗教改革的影响下，反教皇的情绪已经颇为普遍。在这种背景下，都铎王朝的英王亨利八世（1509—1547 年在位）实行了自上而下的宗教改革。它的导火索是一场关于王位继承问题的离婚案。

亨利八世在位期间，他的原配夫人西班牙公主凯瑟琳先后生育了 6 个孩子，但只有一个女儿长大成人，而当时尚无女王临朝的先例，亨利对自己王位继承问题大伤脑筋，1527 年，亨利八世向罗马教皇克莱门七世提出申请，要求与王后凯瑟琳离婚，公开的理由是没有男性继承人。但教会 6 年都没有批准。1533 年，一意孤行的亨利自己宣布与王后离婚并与其侍女安妮·布琳结婚，公开与教皇决裂。亨利的狂妄之举使教皇大光其火，他宣布开除其教籍。亨利八世针锋相对，次年在他的授意下，英国国会通过《至尊法案》，规定王权大于教权，英王是“英国教会在世唯一最高元首”，拥有召集宗教会议、决定教义、任命教职、施行圣事等权力；宣布摆脱罗马教廷控制，神职人员不再向教皇而向英王宣誓，禁止向教皇缴纳贡税，禁止国民向罗马教廷上诉一切案件；同时英王解散修道院，没收其财产，沉重打击教会势力。这标志着英国国教会——

---

① 胡格诺派：Huguenots 即结盟者

② 清教：Puritan 即清洁

圣公会的产生，英国的宗教改革的帷幕由此揭开。这场看起来是由于偶然事件（离婚）而引起的宗教改革，实际上是英格兰人民反教会民族情绪的必然。然而，尽管圣公会脱离了罗马天主教会，其教义、组织、礼仪等并未改变，仅仅是实现了英国教会的民族化而已。

图 8-2　亨利八世

图 8-3　伊丽莎白一世

亨利八世死后，英国的宗教势力分为三派，一派是力图恢复教皇权力的天主教徒，一派是推行宗教改革的新教徒，一派保持中立。1547年，年幼的爱德华六世（亨利的第三位妻子珍·西摩所生）继位，以萨默赛特公爵为首的摄政会将政策向新教一边倾斜。1553年，信奉天主教的玛丽（亨利的第一位妻子凯瑟琳所生）继位为英国女王，在表兄神圣罗马帝国皇帝查理五世的支持下，极力重建天主教的统治地位，对新教势力进行了残酷迫害，烧死异端达300多人，被称为“血腥玛丽”。1558年玛丽死去，信奉新教的伊丽莎白一世（亨利的第二位妻子安妮·布琳所生）继位，她是英格兰宗教改革平和化及民族统一的坚决倡导者和执行人。她改变了前两任的偏颇立场，开创了一种兼收并蓄和宽容敦厚的时代气氛，并于1567年制定了兼顾天主教和新教教规，即《三十九条教规》，吸收了路德教“因信称义”和加尔文教的“预定论”，教会的组织形成和制度以及圣事均保留原天主教传统，这样，英国国教——安立甘宗最终形成[1]。英国宗教改革运动宣告完成。

英国宗教改革摆脱了罗马教廷神权的桎梏，建立了英国国教。但英国宗教改革并不是出于纯洁信仰，而是出于现实政治和国家利益的需要，其目的是为了摆脱教权的控制，维护日益强大的王权，英国国教成为封建专制统治的工具。天主教会被剥夺的大多财产落到新兴资产阶级手里，有利于资本主义发展。英国宗教改革确立了教会与国家之间的关系，激发了英国民众的民族意识，但作为一场自上而下的保守的改革是不彻底的，保留了大量天主教的残余。改革一波三折，实质上是强化专制王权为目的的王权与教权的斗争，最终实现了英国教会的民族化而已。因此，从伊丽莎白时代开始，英格兰的主要宗教冲突就由新教徒与天主教徒之间的矛盾转变为英国国教教派与清教徒之间的矛盾，清教徒强烈要求清除国教中的天主教成分，发起了以“纯洁教会”为目的的清教徒运动，英国国教会越是紧密地与君主专制的政治体制融为一体，这种矛盾对立就越不可调和，它只能通过社会革命的途径来加以解决，1640 年爆发的英国资产阶级革命就是在清教旗帜下发动的反对封建专制制度的资产阶级革命。

天主教会的反宗教改革　16 世纪初席卷欧洲的宗教改革运动给罗马教廷以沉重打击，各种新教教派不仅在北欧取代了罗马天主教的精神统治和组织形式，而且还大有向南部欧洲的天主教核心地区扩散的势头。到 1570 年，神圣罗马帝国皇帝的每十个臣民中，就有七个是新教徒。面对着这种日益严重的威胁，为了抵御新教的攻势，提高天主教会机体的免疫力，罗马天主教会不得不考虑从自身内部进行改革以消除弊端。在这样的情形下，就产生了“罗马天主教会的改革运动”，而新教人士称其为“反宗教改革运动”。

在天主教会一些有识之士强烈要求下，从 16 世纪 30 年代起，天主教会采取了一系列措施来挽救教会和反击宗教改革。首先整肃教会内部队伍，罗马教皇保罗三世对天主教会本身进行整顿，他专门成立了一个

---

① 安立甘宗：Anglican 原意为英格兰的，其教会为圣公会

"九人委员会"，从天主教组织上着手整治，承办贪污腐化、渎职和严重违反教规的神职人员；其次打击异端，教皇接受红衣主教迦腊法的建议，于1542年，在意大利建立天主教会的"异端法庭"，即"宗教裁判所"，用以对付异端分子，反对新教，宣布一切新教是异端，重申教皇是教会的最高首脑；再次是对教会的教理进行正本清源，改革中的一件大事是特兰托宗教会议的召开，这是教皇为调动各国旧势力以共同对付新教而在意大利特兰托召开的，这个会议虽然断断续续开了18年（1545—1563年），但根据这些会议的决议制定的《特兰托信纲》重新澄清了被新教弄得纷乱不已的天主教教义，使危机四伏的天主教信仰重新振作起来，为天主教的思想体制和组织体制重新奠定了基础；最后是支持建立纪律严明的新宗教团体。天主教会改革的顺利推行与教会利用新的宗教团体作为它的后盾是分不开的。新建立的宗教团体中最为著名的就是纪律严明的耶稣会这一新修道团体。

耶稣会是由西班牙贵族伊纳爵·罗耀拉于1543年在巴黎创立。它仿效军队的编制，组织严密，纪律森严。在耶稣会内，会士必须绝对服从上级，总会长拥有绝对的权力，有"黑衣教皇"之称。正式会士除需要作"绝财、绝色、绝意"这"三绝"誓愿外，还发第四愿即绝对效忠和服从教皇。耶稣会的成员都是神父，非神父不能成为成员。耶稣会会士可以不穿僧衣，不过隐修生活，要求会士穿便服渗入社会各阶层从事活动，开展通俗布道和社会服务来扩大影响。他们尤其注重提高对各国各地区统治集团的影响来达到目的，充当上层统治者的忏悔神父和宗教顾问；在各地兴办学校和医院，许多学校还是免费的，培养

图8-4　伊纳爵·罗耀拉

了一大批为其所用的思想保守的知识分子；积极从事海外传教活动，在西学东渐中起了很大的作用，来华教士利玛窦以其精湛的数学和天文知识和对中国经典的通晓，在中国的知识分子中建立了良好的形象。汤若望、南怀仁曾相继出任钦天监正，全国信徒达 27 万人之多。耶稣会员在传教的过程中，一方面充当了殖民侵略的急先锋，另一方面促进了东西文化交流。

罗马教会的改革运动严肃了教规，整顿了教士作风，加强了天主教信仰的感召力和罗马教会的战斗力，这场改革运动由于得到了神圣罗马帝国皇帝、西班牙国王和法兰西君主们的支持，因此取得了显著的效果，罗马教会的名誉和元气也逐渐得到恢复。但是天主教势力与蓬勃发展的新教势力之间的矛盾仍然在不断激化，宗教信仰的分歧与西欧各国的利益纠纷复杂地联系在一起，从而导致了 1618—1648 年旷日持久的宗教战争，史称 30 年战争。30 年战争是欧洲近代史上的第一次国际性战争。战争基本上是以德意志新教诸侯和丹麦、瑞典、法国（法国是信天主教的，但是为了称霸欧洲才和新教国家站在了一起）为一方，并得到荷兰、英国、俄国的支持；神圣罗马帝国皇帝、德意志天主教诸侯和西班牙为另一方，并得到教皇和波兰的支持。战争十分惨烈，以《威斯特伐利亚和约》的签订宣告结束，该和约所划定的中欧宗教分界线，至今仍影响着欧洲人的生活。

宗教改革蕴含的新教伦理

16 世纪中叶，新教的三个主要宗派，即马丁·路德创立的路德宗，加尔文创立的归正宗和作为英格兰国教的安立甘宗，都已在欧洲出现，并同罗马天主教相抗衡。新教从教义、礼俗等方面都进行了简化与革新，其中蕴含的伦理思想，在近代资本主义发展中发挥了巨大的精神作用。德国思想家马克斯·韦伯在《新教伦理与资本主义精神》一书中论述了论述宗教观念（新教伦理）与隐藏在资本主义发展背后的某种心理驱力（资本主义精神）之间的生成关系。

新教伦理凸显了资本主义发展中的个人主义。根据路德的“因信称义”，要想称“义”，即灵魂得到拯救，不在于遵守教会规条，不在于本人的善行所积下的功德，而在于本人的善行得到拯救。每个人可以凭自己的虔诚信仰得到拯救，个人信仰建立在自己对《圣经》的独立理解上。这就把人们从教会烦琐礼仪中解脱出来，灵魂的拯救只成了个人的事情，个人必须对自己负责，靠自己的行动来体现人生的价值和意义。“因信称义”的思想有利于资产阶级个人主义的培养和个性的解放。人人皆僧侣的思想，使得人人具有平等的权利、禀赋和荣誉。根据加尔文的“先定论”，虽然上帝的先定谁都无法改变，但谁也不知道自己是不是上帝的选民，因此，人们就坚信自己是上帝的选民，积极求取事业上的成功。如果个人在事业上取得成功，就证明是上帝的选民，就实现了上帝所赋予的先定使命，因而世俗的职业与个人的奋斗便具有了神圣的意义，加尔文的信条正适合当时资产阶级中最果敢大胆分子的要求。这种具有宗教情感的个人主义与文艺复兴中具有理性精神的人文主义结合在一起，成为早期资本主义发展的重要精神动力之一。

新教伦理培养了资本主义发展中的勤劳俭朴和积极向上的精神。新教的伦理教义中，包含了若干鼓励日常生活习俗中理性、勤勉和苦行倾向的行为规范，正是这种规范培育了在“世俗”经济事务中的俭朴、勤勉、苦行等文化价值观念。在加尔文推行的宗教改革中，注重考虑这种伦理教义所引起的心理结果，特别重视这种虽然是来源于基督神学，但却用世俗教诲所表达的，主要是针对日常生活行为的心理约束。他提倡节俭，鼓励经商致富，认为财富本身决不像某些蠢人所想的应予斥责，这样做就是亵渎神明。财富是蒙上帝恩赐的人获得成功的标志。只要人们不挥霍浪费，而是过一种有节制、勤俭的合理化生活，就应鼓励人们去积累财富。新教徒们也怀着“谋事在人，成事在天”的信念拼命劳作，并把他们的劳动成果理解为上帝的恩赐。[①]

新教伦理为资本主义精神提供了终极价值。与传统主义相比，资本主义精神的不合理之处在于其终极价值的模糊和无休止地追逐利润的

① 庄锡昌. 西方文化史. 北京：高等教育出版社，2011 年版：第 158 页

精神，在尘世生活范围内似乎不具有合理性。而新教伦理的本质是立足此岸、面向彼岸的合理价值观，这种对来世灵魂归宿的关注，恰恰为资本主义精神提供了终极价值，弥补了资本主义精神的缺陷。宗教伦理和宗教群体成为资本主义精神的强大盟友，为资本主义精神的崛起并取代传统主义提供了发生上的原因，从而保护了一批具有强烈功利主义动机的理性经济人，把他们从传统主义加给他们的伪善、贪婪、冷酷等道德指责中解脱出来，使资本主义精神和经济活动获得了社会合法性。

在世界几种主要宗教中（印度教、佛教、犹太教、儒教、道教、伊斯兰教等），新教伦理最有利于资本主义精神的孕育和发展。它使人们重新发现和认识了现实人生的价值，并为人们取得现世的成功提供了信心和动力，促进了资本的原始积累和资本主义的发展。

宗教改革运动的影响

宗教改革运动对于西方文化转型和近代欧洲政治、经济和文化格局的发展具有深远的影响，它构成了西欧资本主义发生、发展和欧洲现代化过程的历史前提之一。

宗教改革运动是文艺复兴之后欧洲又一场思想解放运动，也是一场披着宗教外衣的反对封建统治的政治运动。在政治上，它沉重打击了欧洲封建势力的顽固堡垒——罗马天主教会，并造成了基督教会的第二次大分裂，形成了基督教新教，这就动摇了天主教会的神权统治，激发了欧洲各国的民族意识，促进了欧洲民族国家的成长，同时为资产阶级勾画了政治蓝图，成为南北欧洲综合力量对比发生根本性逆转的关键原因；在经济上，教财还俗使大量教会财产转到新兴资产阶级手中，新教伦理为资本主义经济发展提供了一种合理性的依据，促进了欧洲资本主义的发展，经济格局也逆转为北方发达繁盛而南方没落衰退；在文化上，它进一步冲击了神学的禁锢，使文学、艺术、科学、哲学、教育等领域发生了重大变化，促进了西欧各国民族文化和教育事业的发展；在思想上，它打破了天主教会精神垄断，使人们的思想得到解放，传播了资产阶级的意识形态，为早期资产阶级革命提供了思想武器，为欧洲走向现代社会创造了条件。

宗教改革运动在发展进程中也存在着许多明显的弊端。正如马克思在评价马丁·路德的宗教改革时说："他破除了对权威的信仰，但是却树立了信仰的权威。""他打破了外在的枷锁，但是给人们的心灵套上了枷锁。"宗教改革家和新教徒们缺乏理性，他们虽然否定了天主教会和罗马教皇的权威，却对《圣经》深信不疑，对各种新兴的科学思想一样顽固地加以排斥和迫害，如哥白尼的日心说在新教世界就难以推行。新教徒们缺乏宗教宽容，迫害"异端"的活动仍然在继续，各个新教派之间的暴力冲突不断发生，1553 年加尔文亲自定罪烧死西班牙医生塞尔维特就是一个明证。大多数新教教派缺乏社会平等和政治民主的观念，路德宗和安立甘宗的教义具有明显的贵族主义色彩，加尔文宗根深蒂固的"预定论"使他们把人分为不同的等级。

总之，宗教改革运动是一次欧洲范围内的资产阶级革命运动，是文艺复兴运动的继续、深入和发展，为资本主义的进一步发展开辟了道路，为资产阶级登上政治舞台扫除了障碍。宗教改革所创立的新教成为早期资产阶级革命的旗帜，对 16 世纪的尼德兰资产阶级革命和 17 世纪的英国资产阶级革命的胜利，产生了重大影响。

知识拓展　经典导读

《基督教原理》（节选）

【提要】　《基督教原理》共 4 卷约 80 章，各卷分别以圣父、圣子、圣灵、圣而公的教会为题，全面阐述了加尔文的改革派神学思想。该书对近现代基督教以及近现代欧美思想的发展有着重要影响。预定论是加尔文神学思想的核心，它强调上帝的绝对权威，主张人只能靠神的恩典，而不是靠自己的努力获得拯救。

福音既未曾同样地向一切世人传播，而那些已经听到福音的人的接受态度也不一样，从这一个差异可以发现神的安排是何等的奇妙莫测。毫无疑问，这差异是为了要实行神的永恒拣选。救恩对于某一些人是白白赐予，对于另一些人却是无由达到的，这一件事既然很显然的是由于神的旨意，立刻引起了重要和困难的问题，这些问题，除非信徒对拣选和预定论有正确的见解，就不能得到解释。这一个问题使许多人觉得十分惶惑，认为同是人类，若说有些人预定得救，有些人却预定灭亡，世上没有比这更不合理的事了。其实，他们的这种惶惑是不必要的，这一点在以下可以看出。此外，既然这问题的模糊不清激起了种种恐惧，这事实不但证明了这教义的效用，且亦表明它能产生最有益的果实。我们必不能正确地相信我们的拯救是从神的白白慈恩的泉源中流出来的，除非我们认识了神的永恒拣选，知道上帝的恩典并不是毫无分别地把得救的指望赐给所有的人，却是将救恩赐予某些人，而对另一些人则加拒绝。若不明白这个道理，就必减损了神的荣耀，并减少了真正的谦卑心。但是根据保罗的话，那我们所必须知道的，却总不能知道，除非上帝不按照人的行为，却按照他的预定拣选人："如今也是这样，不然，恩典就不是恩典了。"倘若我们为要承认救恩完全出于上帝的仁慈，就必回到拣选的泉源，那么，那些想要毁弃这一原则的人是在尽其所能，把这个他们当大声祝贺的道理蒙蔽了并且将谦卑的心连根拔掉。在把剩余之民的得救归于拣选的恩典时，保罗清清楚楚地见证说，那所能知道的，就是上帝要拯救那些为他的良善旨意所乐意拯救的人，并不是当作报酬，因为没有人有权利要求这种报酬。凡把门关上，阻挡人来接近这教义的，他们不只伤害人，也是伤害上帝；因为除拣选的教义以外，再也没有什么能产生谦卑和感恩的心的。而且除此之外，我们的信念也再没有坚强的根据。我们这样说是依据基督权威的，他拯救我们脱离一切恐惧，且叫我们在许多危险、陷阱和可怕的冲突中不为所胜，并应许保守一切天父所召集在他保护中的人。因此我们可以推断，凡不明白自己为神的特别子民的人，都要不住地为焦急惶恐所苦恼；因此，凡忽略了我们所提出的这一大助益的人，就是摧毁了救恩的基础，替别人和他们自己招引恶果。并且，教会之出现，也是由于这一教义。

资料来源：（法）加尔文著，《基督教原理》中册第三卷第二十章，谢秉德译，香港基督教文艺出版社，1985年版

【问题与思考】

结合预定论的相关内容，谈谈为什么加尔文教能成为最受资产阶级欢迎的宗教。

第九章　17世纪的西方文化

16、17世纪的欧洲结束了漫长的中世纪，朝气蓬勃的文艺复兴运动带来了人性的觉醒，束缚人们思想自由发展的经院哲学和神学的教条权威逐步被摧毁，封建社会面临解体，资本主义开始走向前台。资本主义工场手工业繁荣并且向机器化生产过渡，生产力大大提高，自然科学和社会科学发展势头十分迅猛。

社会历史背景

17世纪，欧洲各国资本主义发展非常不平衡。意大利失去了商业中心的优越地位，经济急遽衰落，政局不稳，天主教势力雄厚。德国遭受30年战争，人口锐减，土地荒芜，工商业凋零，整个国家长期处于四分五裂的状态。西班牙自从“无敌舰队”被歼灭后，丧失了海上霸权，不再是欧洲强国，工商业一蹶不振。俄国经济落后，仍处于农奴制。纵观欧洲，只有英美两国发展迅速。英国在国外扩大海外贸易，在国内发动了资产阶级革命。法国的经济在欧洲大陆首屈一指，它的王权保证了民族国家的统一，它的重商主义促进了资本主义的发展，而资产阶级和封建贵族的根本矛盾依然存在，17世纪是这两个阶级势均力敌，互相利用的时期。

海外扩张的代表——英国东印度公司　随着地理大发现，欧洲各国纷纷开始海外扩张。葡萄牙与西班牙率先从事海外冒险与殖民掠夺，法国、荷兰、英国也紧随其后。其中最有代表性的例子是英国东印度公司。东印度公司创立于1600年，成立初衷是进行海外商业贸易，英格兰女王伊丽莎白一世授予该公司皇家特许状，给予它在印度的贸易专营特许权。随时间的推移，东印度公司从一个商业贸易企业变成一个具有军事职能和行政管辖权的组织。1670年查理二世授予东印度公司自主占领地盘、铸造钱币、指挥要塞与军队、结盟和宣战、签订和平条约和在被占据地区就民事和刑事诉讼进行审判的权利。由于贸易垄断的需要，东印度公司建立了一支自己的武装力量。到1689年止，东印度公司甚至控制了孟加拉、金奈和孟买的统治。东印度公司的主要贸易货物是棉花、丝绸、靛青、智利硝石和茶叶。同时东印度公司不断对荷兰人通过马六甲海峡的香料贸易垄断进行挑战。1711年，东印度公司在中国广东建立了一个贸易点，并于18世纪后期将鸦片输入中国，最终导致第一次鸦片战争。18世纪，东印度公司成为英国对世界市场的单一最大占有者，并对政府施政加以影响。1773年英国国会通过了《茶叶法案》，这个法案给予东印度公司在与美洲贸易时拥有更大的自主权。公司的垄断行为最终导致了波士顿倾茶事件，成为引发美国独立战争的一个重要导火线。该公司于1874年1月1日解散。《泰晤士报》曾评论说，它在人类历史上完成了任何一个公司从未肩负过，和在今后的历史中可能也不会肩负的任务。

欧洲血腥混战——三十年战争 16世纪宗教改革运动后，德国境内渐渐形成了两大教派势力：以皇帝为首的天主教和以路德教、加尔文教组成的新教。两派势力水火不容，最终因1618年5月23日发生的波希米亚人民反抗奥国哈布斯堡皇室统治的“掷出窗外事件”，点燃了欧洲战火。

三十年战争按进程分为波希米亚战争、丹麦战争、瑞典战争和法国—哈布斯堡王朝战争。波希米亚战争还只是一场德国内战，交战双方是新教同盟军和天主教同盟军。新教同盟军在白山战役中被打败。在法国首相黎世留的倡议下，英国、荷兰和丹麦三国结成反哈布斯堡同盟。1625年2月，丹麦迅速募集6万人的军队出兵德意志，这标志着三十年战争已经由德国内战转变为真正意义上的国际战争了。德皇斐迪南二世起用著名军事指挥家瓦伦斯坦，迫使丹麦国王签订了贝克和约，帝国皇帝和天主教同盟再一次轻松取胜。

丹麦失败后，神圣罗马帝国势力越发强大，对北欧新兴强国瑞典构成了极大的威胁。于是瑞典卷入战争。瑞典参战标志着三十年战争已由宗教圣战转向为列强争霸。1630 年 7 月，古斯塔夫二世统帅 4 万军队登陆德意志。并在 1631 年 9 月的布赖腾菲尔德决战中获胜，该战役在世界军事史上占有举足轻重的地位，它标志着机动加火力的新战术取代了以军队数量和使用长矛为基础的旧战术。经此一役，古斯塔夫二世以北欧雄师之名享誉欧洲，并被推选为新教联盟盟主。随后德皇再度起用瓦伦斯坦，双方在莱比锡附近展开血战，结果两败俱伤。

战争的僵持迫使法国介入，1635 年 5 月法国向西班牙宣战。法国同盟国有瑞典、荷兰、威尼斯、匈牙利等，波兰宣布中立，而拥护皇帝的主要是西班牙及德意志天主教诸侯。法军分四路开往尼德兰、意大利、瑞士、阿尔萨斯和洛林等战场。经过一系列的会战，神圣罗马帝国皇帝被迫求和，这场持续三十年之久的大规模国际战争终于落下了帷幕。

经过长时间谈判，交战各方终于签订了《威斯特伐利亚和约》，和约以法律的形式确认了三十年战争的最终结果，结束了自中世纪以来，长期由一个教皇、一个皇帝主宰欧洲的局面。法国确立了欧洲霸主的地位，瑞典则成为北欧的霸主。和约从文字上承认世界上大小国家平等、信教自由的原则，也开创了欧洲国家通过国际会议解决国际争端的先例，因而被视为欧洲近代国际公法的基础，是欧洲近代国际关系史上一份重要的文献。和约还正式承认新教和天主教地位平等，并规定今后有关宗教的争端，应该在国家议会天主教和新教议员中通过友善协商来解决。从此，宗教争端再也没有成为欧洲战争的导火线。

工业革命的前提——英国资产阶级革命 1603 年缔造英国历史黄金时代的伊丽莎白一世去世，标志着都铎王朝终结。苏格兰国王詹姆士·斯图亚特继承了英国王位，开始了斯图亚特王朝的统治。詹姆士一世与其子查理一世是典型的封建专制君主，鼓吹“君权神授”，多次解散议会，大肆搜刮钱财，引起了资产阶级和新贵族的强烈不满。

1640 年 11 月查理一世为了筹措对苏格兰战争的费用重新召开议会。但议会拒绝讨论新的税案，还要追究国王及其顾问在无议会统治时期滥用权力的责任，国王愤怒了。1642 年 8 月查理一世在诺丁汉升起军旗，宣布讨伐议会，内战爆发了。1644—1648年，克伦威尔指挥的军队打败了王党军队，次年1月，国会判处查理一世死刑。这标志着17世纪发生在英国的资产阶级革命达到了高潮。

1660年5月，查理一世之子查理二世回国即位，他承诺赦免参与内战的革命者，但不久，因宗教原因王权和资产阶级再起冲突。1689年，英国议会上、下两院召开全体会议，敦请詹姆士二世的女儿玛丽和其夫荷兰执政威廉共同统治英国，但同时向他们提出了一个权利宣言，要求国王未经议会同意不得停止法律的效力，未经议会同意不得征税，未经适当法律程序不得逮捕人和剥夺他们的财产等，宣言还要求国王不得干涉议会事务。威廉在接受这些条件后即英国王位，这就是威廉三世。权利宣言后经议会讨论通过成为正式法律。1688年的政变几乎兵不血刃，但它保存了英国革命的成果，被后人称之为“光荣革命”。

在经历了1640年和1688年两个阶段的革命之后，英国不仅摆脱了封建专制统治，还确立了议会权力大于王权，国王统而不治的君主立宪制，有力地推动了英国资本主义的发展，为后来的工业革命和政治民主化进程奠定了基础，因此具有世界性的影响。

政治理论

被誉为“现代人之父”的托马斯·霍布斯（1588—1679年）是17世纪英国唯物主义哲学家和政治思想家，他在哲学、伦理学、政治学等领域都有开创性贡献。霍布斯经历了英国内战和克伦威尔独裁统治，他的政治态度是维护君主专制制度，反对革命。霍布斯的代表作是《利维坦，或教会国家和市民国家的实质、形式和权力》（1651）。“利维坦”原为《圣经·旧约》中记载的一种怪兽，在本书中用来比喻强势的国家。书中系统地阐述了国家学说，探讨了社会的结构，其中的人性论、社会契约论以及国家的本质和作用等思想在西方产生了深远影响，是西方最著名和最有影响力的政治哲学著作之一。

霍布斯认为有三种不同的国家形式：君主政体、贵族政体和民主政体。他认为君主政体是最好的国家形式，最适合于确保和平和人民安全。

他反对限制英王权利，认为分割或限制君主的权力将导致内战的爆发、国家的灭亡。他支持克伦威尔的军事独裁统治，号召臣民服从这位能够保障他们安全的新君主。

霍布斯认为在自然状态下，每个人都需要世界上的每样东西，也有拿取每样东西的权力。但世界上的东西都是不足的，所以就有持续的、基于权力的所有人对所有人的战争。人生在自然状态下是孤独、贫穷、龌龊、粗暴又短命的。社会要和平就必须要有社会契约。社会是一群人在一个威权之下，而每个人都将所有的自然权力交付给这威权，让它来维持内部和平和进行外部防御，只保留自己免于一死的权力。霍布斯的社会契约论后来通过洛克、孟德斯鸠的改造变成了革命的学说。

约翰·洛克（1632—1704 年）是 17 世纪英国著名的哲学家、思想家和政治家。洛克经历了“光荣革命”，他的政治学说是从理论上为英国君主立宪制辩护的。洛克的代表作是《政府论两篇》。洛克相信人的本质是理性和宽容的，在自然状态下所有人都是平等而独立的，没有人有权利侵犯其他人的生命、自由或财产。

洛克主张对政府权力实行监督与制衡。他认为，在君主立宪制下，国家拥有三种权利：立法权、行政权和联盟权。立法权是国家最高权力，隶属于议会，但议会只负责制定法律，不得干预法律的执行。行政权和联盟权属于国王，国王的活动服从于法律，但可以有一些特权，比如否决权和解散议会权。洛克的分权理论后经孟德斯鸠的改造和美国的实践，形成了立法、行政、司法“三权分立”的资本主义国家政治组织形式。

洛克还认为当政府背叛了人民时，革命不但是一种权利，也是一种义务。这些理论影响了法国大革命和美国革命。

总之，洛克的思想概括了英国资产阶级革命的成果，奠定了资产阶级思想的基础，他的许多思想如天赋人权论、人民主权论、分权与法治原则、自由主义等被后世所尊崇，影响非常深远。

哲学

17 世纪的哲学一般被认为是近代哲学的开端，它延续了文艺复兴的传统，被称为是“理性的时代”，同时也拉开了启蒙运动的序幕。

本期的哲学特征是伟大的思想家们经常提出一个整合了认识论、形而上学、逻辑学和伦理学的哲学体系，有时还包括了政治学和物理学。哲学主流一般分为两派：经验主义和唯理主义，这两派之间的争论直到启蒙运动晚期才由康德所整合。经验主义代表人物有培根、霍布斯和洛克。唯理主义代表人物有笛卡尔、斯宾诺莎和莱布尼茨。另外神学代表人物有梅森、伽桑狄、帕斯卡和牛顿。

被黑格尔称为“现代哲学之父”的勒内·笛卡尔（1596—1650 年）是法国著名学者，他对现代数学的发展做出了重要的贡献，因将几何坐标体系公式化而被认为是“解析几何之父”。笛卡尔也是近代唯理论哲学的创始人，主要哲学著作有《方法论》《形而上学的沉思》和《哲学原理》等。

笛卡尔采用理性演绎法来反对经院哲学，认为凡是从理性角度看得清楚明白的就是真理，一切概念、信仰都要经受理性的界定；提出了“二元论”世界观，认为灵魂和肉体这两个实体是彼此独立存在的，灵魂的属性是思想，形体的属性是广延，二者通过上帝联系在一起；提出了“普遍怀疑”的主张，得出“我思故我在”（或译为“思考是唯一确定的存在”）这一著名的哲学命题。

1637 年笛卡尔出版了著名的哲学论著《方法论》，指出研究问题的方法分四个步骤：（1）不接受任何自己不清楚的真理；（2）研究复杂问题时，尽量分解为多个比较简单的小问题，分别予以解决；（3）将小问题从简单到复杂排列，先从容易的入手；（4）问题解决后，再综合起来检验，看是否将问题彻底解决了。这一方法论对西方人的思维方式、思想观念和科学研究方法有极大的影响，直到 20 世纪中期系统工程综合方法论出现后才被突破。

笛卡尔的哲学思想深深影响了之后的几代欧洲人。在他的墓志铭上写着“欧洲文艺复兴以来，第一个为人类争取并保证理性权利的人”。

荷兰籍学者巴鲁赫·斯宾诺莎（1632—1677 年）是西方近代哲学史重要的理性主义者。他的主要著作有《笛卡尔哲学原理》《神学政治论》

《伦理学》《知性改进论》等。

哲学上，斯宾诺莎是一名一元论者或泛神论者。他认为宇宙间只有一种实体，即作为整体的宇宙本身，而上帝和宇宙就是一回事。他的这个结论是基于一组定义和公理，通过逻辑推理得来的。斯宾诺莎的上帝不仅仅包括了物质世界，还包括了精神世界。他认为人的智慧是上帝智慧的组成部分。斯宾诺莎还认为上帝是每件事的“内在因”，上帝通过自然法则来主宰世界，所以物质世界中发生的每一件事都有其必然性；世界上只有上帝是拥有完全自由的，而人虽可以试图去除外在的束缚，却永远无法获得自由意志。

斯宾诺莎的著作中最伟大的莫过于《几何伦理学》(简称《伦理学》)，此书直到斯宾诺莎死后才得以发表。该书是以欧几里得的几何学方式来书写的，一开始就给出一组公理以及各种公式，从中产生命题、证明、推论及解释。斯宾诺莎的《伦理学》讨论三个不同的主题。他首先从形而上学讲起，再转论各种情感和意志心理学，最后阐述一种以形而上学和心理学作基础的伦理观。他的形而上学是笛卡尔的变体，心理学也带霍布斯遗风，但是伦理学却独具一格。

斯宾诺莎的哲学非常类似斯多葛哲学，但是他在一个重要的观点上与斯多葛哲学有尖锐的分歧：他完全反对他们动机可以战胜情感的观点。相反，他主张情感只会被另一个更强的情感取代或战胜。他指出，主动情感和被动情感有关键性的区别，前者是相对可以理解的而后者不是。他也指出，可以通过改变知识状况，克制被动情感或使其变为主动情感，这对后世的弗洛伊德“精神分析理论”有重大启示作用。

德意志哲学家戈特弗里德·威廉·莱布尼茨（1646—1716 年）博学多才，他同时是数学家，在微积分、拓扑学、符号思维、单子论和形式逻辑方面都有建树，还在语言学、政治学和图书馆学等领域提出了重要的思想，被誉为“17 世纪的亚里士多德”、“最后一个百科全书式的学者”。代表作有《论组合术》《形而上学论》《新系统》《人类理智新论》和《单子论》。

莱布尼茨代表了“欧陆理性主义”哲学的高峰。他认为世界因其确定之故，必然是由自足的实体所构成。所谓的自足，是不依他物存在和不依他物而被认知。此前斯宾诺莎以为实体只有一个，就是神/自然。莱布尼茨对此不敢苟同，原因之一是斯宾诺莎的泛神观和圣经的神学有明显冲突；其次，是因为斯宾诺莎的理论没有能够解决由笛卡儿以来的理性与感官二元对立论，令世界出现了断层。莱布尼茨以为实体是无限多的，并推出实体有四个特征：不可分割性、封闭性、统有性和道德性。

在宇宙论上，莱布尼茨以“单子”作为宇宙中主要、基本和具有意识的因素，认为物质和精神是一体，在此基础上，发展出复杂的机体，包括人；最终又上升成为包罗一切的结构，即神。这种思想直到今天还有影响。

莱布尼茨是在亚里士多德和 19 世纪现代形式逻辑家之间最重要的逻辑学家。他阐明了合取、析取、否定、同一、集合包含和空集的首要性质。莱布尼茨的逻辑原理和他的整个哲学可被归结为两点：我们所有的观念（概念）都是由非常小数目的简单观念复合而成，它们形成了人类思维的字母；复杂的观念来自这些简单的观念，是由它们通过模拟算术运算的统一的和对称的组合。同时他也预见了现代逻辑学和分析哲学的诞生。

文学

这一时期各国文学呈现出复杂的状况。文艺复兴时期的人文主义思想、现实主义创作倾向仍有一定影响，但基本上走向衰落，风行一时的是巴洛克风格和古典主义。

巴洛克文学　巴洛克原意是形状不规则的珍珠，含有珍奇、奇妙的意思，引申为奇形怪状、矫揉造作。在文学上，巴洛克文学表现出一种病态的人生哲学以及悲观主义的情绪。它惯用的主题是宗教的狂热、人类在上帝面前的无能为力和顶礼膜拜。其次用雕饰的辞藻、谜语似的比喻来附庸风雅。在艺术上，采用极端混乱、支离破碎的形式，表现夸张的忧郁。

巴洛克文学最早出现在意大利、西班牙，然后传到英、法等国。意大利巴洛克文学的代表是马里诺派。马里诺（1569—1625 年）长期为宫廷服务，以他为首的这一派作家，迎合贵族阶级的需要和趣味，擅长写抒情诗和神话题材的长诗，喜欢堆砌典故，风格绮丽浮华。西班牙巴洛克文学的代表是贡哥拉派，贵族神父贡哥拉（1561—1627 年） 创造出一种华丽而冷僻的诗歌语言，被称为夸饰主义。另一位西班牙作家卡尔德隆（1600—1681 年）是西欧最著名的巴洛克文学家，写有 200 余部戏剧。代表作《人生如梦》描写暮色苍茫时，荒山悬崖上，阴暗塔楼中，不幸的人们受命运的驱使，演出了一连串的悲剧，他们哀叹人生是罪过，如梦幻一般。此外，作品还宣扬了基督教思想和王权主义，充分体现了巴洛克的典型风格。在法国，巴洛克文学经兰蒲绮夫人的沙龙而风行一时。在英国，有以神秘主义诗人约翰多恩（1571—1631 年）为代表的玄学派。在德国，格里美尔斯豪森（1622—1676 年）的小说《痴儿西木传》是一部影响较大的巴洛克作品，小说描写主人公西木在底层社会流浪的屈辱经历，以及他最后皈依上帝、告别苦难人间的结局。其中穿插了许多幻想的情节、夸张的故事，很有特点。

虽然巴洛克文学风行一时，但 17 世纪欧洲文学最主要的成就是古典主义。

古典主义文学　顾名思义，古典主义文学在文艺理论和创作实践上是以古希腊、罗马为典范。古典主义最早出现于法国，影响到欧洲其他国家，流行近 200 年，一直持续到 19 世纪。

古典主义有明显的特征。第一，它拥护王权，歌颂开明君主，宣扬公民义务。这种鲜明的政治倾向性首先源于古典主义文学是当时君主专制政治的产物。专制王权为了巩固政权，不仅在政治上加强统治，在意识形态上也要求为王权服务，表现在文学上， 要求语言的规范化，文学样式的程式化。路易十三时期，首相黎世留还设立了“法兰西学士院”，作为推行文化政策的官方机构，40 名院士的主要任务是制定语法规则和文体格律，他们的决定全国都必须遵守。其次，古典主义文学受到政权的保护、鼓励与培植，必然要为王权服务，比如，路易十四用优厚的年金供奉当时的著名作家，对待他们与贵族世家无异，使许多人视他为文学艺术的保护人，对他感恩不尽。就这样，古典主义思潮不可避免地带有封建色彩，同时又存在宫廷倾向。反映在作品中，许多作品的中心主题是写感情与义务的矛盾，主张克制个人感情，个人利益服从国家民族的集体利益。语言方面则遵循凡尔赛宫廷的艺术趣味，华丽而雍容。

第二，古典主义注重理性。笛卡尔的理性主义为古典主义文学提供了哲学基础。古典主义的立法者布瓦洛把理性视为创作与评论的最高标准，他的《诗艺》是古典主义文学理论的重要著作。后世评论家这样概括古典主义理性特征：作家要注重正常情理，正常地理解世界，并且用明确的方式加以表现。作家的使命在于表现绝对的观念，不着重抒发个人的思想情绪，而是着重写一般性的类型。古典主义描写的主要对象是人性，而非客观的物质世界。古典主义并不要求写实，而是要求得体，也就是说作品中所描写的事物必须使大家赏心悦目，不至于引起反感。在这种理性规范的约束下，古典主义作品普遍存在类型化、程式化、僵死化的弊病。

第三，古典主义模仿古代，师法古人，重视格律。早在文艺复兴时期，人文主义学者已经开始从古希腊、罗马的文化中寻找灵感，到 17 世纪，更是大力提倡向古代学习，“古典主义”也正是由此得名。他们把古代文艺看作是一种永恒的模范，把古希腊罗马的大家之作奉为圭臬，从古代的文学历史中选取创作题材，为自己理想的英雄人物披上古代的外衣。与此同时，他们还在研究古代文学的基础上制定出许多创作规则，其中最著名的是戏剧三一律。在体裁方面，他们要求各种体裁要有严格的界限与规定，例如悲剧与喜剧不能混同。在文风上，则要求简洁、明朗、精确，反对烦琐、含糊、晦涩。这种对形式的孜孜以求一方面促进了文学的发展，另一方面又阻碍了创作的自由。

古典主义在创作上取得了辉煌的成就。英国复辟时期，宫廷古典主义盛极一时，代表人物是桂冠诗人约翰·德莱顿（1631—1700 年）。他的文学作品标志着英国古典主义的确立。他的所谓“英雄悲剧”和“风尚喜剧”，都是美化贵族生活的作品。他的颂诗和讽刺诗也表现了复辟王朝的立场。同时，他还是英国古典主义的理论家，英国文学批评的创始人。他第一个对乔叟、斯宾塞、莎士比亚、琼森等人做出正确的评价，由于他在文学上多方面的杰出贡献，文学史家通常把他的创作时代称为“德莱顿的时代”。

在法国，古典主义达到欧洲最高水平。亨利四世时代的诗人马来伯（1555—1628 年）首先提出诗歌要为王权服务，而语法家沃日拉（1595—1650 年）采用宫廷与贵族阶级的用语，制定了正规法语的规范。17 世纪三四十年代古典主义开始兴起，六七十年代达到隆盛，在诗歌、散文等各种体裁上都有成就，尤以戏剧方面最为突出。而在文艺理论方面，布瓦洛（1636—1711 年）继承了亚里士多德、贺拉斯的传统，总结了当时法国戏剧家的经验，写成诗体文艺理论著作《诗的艺术》。这本书经路易十四亲自过目，成为古典主义的法典。在书中，他认为“理性”是艺术的最高价值，他把模仿“自然”作为文艺的基本任务，这里的自然指自然人性。另外，他将文学体裁划分等级，认为史诗、悲剧是高级的，喜剧是低级的，至于寓言、闹剧等民间体裁更被排斥在外。他力主效仿古代希腊、罗马的文学作品，认为古代作品已经达到尽善尽美，模仿古人是成功的捷径。这部作品影响深远，成为欧洲文艺理论史上的一部重要著作。这一时期的法国，还诞生了一位以寓言诗闻名的诗人，让·拉封丹（1621—1695 年），他的作品取材于古代希腊、罗马、印度的故事和寓言，也有法国的民间故事，共 12 卷，239 首。这些作品以动物世界喻指人类社会，反映了当时的社会状况，在嬉笑怒骂中揭露和谴责了王朝的黑暗、贵族的暴虐。而个性化的形象、戏剧性的情节、来自民间的语言，构成了作者独特的风格。

1660—1688 年是路易十四君主集权统治的黄金时代，也是法国古典主义戏剧的全盛时期。这期间作家辈出，创作繁荣，尤其是悲剧取得了极高的成就。

古代希腊由于受舞台条件的限制，戏剧必须在白天演出，基本表现不出白天和黑夜的更迭，也没有地点的变化，所以多为独幕剧。同时，参加比赛的每个作家要在一天之内上演一出喜剧三出悲剧，三出悲剧的情节要有相关性。因此，亚里士多德在自己的作品中提到了情节的整一，并对戏剧的长度做了说明。16 世纪意大利文艺复兴时期的学者误以为古代悲剧是在情节、地点、时间三方面都“整一”的悲剧。1634 年，诗人梅莱在他的悲剧中首次贯彻这一思想，从此，奉古代文学为圭臬的法国古典主义作家们，因袭了意大利文艺理论家的错误，制定了严格的“三一律”，即一个剧本只能有一个情节线索、剧情只能发生在一个地点、时间不能超过 24 小时。按布瓦洛的说法：一部剧本“要用一地、一天内完成的一个故事，从开头直到末尾维持着舞台的充实”。他们坚持说，这是亚里士多德的规定。这就是古典主义戏剧的金科玉律“三一律”。

在古典主义戏剧家中，最杰出的是高乃依和拉辛。彼埃尔·高乃依（1606—1684 年）是法国古典主义悲剧的创始人。他出身于诺曼底省鲁昂城的贵族家庭，父亲是法官。高乃依读过教会中学，深受天主教的影响，这为他后来的作品涂上了一层宗教的底色。1636 年，他的悲剧《熙德》上演，轰动了巴黎，被认为是法国古典主义的奠基之作。

高乃依借鉴了此前西班牙剧作家卡斯特罗的《熙德的青年时代》，但他大大简化了原作的情节，把重心由外部世界转向人物的内心体验，将悲剧主题集中到责任与爱情之间的矛盾冲突。《熙德》中的男主人公罗狄克是贵族老臣杰葛之子，他爱上了伯爵高迈斯的女儿施曼娜。杰葛被任命为太子的师傅，高迈斯心生嫉妒打了杰葛一个耳光。蒙受奇耻大辱的杰葛要求儿子为自己报仇雪恨，以挽回家族的荣誉。罗狄克陷入激烈的思想斗争之中，要家族荣誉还是爱情？但他没有犹豫很久，便下决心为父亲报仇。他在决斗中杀死了高迈斯。虽然父仇得报，但他如何面对爱人？按照当时贵族的习俗，施曼娜也有责任报杀父之仇。她来到王宫，要求国王处死罗狄克。施曼娜越是报仇心切，对罗狄克越是爱之弥深；施曼娜越是凛然复仇，罗狄克对她越是敬重爱慕。正在双方无法解脱时，摩尔人偷袭卡斯提尔城。罗狄克以国家为重挺身而出，带领军队英勇抵抗，结果大胜而归，获得“熙德”的称号（意即民族英雄）。国王耐心说服施曼娜冰释前仇旧恨，服从爱的呼唤。在国王的开导下，一对恋人终成夫妇。此剧的核心冲突是情与理，即爱情与责任的矛盾。冲突的结果表达了高乃依或者说整个古典主义戏剧所要表达的主题——

爱情服从于责任。而所有的矛盾又都在国家利益高于一切、国王的权力高于一切的原则下得以解决：国王是理性原则的体现，他明辨是非、体贴下属，在他的调解下，已经成为民族英雄的罗狄克与施曼娜终成眷属，这一结局既肯定了理性的胜利，也满足了个人的幸福。

如果说高乃依奠定了古典主义戏剧的基石，那么使古典主义戏剧最终走向成熟的则是另外一个后起之秀——拉辛。拉辛（1639—1699 年）出身于寒微，父母早亡，10 岁进入教会学校读书。他喜爱古希腊悲剧，尤其是欧里庇得斯的作品。19 岁时，进入巴黎的学校攻读逻辑学。此间认识了拉封丹及一些喜剧演员，后来又结识了布瓦洛，并与拉封丹、布瓦洛、莫里哀往来频繁，渐渐跻身文坛。1667 年，拉辛写出杰作《安德洛玛刻》一举成名。《安德洛玛刻》的情节取材于古希腊的故事，主人公安德洛玛刻是特洛伊英雄赫克托尔之妻，在特洛伊战争中赫克托尔战死，她和儿子成了阿喀琉斯之子、国王庇吕斯的奴隶。在剧中，交织着四个人物的爱情纠葛，唯有安德洛玛刻清醒、理智，做到了理性与情感的统一，也赢得了道义上的胜利。《费德尔》的故事取材于欧里庇德斯的悲剧《希波吕托斯》，是拉辛最成功的一出“心理悲剧”。在剧中，拉辛从正面抨击了情欲战胜理性的罪恶，但对费德尔的爱情还是寄予了一丝同情。拉辛的剧作，严格恪守“三一律”，他用很多技巧避开了“三一律”的弊端，充分发挥其长处，整部戏冲突激烈、结构紧凑、毫无枝蔓。另外，拉辛的人物塑造既不违反古典主义要求人物以一种性格为主的原则，同时又赋予人物以多重色彩，使人物更加丰满。再者，拉辛擅长心理刻画，写人物的心理发展过程丝丝入扣、极为细腻，在这方面成为古典主义戏剧的最高代表。

其他　英国诗人弥尔顿（1608—1674 年），是清教徒文学的代表。主要著作有长诗《失乐园》《复乐园》、诗体悲剧《力士参孙》。长诗《失乐园》取材于《圣经》中亚当和夏娃受撒旦引诱偷食禁果，受到上帝处罚的故事，表现了撒旦的反叛精神，借以歌颂资产阶级革命者反抗封建专制的斗争。恩格斯称弥尔顿是“第一个为弑君辩护的人”。弥尔顿的史诗预示着西方古典史诗的终结。

莫里哀（1622—1673 年）是著名的喜剧作家。但他的喜剧时时越出古典主义范畴，语言诙谐，带有貌似温和实则尖刻嘲讽的口气。《伪君子》是其代表作，他用辛辣讽刺的笔调、对比的手法，勾画出伪君子答尔丢夫这个封建贵族和教会势力代表的阴险、奸诈、狠毒的形象。莫里哀通过剧中人物所说的语言来反映他们的性格和身份。整部作品行文流畅，接近口语。讽刺喜剧《唐璜》刻画了唐璜这个“恶棍大贵族”的典型：外表漂亮、聪明、勇敢、文雅，实际是无耻的掠夺者。17 世纪法国封建贵族道德败坏、生活糜烂，但却要装出一副高贵堂皇的外表，这部作品充分反映了此时贵族的两面性。

巴洛克艺术

巴洛克（Baroque），是 17 世纪风行于欧洲的一种艺术风格。作为一种艺术形式的称谓，它兴起于 16 世纪下半叶的意大利，普遍盛行于 17 世纪的欧洲，巴洛克风格虽然脱胎于文艺复兴时期的艺术形式，但却有自己独特的风格特点。它摒弃了古典主义造型艺术上的刚劲挺拔、肃穆古板的遗风，追求宏伟生动、热情奔放的艺术效果。巴洛克艺术是一种复杂、奢侈与浮夸的艺术，充满阳刚之气。巴洛克风格主要反映在建筑、绘画、雕刻、音乐、服饰和文学等领域。

巴洛克雕刻家、画家　意大利巴洛克风格的代表人物贝尔尼尼（1598—1680 年）是出色的建筑师和装饰雕刻家。圣彼得大教堂内有很多他的杰作。比如他雕刻的青铜华盖，由 4 根螺旋形铜柱支撑，足有 5 层楼房那么高，给人一种整个建筑似乎都在旋转、向上升腾之感，那些看起来摇摇欲坠的雕刻，便是巴洛克艺术所追求的效果。还有圣彼得青铜宝座也是贝尔尼尼设计的。宝座上方是光芒四射的荣耀龛及象牙装饰的木椅，椅背上有两个小天使，手持开启天国的钥匙和教皇三重冠。

罗•达•托纳（1596—1669 年）也是意大利巴洛克主要画家之一。他为罗马和佛罗伦萨许多教堂做了天顶画。他的画构图宏大，人物造型优美，动作大胆，透视效果奇特，技法也极精妙，只是缺乏内在的热情，比较空泛冷峻。

图 9-1　圣彼得大教堂青铜华盖

被同时代人称为“绘画之魁”的彼得·保罗·鲁本斯（1577—1640年）是佛兰德尔绘画最杰出的代表人物。他的画色彩透明而华丽，在造型上不求典雅和秀丽，而求粗犷肉感之美，注重表现人体的力量。在构图上，不求静而求动；在画面上强调表现无限的空间。他把北欧绘画提高到一个新的水平，并以自己的创作影响了以后欧洲绘画的发展。

夏尔·勒布伦（1619—1690 年）是路易十四首席宫廷画家、皇家美术学院第一任院长，督造凡尔赛宫。他亲自设计了著名的“镜厅”，镜廊的天顶画把平面的绘画和立体的浮雕图案合二为一。一排镜子把客厅扩大了一倍，加上各种装饰、灯光，造成的意境极其豪华奇特。贵族们终日饮宴游乐其中，极尽奢靡。

图 9-2　赛门和戴利拉（鲁本斯）

巴洛克建筑　指 17、18 世纪在意大利文艺复兴建筑基础上发展起来的一种建筑和装饰风格。其特点是外形自由，追求动态，喜好富丽的装饰和雕刻、强烈的色彩，常使用穿插的曲面和椭圆形空间。它的风格自由奔放，造型繁复，富于变化，只是有的建筑装饰过分堆砌。意大利文艺复兴晚期著名建筑师和建筑理论家维尼奥拉设计的罗马耶稣会教堂被称为第一座巴洛克建筑，西班牙圣地亚哥大教堂也非常典型。著名的法国凡尔赛宫则是综合了古典主义和巴洛克风格。

凡尔赛宫位于法国巴黎西南郊外，是巴黎著名的宫殿之一，也是世界五大宫之一（世界五大宫分别是：北京故宫、法国凡尔赛宫、英国白金汉宫、美国白宫、俄罗斯克里姆林宫）。

图 9-3　罗马耶稣会教堂

凡尔赛宫所在地区原来是一片森林和沼泽荒地。1624 年，法国国王路易十三以 1 万里弗尔的价格买下了 117 法亩荒地，在这里修建了一座 2 层的红砖楼房，用作狩猎行宫。1661 年开始大规模建设，1756 年竣工。凡尔赛宫气势磅礴、宏伟壮观、布局严密协调，它的内部陈设和装潢富于艺术魅力。500 多间大殿小厅处处金碧辉煌，豪华非凡。内部装饰，以雕刻、巨幅油画及挂毯为主，配有十七八世纪造型超绝、工艺精湛的家具。宫内还陈放着来自世界各地的珍贵艺术品。由皇家大画家、装潢家勒布伦和大建筑师孟沙尔合作建造的“镜厅”是凡尔赛宫内的一大名胜，长廊中 17 面镜子由 400 多块镜片组成，镜廊拱形天花板上是勒布伦的巨幅油画，挥洒淋漓，气势横溢，展现出一幅幅风起云涌的历史画面。

图 9-4　凡尔赛宫

巴洛克音乐　指十七八世纪欧洲华丽、精致的音乐。通常认为大致是从 1600 年至 1750 年，即从蒙特威尔第开始，到巴赫和亨德尔为止。巴洛克音乐最重要的特征是它的伴奏部分即通奏低音填充和弦；放弃复调，重视和声，节奏特别强烈，活跃、短促而充满律动；旋律精致。宗教音乐在西洋音乐中占有很大比例。巴洛克时期的器乐曲发展很迅速，出现了大协奏曲、独奏协奏曲、管弦乐组曲、各种舞曲、前奏曲、幻想曲、赋格和奏鸣曲诸多表现形式。其中很大一部分通过发展、演变，成为现代更为成熟的形式。

巴洛克时期最早的著名作曲家是意大利人蒙特威尔第，他出身于 1567 年，是文艺复兴时期向巴洛克时期过渡中的重要人物，被誉为“歌剧改革之父”以及“17 世纪最出色的作曲家”。巴洛克时期的法国音乐成就斐然，代表人物有库普兰和拉摩，两者都是古钢琴领域出色的作曲家，拉摩曾被誉为“18 世纪法国最杰出的作曲家”。巴洛克时期德国音乐家的代表是被誉为“音乐之父”的 J.S.巴赫，他作品之多、水平之高亘古罕见。另一位著名音乐家亨德尔虽是德国人，但他的创作大多在英国完成，而且还入了英国国籍，所以通常被视为英国作曲家。亨德尔是颇具天赋的旋律大师，从他的音乐中可以感受到愉悦优雅。他的协奏曲、歌剧、神剧都是巴洛克时期最为宝贵的音乐财富。

巴洛克服饰 巴洛克服饰由意大利、法国、西班牙等国的宫廷贵族倡导，具有色彩艳丽、线条优美、富丽豪华的风格。服装上最大的特色是强调繁多的装饰，大量使用华丽的纽扣、缠绕的丝带和蝴蝶结、围绕花边装饰的鞋、手套、手袋、领带、领结，各种时尚纷至沓来，烘托出巴洛克时期的繁荣与精致。

巴洛克服饰前期流行荷兰风，又称“3L”时代，即长发 longhair、蕾丝 lace、皮革 leather 三者流行的时代。男装外衣有繁多装饰性强的排扣，裤子到膝盖，裤腿紧绷着大腿。女装的袖子一节节地箍起来，装饰着花边。巴洛克服饰后期流行法国风，男装时兴领饰，把一块细布打褶围在脖子上，用花边缎带扣住。这就是领带的前身。女装裙子多层，腰间打褶以显膨大，有时还用花结或是扣子系起来，好像窗帘一样。外裙一般颜色比衬裙深，衬裙有大量刺绣图案。路易十四时期，也就是巴洛克风格最盛行时期，流行华丽的大团花饰和果实图案；路易十五时期是过渡时期，图案较小；而路易十六时期已经转到了洛可可时期，时兴的花纹都是小碎花。

数学

微积分的发明 17 世纪数学最辉煌的成就是微积分的发明。它的出现是整个数学史也是整个人类历史的一件大事。它从生产技术和理论科学的需要中产生，同时又回过头来深刻地影响着生产技术和自然科学的发展。

微积分是经过了长时间的酝酿才产生的。积分的思想，早在阿基米德时代已经萌芽，16、17 世纪之交，开普勒、卡瓦列里、费马、沃利斯特别是巴罗等人做了许多准备工作。对微分学中心问题——切线问题的探讨，却是比较晚的事，因而微分学的起点远远落在积分学之后。

17 世纪的著名数学家（尤其是法国数学家）如费马、笛卡儿、罗贝瓦尔、德扎格等人都曾卷入“切线问题”的论战。牛顿、莱布尼茨的最大功劳是将两个貌似不相关的问题联系起来，一个是切线问题（微分学的中心问题），一个是求积问题（积分学的中心问题），建立起两者之间的桥梁，用微积分基本定理或者“牛顿—莱布尼茨公式”表达出来。牛顿建立微积分主要从运动学的观点出发，而莱布尼茨则是从几何学的角度去考虑。在牛顿1665年5月20日的一页文件中，有微积分的最早记载，但无人知晓。莱布尼茨第一篇微分学的文章1684年在《学艺》上发表，第一篇积分学的文章1686年在同一杂志发表。他所创设的符号远优于牛顿，故为后世所沿用。

解析几何的产生 解析几何的产生，一般以笛卡儿《几何学》的出版为标志。这本书的内容不仅仅是探讨几何问题，也有很多代数的问题，它的主要功绩是：把“形”和“数”统一起来，引入了变量，用代数方法去解决古典的几何问题。

保险业和赌博业的发展，促使数学家去思考概率问题。费马、帕斯卡、惠更斯是概率论的早期创立者，以后经过十八九世纪拉普拉斯、泊松等人的研究，概率论成为应用广泛的庞大数学分支。

总的来说，17世纪是许多新兴学科的始创阶段，而18世纪是充实和发扬阶段，19世纪是回顾、推广和改革阶段，并以崭新的姿态进入下一个世纪。

知识拓展 经典导读

一、《西方哲学史》（节选）

【提要】 此处所引《西方哲学史》的作者是罗素。罗素是20世纪英国哲学家、数理逻辑学家、历史学家，也是20世纪西方最著名、影响最大的学者和和平主义社会活动家之一。在这本书中，他力图从历史的角度来观察哲学思想及其发展，笔调生动活泼。许多年轻人被这本书的独特魅力所吸引而走上了哲学道路。

现在来讲就纯哲学而论，笛卡尔的两本最重要的书是《方法论》（1637）和《沉思录》（Meditations）（1642）。两书有很多重复，没分开谈。

在这两本书中，笛卡尔开始先说明一向被人称作“笛卡尔式怀疑”

的方法。笛卡尔为了使他的哲学获得牢固基础，决心让自己怀疑他好歹总能怀疑的一切事物。因为他预料到这个过程可能需要若干时间，所以他决意在这段期间按普通公认的规矩节制自己的行为举止；这样，他的精神就免得受个人关于实践方面的怀疑所引起的可能后果的妨害。

笛卡尔从关于各种感觉的怀疑入手。他说，我能不能怀疑我正穿着晨衣坐在这儿炉火旁边？能，我能怀疑，因为有时候我实际赤身睡在床上（当时睡衣以至睡衫还没有发明），可是我梦见了我在这里。并且，精神病人往往有幻觉，所以我也可能处在同样状况。

不过梦这东西好像画家，带给我们实际事物的写照，至少按梦的各个组成要素讲如此。（你可能梦到带翅膀的马，但是那无非因为你见过翅膀和马）。所以说，一般有形性质，包括广延性、大小和数目之类的东西，不像关于个别事物的信念容易怀疑。算术和几何学讨论的不是个别事物，因此就比物理学和天文学确实；甚至对梦中对象来讲也适用，梦里的对象在数目和广延性方面与真实对象没有区别。然而，即便对于算术和几何，仍可能怀疑。说不定每当我来数一个正方形的边数或算二加三的时候，神就叫我出错。也许，甚至在想象中把这种不仁归给神，理不该当；但是难保没有一个既神通广大又狡猾欺诈的恶魔，用尽它的巧计聪明来蒙骗我。假使真有这样的恶魔，说不定我所见的一切事物不过是错觉，恶魔就利用这种错觉当作陷阱，来骗取我的轻信。

不过总还有某样事我怀疑不得；假使我当真不存在，任何恶魔，不管多么狡猾，也无法欺骗我。我可能不具有肉体；这是错觉也难说。然而思维那就另是一回事。“当我要把一切事物都想成是虚假的时候，这个进行思维的‘我’必然非是某种东西不可；我认识到‘我思故我在’这条真理十分牢靠、十分确实，怀疑论者的所有最狂妄的假定都无法把它推翻，于是我断定我能够毫不犹疑地承认它是我所探求的哲学中的第一原理。”①

---

① 上面的“我思故我在”（cogitoergosum）这个论点通称笛卡尔的“cogito”（我思），借以得出这论点的方法叫作“笛卡尔式怀疑”

这段文字是笛卡尔的认识论的核心，包含着他的哲学中最重要之点。笛卡尔以后的哲学家大多都注重认识论，其所以如此主要由于笛卡尔。“我思故我在”说的精神比物质确实，而（对我来讲）我的精神又比旁人的精神确实。因此，出自笛卡尔的一切哲学全有主观主义倾向，并且偏向把物质看成是唯有从我们对于精神的所知、通过推理才可以认识（倘若可认识）的东西。欧洲大陆的唯心论与英国的经验论双方都存在这两种倾向；前者以此自鸣得意，后者为这感到遗憾。近年来，称作工具主义的那派哲学，一直打算摆脱这种主观主义，但是关于这点目下我且不谈。除工具主义是例外，近代哲学对问题的提法极多是从笛卡尔接受过来的，只是不接受他的解答罢了。

资料来源：（英）罗素著，《西方哲学史》（卷三）第九章，商务印书馆，2010 年版，第 302 页

【问题与思考】

1．阅读罗素的《西方哲学史》，谈谈你对这本书的看法。
2．你怎样理解“我思故我在”这一哲学命题。

二、《熙德》（节选）

【提要】 1636 年法国古典主义作家高乃依的 5 幕韵文剧《熙德》公演，轰动巴黎，标志着高乃依戏剧创作的高峰，也为法国古典主义戏剧的建立奠定了基础。

第六场

出场人，罗狄克

罗狄克

这个出乎意外并且致人死命的打击
一直刺到我的心坎里！
在这场正义的争斗中，我竟要充当一个不幸的复仇的人，

我竟遇到这样严酷的遭遇，
我真无能为力了，
对这致命的打击，我只有带着颓丧的心情俯首听命。
上帝啊！这是多么大的苦痛！
眼看我的爱情就要得到满足，
在这场是非里，受辱的偏偏是我的父亲，
而侮辱人的恰恰是施曼娜的父亲！
我心里的斗争多么尖锐呀！
要成全爱情就得牺牲我的荣誉，
要替父亲报仇，就得放弃我的爱人。
这一方鼓动我报仇，那一面牵住我的手臂。
我已陷在愁惨的境地：或是背叛爱情，
或是忍辱偷生，
这两者都使我痛苦无边。
上帝啊！这是多么深刻的痛苦！
是应该忍受这侮辱不去报仇呢，
还是应该惩罚施曼娜的父亲？
父亲，情人，荣誉，爱情，
一方面是高尚而严厉的责任，一方面是可爱而专横的爱情！
或是我所有的快乐从此完结，或是我的名誉从此无光。
没有快乐，我苦痛无穷，没有光荣，我也不配生存。
宝剑啊！对我这英勇，而同时又在恋爱中的灵魂，
你是我的可贵的但又残忍的希望，
你是我的最大的幸福的一个劲敌。
好叫我痛苦的宝剑哪！
人家把你给了我就是要我报父仇么？
把你给了我就是要我失掉施曼娜么？

倒不如一死了事吧！

对爱人对父亲我都欠着同样的恩情；
复仇会引起她的怨恨与愤怒，
不复仇会引起她的蔑视。
复仇会使我失去我最甜蜜的希望，
不复仇又会使我不配爱她。
我越想减轻痛苦，却越发使它增大；
一切都加重我的灾难。
我的心灵呀！算了吧，既然一定要死，
至少不要死了还对不住施曼娜。

不报父仇，就这么死了吗？
这样死是有损名誉的，我也死么？
竟任凭全西班牙在我身上，
加上个不能善保家声不孝之子的名气吗！
我的迷乱的心灵已看出这个爱情不可保，
我还重视这爱情吗？
不要再听信这徒乱人意的念头了，
它只能使我痛苦。
既然无论如何也要失掉施曼娜，
那么，我的手臂呀！至少让我们来保全我们的光荣吧！
是的，我的精神错乱了。
我的一切都是父亲所赐，爱人的恩情还在其次。
不论我是斗死，或是愁死，
我洒出来的血要跟受之于父母的同样纯洁。
这样迟延实在不该，
赶快报仇去吧；
这样的犹豫真该惭愧，
既然今天是我父亲受了侮辱，
侮辱者尽管是施曼娜的父亲，

我们也不应该犹豫不决。

资料来源：周熙良主编，《外国文学作品选》第二卷，上海译文出版社，1983 年版，第 163-165 页

【问题与思考】

1. 阅读《熙德》全剧，谈谈它究竟是悲剧还是喜剧。

2.《熙德》是否违反了“三一律”？为什么它被称为是“古典主义”的代表作？

第十章 18 世纪的西方文化

近代西方资产阶级文化从发端到确立，大致经历了文艺复兴、宗教改革与启蒙运动三个阶段。文艺复兴确立了西方的人文主义传统，宗教改革建立了具有资本主义精神的新教，而 18 世纪的启蒙运动，最终全方位地建立起了近代西方资产阶级的思想理论体系。

社会历史背景

18 世纪的欧洲，英法仍然是最先进的国家。英国“光荣革命”后，确立了君主立宪政体，对外进行大规模的殖民扩张，对内发展工商业，18 世纪中叶发生了工业革命。法国在欧洲大陆各国中工商业最为发达，但专制王权对外不断发动战争，对内盘剥人民，封建阶级和第三等级矛盾激化，终于于 1789 年爆发了法国资产阶级大革命。德国一直处于割据状态，资产阶级在经济上和政治上都依附于贵族宫廷，具有软弱性和妥协性。意大利继续受到外国侵略，教会势力强大，资产阶级发展受到阻碍。俄国的彼得一世开始改革，俄国逐渐开启了现代化进程。16 世纪起，西欧各国开始在北美建立殖民地，到 18 世纪，殖民地的政治、经济和文化相对成熟。1776—1783 年，北美爆发了独立战争，美国正式诞生，并逐步成为一个完全独立的民族主权国家。

18 世纪，科学家们在数学、物理、化学、植物、动物、天文学等方面做出了卓越的贡献。在思想领域爆发了具有全欧性的思想运动——启蒙运动。

英国工业革命　工业革命发生在 18 世纪下半叶到 19 世纪，它迅速地把世界带入了工业时代。所谓工业革命，简单地说，是以机器生产取代手工劳动，以工厂制度取代家庭作坊和手工工场的过程。工业革命不仅使社会生产力飞速发展，而且有力地促进了社会变革。

工业革命首先发生在英国，然后在欧洲其他国家和北美扩散开来。英国工业革命是从棉纺织业的机器发明与使用开始的。1764 年和 1769 年，珍妮纺纱机和水力纺纱机相继问世。1771 年，阿克莱特建立了英国第一座水力纺纱厂，几十年内，纺纱厂在英国遍地开花。工厂制度催生了一种全新的生产组织形式和生产方式，阿克莱特因此被后人誉为“工厂制度之父”。

其次是蒸汽机的广泛使用。用蒸汽力作为机械动力的尝试很早就开始了。詹姆斯·瓦特 1769 年取得蒸汽机专利并于 1782 年制成了复动式蒸汽机，开创了蒸汽动力时代，致使机械化大工业得以最终普及。

同时，英国的煤焦炼铁技术的发明、钢铁冶炼的规模化、运河的开凿、筑路技术的革新等等，都是工业革命取得的辉煌实绩，到 1850 年，英国铁路网已初步形成。由于制造业的发展，英国成了“世界工厂”。

到这时，英国工业革命已基本完成。英国初步实现了城市化，城市文明取代了乡村文明。这一巨大变革使社会结构、人们的思想观念和生活方式都发生了深刻变化。工业资产阶级和工业无产阶级形成并壮大起来，工业资产阶级在人数、财富和社会力量上都压倒了土地贵族，被誉为英国社会的脊梁骨。这一局面促使英国政府进行了一系列意义深远的政治改革和社会改革。比如改革议会，扩大了资产阶级民主；改革司法、文官和教育制度。经过改革，英国成了典型的资产阶级议会民主制国家，成为其他国家效法的榜样。

美国独立战争　1620 年 11 月，“五月花号”轮船载着一百多名饱受英国国教迫害的英国清教徒、贫苦农民和工匠来到美国，随后其他一些宗教逃难者以及许多在旧大陆走投无路的下层劳动人民，为了寻求财富、土地和避难所，相继远涉重洋来到北美，逐渐建成了殖民地。殖民地的人口多为英国移民，但也有很多人来自欧洲其他国家，黑人则是以奴隶身份从非洲贩卖到这里的。从 1607 年到 1732 年，英国陆续在北美大陆东岸建立了 13 个殖民地。随着殖民地经济的繁荣、社会形态的成熟以及独立的美利坚民族的形成，北美最终与英国殖民者分道扬镳了。

1775年4月18日夜晚，莱克星顿打响了独立战争的第一枪。1776年7月4日，大陆会议正式发表了主要由杰斐逊起草的《独立宣言》。《独立宣言》以十七八世纪资产阶级的天赋人权和社会契约学说为基础，提出：我们认为这些真理是不言而喻的，人人生而平等，他们都从他们的造物主那边被赋予了不可转让的权利，其中包括生命权、自由权和追求幸福的权力。《独立宣言》宣布：殖民地脱离英国，成立美利坚合众国。《独立宣言》作为美国独立战争的一面旗帜激发殖民地人民为捍卫个人自由和实现自治而浴血奋斗。《独立宣言》的发表，标志着美国的诞生。后来7月4日被定为美国的国庆日。《独立宣言》被马克思称为世界上第一个人权宣言。

乔治·华盛顿领导人民经过曲折艰苦的斗争，终于取得了独立战争的胜利。1783年英美在巴黎签订和约，英国承认美洲殖民地的独立。美国独立战争具有伟大的国际意义，它打击了英国的殖民统治，促进了英国国内的民主改革，直接影响了法国大革命，并推动了拉美独立解放运动的高涨。

独立战争结束后，原英属北美13个殖民地于1781年组成邦联。1787年5月，各州代表齐聚费城，起草了联邦宪法草案。美国宪法于1788年开始生效。宪法确立了联邦制、总统制和三权分立的原则，这种政府运行机制，使美国能长期保持稳定和平的政治格局，为美国的崛起提供了良好的国内环境，1789年4月30日，在美国临时国都纽约，乔治·华盛顿宣誓就任美国总统，星条旗在联邦大厅的屋顶上升起。

法国大革命 18世纪末的法国资产阶级革命是一场震撼世界的反封建的大革命，是当时最激烈的也是最彻底的资产阶级革命。革命推翻了波旁王朝的封建统治，将路易十六送上了断头台，法国被彻底改变了面貌，革命超越了国界，破坏了整个欧洲的封建统治秩序。

18世纪的法国是一个典型的封建等级君主专制国家。全国居民分为三个等级：僧侣和贵族是特权等级，第三等级的资产阶级、知识分子、农民和平民饱受特权等级的压迫。法国封建君主专制在路易十四统治时期达到顶峰。国王和贵族出入金碧辉煌的凡尔赛宫，过着穷奢极侈的生活，而象征封建专制的巴士底狱却关着敢于反抗的人。

1789 年 5 月，国王召开三级会议，要求第三等级增税，引发革命。7 月 14 日晨，人们攻占了巴士底狱。这一天标志着法国革命的开始，后来它被定为法国国庆节。8 月 26 日，制宪会议通过了《人权宣言》。这个资产阶级反封建的纲领性文件宣称：在权力方面，人们生来是、而且始终是自由平等的，自由、财产、安全和反抗压迫是人的自然的和不可动摇的权力，每个公民都有著述和出版自由，法律是公众意识的表现，在法律面前，所有的公民都是平等的。宣言提倡人权和法治，宣布了资产阶级自由、平等、三权分立的民主原则。同时《人权宣言》规定，财产神圣不可侵犯。这些都维护了资产阶级的利益。

随后法国内乱不断。外部，欧洲的封建君主先后组成了 7 次反法同盟，征讨法国，战争断断续续进行了 20 多年，震撼了整个欧洲。最后，法国共和国军队终于把敌人逐出法国领土。路易十六被处死，吉伦特派、雅各宾派相继执政，1794 年 7 月代表新兴大资产阶级的热月党人开始了他们的统治。

俄国彼得一世改革 17 世纪末的俄国是一个偏安一隅、落后封闭的国家，欧洲其他国家出现的新兴工商业在俄国几乎都没有。

把俄国推进到欧洲大国行列的是沙皇彼得一世。他打击大贵族势力，全方位地积极推进国家改革。他还继承、发展了俄国对外扩张的传统，由地域性的蚕食转向以夺取出海口为目的的世界性扩张。今天，沙皇彼得一世仍然被人们称为彼得大帝。

1689 年，彼得亲政后，到处网罗人才，并游学欧洲 18 个月，学习瑞典、荷兰和英国的先进理念。彼得回国后积极推行内部改革、外部扩张的国策，与南部土耳其签订和约，向西攻打瑞典。1703 年 5 月彼得开始建设圣彼得堡，并使之成为首都。随后，彼得发动北方战争，最终获得了波罗的海出海口，占领了西部大片土地。1721 年 10 月 22 日，俄国枢密院授予彼得以大帝和祖国之父称号。俄国国号也因此改名为俄罗斯帝国。彼得终于用野蛮制服了野蛮，使俄国由一个贫穷、落后、闭塞的国家变成了三面临海、地跨欧亚两洲的开放性欧洲大国之一。

彼得一世通过战争，使俄国从内陆国变成濒海国。在和西欧政治、经济、文化联系日益密切的同时，也为日后争夺欧洲霸权开辟了道路。

启蒙运动

启蒙一词在法文里是“启迪”的意思，启蒙运动意味着用光明驱逐黑暗、启民智于愚昧。当时平民百姓崇拜上帝，统治者乘机为自己蒙上了一层神圣的光环，宣传他们的统治权力是上帝赋予的，即所谓君权神授，神圣不可侵犯，平民百姓的思想为这种神权的观念所禁锢，世世代代俯首听命。启蒙思想家孟德斯鸠、伏尔泰和卢梭等人，先知先觉走在时代的前面，提倡思想自由、个性解放，宣传天赋人权、人生而平等，于是人们的思想得到了解放，统治阶级的面纱被揭开，原来国王、贵族和神甫也是普普通通的人，人回归了理性，从愚昧无知走向了明白事理。18 世纪法国启蒙运动是一场驱逐黑暗开启光明的资产阶级民主文化运动，它从兴起到发展几乎贯穿整个 18 世纪，所以人们也把 18 世纪称之为启蒙时代。启蒙运动并没有统一的组织，启蒙思想家们的主张并非一致，但是，这场运动反封建的目标始终如一。

启蒙运动产生的基础 启蒙运动的产生具有深刻的经济、哲学思想及政治根源。

经济上，欧洲 17 到 18 世纪处于商业革命的盛期，国内外贸易获得了蓬勃发展。与此相适应，重商主义更为成熟，强调国家干预经济，推行贸易垄断制，保证对外贸易的顺差。但同时商业革命也刺激了工场工业的繁荣，一种鼓吹自由放任的新经济理论出现，主张摆脱重商主义，保证工场工业在经济上的自由竞争，关税应当变为主要是保护工业的手段而不仅仅限于保护对外贸易，允许企业自由活动和自由贸易。

法国的魁奈、杜尔哥和英国的亚当·斯密都是主张采取自由放任政策的代表人物，他们要求经济上的自由伴随着渴望政治上的自由和平等。资产阶级的势力越来越成长和壮大，希望改革传统的经济政策，发展科学和文化事业，提高自己的政治、社会地位，从而同君主专制、贵族特权的矛盾逐渐激化。于是要求民主和法制的思想更加成熟，并广泛传播开来。

哲学思想上，启蒙思想家，特别是法国思想家站在时代的前列，在同封建专制与神学斗争中，在继承发展培根、笛卡尔等人的先进哲学思想和总结这个时期自然科学光辉成就的基础上，建立了资产阶级特色的唯物主义哲学体系，使 18 世纪成为法国人的世纪，它不仅给笼罩在法国大地上的漫长黑夜带来了革命的曙光，而且以欧洲为辐射中心波及全世界。

自然科学上，启蒙学者吸取了自然科学的成果，并认为，正如牛顿发现万有引力定律一样，人们也能够凭理性的力量发现有关自然、人类和社会的法则，谋取世俗的幸福。

政治上，17 世纪中叶英国资产阶级革命给予封建的君权神授理论以致命打击，宣告了君主专制统治在英国的最后绝迹，国王终于变成“统而不治”的“虚君”。1689 年《权利法案》通过，规定未经议会同意国王不得停止现行法律的效力，不得征收任何租税，也不得征召军队，从而限制了国王的财权、立法和军事权。1701 年议会又通过了《王位继承法》，确立了议会为最高立法机构，拥有确定国家预算、决定王位继承的权力。基于这些法案，英国建立了世界上第一个资产阶级君主立宪制政体，为其他国家的政治变革提供了一个光辉的范式。

启蒙运动概况　启蒙运动是 17 至 18 世纪诞生于英国，后很快传到法国乃至整个欧洲的一场反封建专制制度的思想文化运动，也是欧洲社会精神文化领域的一次批判运动。它是在资本主义经济发展的基础上，在自然科学和唯物主义哲学思想的影响下形成的，其基本特征是推崇资产阶级的“理性原则”，提出“自由、平等、博爱”的口号，倡导科学和文化，对封建传统思想和宗教的束缚持怀疑或反对态度。

法国是启蒙运动的中心，后来逐渐扩大到意大利、普鲁士和奥地利，也越过大西洋到达北美，对美洲产生了巨大影响。

启蒙运动中的启蒙思想家们高扬理性主义旗帜，以唯物主义哲学作为主导思想路线，著书立说，揭露和抨击王权，主张开明君主制或民主政体。由于启蒙思想家理论上的争论多于行动，以及宗教势力的强大，其代表新兴资产阶级的愿望未能实现。尽管如此，启蒙运动毕竟是文艺复兴以来又一次伟大的思想解放运动，扫除了中世纪宗教神学长期以来对人们思想的禁锢，用理性观念取代对上帝的迷信，用人权否定封建王权和神权，对科学观念和资产阶级民主思想的传播起了巨大作用，为法国资产阶级革命做了思想上的准备，也影响和推动了欧洲各国逐步走向思想变革的高潮。

著名启蒙思想家及其主要观点 18 世纪启蒙运动达到高潮，站在这场运动前列的巨人中，既有代表资产阶级不同阶层的思想家，也有代表城乡劳动群众利益的学者和社会学家，其中著名的有前期的伏尔泰和孟德斯鸠，顶峰时期的狄德罗和卢梭。

伏尔泰（1694—1778 年）原名弗兰斯瓦·马利·阿鲁埃，出身于巴黎公证人家庭。作为一个启蒙运动的倡导者，他的活动涉及哲学、历史、文学、政治和自然科学，作品数量多影响大，代表作有《哲学通信》《论信仰自由》和《哲学辞典》等。他向法国介绍英国洛克的唯物主义、牛顿形而上学论，在哲学上主张感觉论和经验论。

伏尔泰猛烈抨击天主教会，揭露教会是蒙昧主义的维护者，称教士为“恶棍”、教皇为“两只脚的禽兽”。伏尔泰并非彻底的唯物主义者，他持自然神论，认为仍需一个赏罚分明的上帝存在，以便约束平民，保持“秩序”。

他攻击专制制度和等级特权，主张信仰、言论和出版自由。他反对社会平等，认为：“生活在社会中的人们不分成两个阶级，即奴役人的富人阶级和被奴役的穷人阶级，那是不可能的。”伏尔泰强调私有财产的必要性，认为丧失财产的人将变成暴政和宗教狂的支柱。他以犀利的笔锋、辛辣的语言大胆揭露了法国旧制度的一切弊端，并且向愚昧和无知宣战，这在当时的确起了振聋发聩的作用。

孟德斯鸠（1689—1755 年）原名夏尔·路易·德·塞孔达。他和伏尔泰都是最初一代启蒙思想家。他出身贵族家庭，年轻时接受了法律教育。1776 年袭孟德斯鸠男爵称号，并任波尔多法院院长。1728 年入法兰西科学院，曾游历欧洲诸国，返法后潜心著述。

孟德斯鸠尖锐地讽刺和批判了封建专制制度和宗教愚昧。在宗教观点上，他持自然神论。在社会政治观点上，他认为人在自然状态时受自然法的支配，人们自我保存，和平相处，结成社会关系后就进入战争状态，因而需要社会立法。立法受制于各国的地理条件，但政治制度是重要的因素，它决定法的精神和法的内容；有三种正确的政体是专制制度的对立面，即民主制、贵族制和君主制，最理想的政体是君主立宪制。以保障自由为目标的法治国家是国家的灵魂，而保证法治的手段就是“三权分立”，即立法权、行政权和司法权应分属于三个不同的国家机关，三者相互制约，权力平衡。孟德斯鸠的学说对 18 世纪末美国和法国的宪法制定工作产生明显影响。他的主要著作有《波斯人信札》《罗马盛衰原因论》《论法的精神》和《关于〈论法的精神〉的答辩》。《论法的精神》是资产阶级法学经典著作之一。

德尼·狄德罗（1713—1780 年）是启蒙时期法国最伟大的哲学家、唯物主义者，出身于钟表工人家庭。1749 年发表《供明眼人参考的盲人的信》，以唯物主义和无神论的观点，对宗教神学展开了批判，并因此而被捕入狱。出狱后他主持编纂《百科全书》，共 35 卷，以此为契机，狄德罗团结了一大批进步学者，形成了一支反封建、反宗教神学的巨大力量——“百科全书派”，参与者有达兰贝尔、霍尔巴赫和爱儿维修等 160 余人，而狄德罗本人也成了“百科全书派”的旗手和领袖。《百科全书》总结了人类知识的各个分支，猛烈抨击了宗教神学、唯心主义与专制制度，宣传理性、人道主义与唯物主义，是一部卷帙浩繁、气势磅礴的巨著，反映了 18 世纪中叶以前世界科学、哲学的最高水平。

百科全书派学者都有自己的优秀著作，例如霍尔巴赫的《袖珍神学》，爱尔维修的《精神论》。狄德罗著有《对自然的解释》《拉摩的侄儿》《狄德罗与达兰贝尔的谈话》等著作。

让·雅克·卢梭（1712—1778 年）是小资产阶级民主主义者，主要著作有《论人类不平等的起源和基础》《社会契约论》《爱弥儿》和《忏悔录》。

卢梭认为，在远古的“自然状态”下，人们都是自由平等的，随后，财产的不平等和私有制的确立产生了人的不平等，同时带来了道德败坏，私有制是不平等的根源。他要求消灭贫富悬殊的现象，但并不要求消灭私有制，而主张保护小私有者，防止财产过分集中。他认为先有私有制和以私有制为基础的市民社会，然后才产生国家。人们本来希望国家能维护自由，但得到的却是专制和暴政的建立。他痛斥专制制度，认为合理的社会应当是人们订立协议即“社会契约”的结果。这样的国家才能具有合理的政治结构。卢梭提出了“人民主权”这一民主思想，认为一切权力属于人民，人民有权选举自己的全权代表，参加立法活动，监督国家甚至推翻破坏社会契约的专制政体。他认为理想的政治形式是民主共和国。卢梭的政治思想对后来法国大革命时期雅各宾派影响最大。

除上述四位主要代表外，法国启蒙时期还涌现了许多思想家和思想流派，他们批判的触角伸到封建制度的各个方面，有力地抨击了专制王权和封建特权等级，鼓舞了各阶层人民投入反封建斗争，为行将到来的资产阶级革命做了思想准备。

启蒙时期的文学

启蒙运动伴生了丰富多彩的启蒙文学。启蒙文学是典型的资产阶级文学，直接为资产阶级革命和清除封建势力制造舆论。它以自由、平等、博爱为中心，以理性主义为斗争武器，摒弃了古典主义的清规戒律，创造了自己的典型形式——启蒙戏剧和哲理小说。

英国文学　英国的启蒙文学出现在资产阶级革命以后，反映了资产阶级为清除封建残余，把革命继续推向前进的愿望。丹尼尔·笛福（1660—1731 年）的《鲁滨孙漂流记》记叙了鲁滨孙不安于平庸的小康生活，独自漂流到无人荒岛并在此生活了 28 年。笛福赞颂了鲁滨孙勇于追求、百折不挠的品格。鲁滨孙是资产阶级心目中的英雄，反映了资本原始积累时期资产阶级精神面貌——追求财富、勇于冒险和开拓进取。斯威夫特（1667—1745 年）生于爱尔兰，《格列佛游记》是他唯一的一部小说。全书叙述医生格列佛航海漂流到小人国的经历。作者讽刺和批判了英国的行政、立法、司法制度与竞争。

法国文学 法国的启蒙文学到18世纪20年代才逐渐成为主流，孟德斯鸠、伏尔泰、卢梭等既是启蒙思想家，又是启蒙文学家，他们创作了一批有影响的作品，如：孟德斯鸠《波斯人的信札》、伏尔泰《老实人》、狄德罗《拉摩的侄儿》和卢梭《爱弥儿》。这些作品以人物活动为主线，表现作家关于政治、法律、道德、文学方面的启蒙观点，富于哲理性，被称为“法国哲理小说”。

孟德斯鸠的《波斯人信札》（1721）是较早的一部哲理小说。它采用书信体形式，以波斯贵族郁斯贝克到法国游历为线索，通过与朋友的信件谈论各种见闻。信中以他者的眼光评述法国的政治制度、经济状况、社会风俗、宗教信仰等等，也旁涉了波斯的社会情况。

小说中游历情节只是提供一个框架，虽然也有一些短篇故事和情景描写，但主要是通过书信来发表议论和见解。其中关于“穴居人”的内容，表现了作者的社会理想。

伏尔泰哲理小说的代表作是《老实人》（1759），它以虚构的情节探讨世界的善恶问题。主人公老实人受邦葛罗斯的教育，开始坚信世界“十分完善”，但他沦落天涯，受尽欺凌、诈骗，甚至差点被人烧死，他的爱人居内贡举家罹难、被当作奴隶贩卖，这些遭遇让他认识到这个世界毫无正义和理性。《老实人》意在批驳莱布尼茨关于“上帝所创造的这个世界乃是一切可能的世界中最好的”这一哲学观点，认为它实际上是为神权和王权辩护，起着维护现存秩序的消极作用。伏尔泰描绘了合乎“理性”的理想王国——“黄金国”，在那里社会清明，科学昌盛，生活幸福而自由，土地就是黄金而人们却视若泥土。不过这里仍然有贤明的国王和对上帝的信仰。

狄德罗的《拉摩的侄儿》创作于1762至1799年，在作者生前并未面世，而是到1821陆续发表的。这是一部对话体的哲理小说，也是一部惊世骇俗的作品。它塑造了一个充满矛盾的“拉摩的侄儿”的形象，并通过他的言语，揭露了上流社会的腐朽，并就道德、艺术等等问题提出了一些独到的见解。马克思称这部小说为“无与伦比的作品”，恩格斯称之为“辩证法的杰作”。它在戏剧理论上的重要贡献是提出了“严肃戏剧”的概念。这种戏剧突破了传统悲剧、喜剧的严格界限，是一种新的戏剧体裁，即后世的正剧。它也是资产阶级现实主义美学的先驱者之一。

卢梭的《爱弥尔》(1762) 既是一部哲理小说，同时也是一部教育论著，它的副标题就叫《论教育》。它描写了一个人从出生、结婚到进入社会受教育的全过程，主张顺乎天性，让人的本性避免受社会偏见和恶习的影响而得到自然的发展。这部书不仅是卢梭论述资产阶级教育的专著，而且是他阐发资产阶级社会政治思想的名著。

哲理小说是法国启蒙作家创立的一种新型小说。这种小说虽有人物、情节，但它不注意环境与人物的细致描写，它以人物活动为主线，穿插描写了多方面的内容，把叙事、议论、抒情、讽刺融为一体，表现作家关于政治、法律、道德、文学方面的启蒙观点，富于哲理性。它的特点在于艺术形象与哲理的融合。但是这一时期的哲理小说一般来说不太重视社会环境的描写，也缺乏对人物性格的多侧面的精细刻画，以至人物缺乏个性而更多地表现为一种共性、一种理念的概括，同时也成了后世以文学作为“时代精神的传声筒”的始作俑者。

从主要方面看，哲理小说为形象与观念的结合积累了经验，是富于积极成果的。它所采用的书信体、对话体、寓言体等多种形式，所使用的辩驳、议论、讽刺、影射、戏谑、佯谬等多种手法，以及描写乌托邦式理想社会的传统等等，对于后世欧洲文学都产生了不可低估的影响。

另外，博马舍（1732—1799 年），擅长写喜剧，最著名的是《塞尔维的理发师》和《费加罗的婚礼》，后者是前者的续篇，他继承了古典主义的优良传统，语言讽刺辛辣、幽默有趣，借主人公费加罗的口揭露封建政治的腐败。

德国的“狂飙突进”运动 德国的启蒙文学运动是在英法两国的影响下发展起来的，它的任务是反对封建主义、促进德意志民族统一，也反映了资产阶级要求个性解放的愿望。代表作家是莱辛。

18 世纪 70 年代，继启蒙文学运动之后，在德国出现了“狂飙突进”

运动。它具有反抗暴虐、反对专制主义统治、反对宗教权威的性质。不过，“狂飙突进”不是直接推翻专制统治的政治变革，而是一次富有政治意义的文学运动。歌德的《少年维特之烦恼》与席勒的《强盗》堪称出类拔萃之作。

高特荷德·埃夫拉姆·莱辛（1729—1781年），是德国启蒙运动时期思想家、剧作家、文学批评家。悲剧《萨拉·萨姆逊小姐》以揭露市民阶层的软弱性而驰名全国，《拉奥孔，论绘画与诗的界限》奠定了德国现实主义文艺理论的基础，喜剧《明娜·冯·巴尔赫姆》讽刺了普鲁士专制政权。1767年莱辛任汉堡“民族剧院”顾问和剧评家，写出《汉堡评剧》，强调戏剧的道德教化作用。悲剧《爱米丽雅·迦洛蒂》充分揭露了德国封建暴君的荒淫无耻。晚年写出著名诗剧《智者纳旦》，批判路得正统教派狭隘的宗教偏见。他的作品体现了资产阶级民主主义精神，辛辣、尖锐地讽刺和批判了普鲁士专制制度下的现实社会生活，清除了宫廷贵族文学的影响和盲目崇拜法国古典主义的倾向，为建立德意志民族的现实主义文学和戏剧奠定了理论基础。

约翰·沃尔夫刚·歌德（1749—1832年）的小说《少年维特之烦恼》，以书信体的方式叙述渴望自由的维特爱上了朋友的未婚妻绿蒂，因而痛苦万分，最终因对生活绝望而自杀。这个不幸的爱情故事，反映了德国知识分子的苦闷心情，引起青年人的共鸣，甚至连维特的衣着也成为当时青年人的流行服装。所谓“世纪病”的彷徨，与歌德这部小说有着密切的关系，是早期浪漫主义作品中影响最大的一部。

歌德著名著作《浮士德》是一部有着12111行诗的诗剧，积60年辛劳而完成。它以德国社会的现实为背景，描写一个对书斋生活感到厌恶的、“饱学多闻”的博士浮士德，在与魔鬼靡非斯特的赌赛中追求爱情、创造事业的生活道路，集中反映了新兴资产阶级的反封建神学思想，诗剧中含有浓厚的人生哲理和社会哲理。

约翰·杰里斯托弗·弗里德里希·席勒（1759—1805年）的创作继承了莱辛的传统，富有战斗性。戏剧《强盗》，讲述了一群年轻人，在一个向全社会公开宣战的豪侠青年卡尔的带领下，杀富济贫的故事。

《阴谋与爱情》通过贫民少女路伊斯和贵族青年斐迪南要求婚姻自由的爱情悲剧，表达了作者反对封建等级制、主张平等的思想。到 18 世纪 80 年代中期，“狂飙突击”运动接近尾声，但是，德国民族的精神已被激发起来，必然要在 19 世纪兴起更全面、更深刻的文化高潮。

理性时代的史学

17 世纪以来，理性主义深入人心，人们认识到，凭借理性力量可以重新认识历史。启蒙学者把历史看作是一门综合性学科，不仅要研究政治、军事，而且要记述经济，特别要记述人类文化和精神方面的进步，以揭示理性在人类发展史上的重要作用。他们提出历史应该是人类史，不是少数人活动的舞台，不仅要写帝王将相，而且要写市民的活动，不仅要研究欧洲各民族的历史，也要探讨整个世界的文化史。史学进入理性时代。

法国史学　法国是欧洲启蒙运动的中心，理性主义史学在法国最有代表性。法国第一位启蒙思想家孟德斯鸠，也是理性主义史学的奠基人，另一位代表是伏尔泰。

孟德斯鸠的《罗马盛衰原因论》是一部史论专著。他借用罗马史料阐明自己的思想：国家的兴衰主要由政治制度的优劣和风俗的善恶决定的。他认为地理环境对于一个民族的性格、风俗、道德和精神面貌及其法律性质和政治制度，具有决定性的影响作用。他成了近代地理学派的创始人，他这种观点被称为“地理环境决定论”，对当时和后世的史学思想产生了很大影响。

伏尔泰有四部比较重要的史学著作：《瑞典王查理十二世传》《路易十四时代的历史》《论各国的立国精神和礼俗》《彼得大帝时代的俄国史》。《路易十四时代的历史》历经 30 余年完成，是史学界公认的近代第一部理性主义史学代表作。他根据大量的文献典籍、文物以及目击者的回忆录，详尽地记述了那个时代的政治、军事、外交、经济、文化、科学、艺术乃至民俗等，勾画出一个时代的全景图。至今这部著作还被认为是研究路易十四时代的权威著作。他的史学成就主要在于第一次提出"历史哲学"的概念，用"理性"审视历史现象，判断前人功过是非，写出有哲学意味的历史，他扩大了历史学的内含，把科学、文艺、风俗、饮食起居等划进历史研究范围，首创了文化史。他首次把东方国家的历史当作世界整体不可分割的部分加以研究。

英国史学 18 世纪的英国，出现了激进的历史学派辉格派和保守的历史学派托利派。

大卫·休谟（1711—1776 年）是托利史学派代表，他的代表作是《英国史》，共 4 卷 6 册，这本书突破了以王朝为中心的帝王世袭编年史的羁绊，不但叙述王朝的政治、战争，而且十分注重阐述社会关系、道德、文学、艺术等观念形态的历史作用。休谟通过史书著作极力维护现存的政治制度，拥护君主立宪制，主张冲破教会对政治的干预，发展"公众的自由、科学、理性和实业"。他写史政治色彩很浓，并不缜密地研究史料，不问其真伪，符合自己的政治原则即可。休谟的《英国史》成了近代史学的一个里程碑。

爱德华·吉本（1737—1794 年）是启蒙运动时期最著名的理性主义史学家，他使理性主义史学达到顶峰。《罗马帝国衰亡史》是其史学名著，全书共 6 卷 71 章，以罗马帝国衰亡为线索，贯穿了公元 2 至 16 世纪的史事，是中世纪以来西方第一部卷帙浩瀚、具有宏大史观的通史。它囊括了拜占庭、波斯、匈奴、日耳曼、斯拉夫、阿拉伯、土耳其等国家和民族的历史以及教会史。特别是第 5、6 卷，在西方史学史上可谓拓荒之作，也是西方系统研究拜占庭的开山之作。书中史料丰富，每一页都有详细的注释，可以称为古罗马资料精华汇集之大全，至今仍不失为研究罗马帝国史的权威之作。

吉本继承人文主义思想，揭示理性主义，把理性主义史学推向高峰，不愧为启蒙运动时期最卓越的史学家。《罗马帝国衰亡史》上可以与希罗多德的《历史》、修昔底德的《伯罗奔尼撒战争史》媲美，下可与 19 世纪著名的德国史学家兰克的《教皇史》匹敌。这部著作被译成多种文字，在世界各地流传，影响甚广。

意大利历史哲学 历史哲学产生于 18 世纪启蒙时代，维科是历史哲学的创造者。

维科（1668—1744 年）自学成才，是西方第一个试图论证社会发展规律的历史哲学家。主要著作有《论普通法的唯一原理》《论民族共同性的新科学原理》（又称《新科学》）。《新科学》是维科历史哲学的代表作。全书共分 5 卷，主要通过对历史的反思，系统地阐述了人类社会的产生和发展、动力和方向等理论，提出了许多新的、有价值的观点。比如：人类历史是按照客观规律运行的；每个民族在其发展中，都毫不例外地经历了三个互相衔接的发展阶段，即“神权时代”、“英雄时代”和“人权时代”。维科深邃的思想为西方历史哲学的创立奠定了基础，对革新西方史学产生了深远的影响。

德意志启蒙史学 三十年战争之后，德国经济遭到严重破坏，政治上更加分裂，学术文化一蹶不振，长期依附于法国。可以说在 1750 年以前不存在独立的德意志学术思想。德国启蒙史学是在 18 世纪后半期兴起的。

莫塞尔（1720—1794 年）是德国启蒙时代的历史学家。著有《奥斯纳布律克史》，此书以理性主义为指南，侧重研究文化史，但也注重探讨经济与政治制度之间的内在联系。他在研究德意志宪政史时指出：历史发展的过程是各种社会经济因素以及它们对变动中诸阶级的影响之间交互作用的综合。他实际上是德国经济史创始人和国民经济历史学派之父。

施洛塞尔（1735—1809 年）是启蒙时期德国贡献最大，影响最深的史学家。他历史著述丰富，有《变化中的新俄国》《俄国史》《北欧诸国史要》《北非史略》《历史批判之余》《贸易史》等，最著名的是《世界通史》，它体现出推陈出新的精神。他强调世界史的整体性，世界史应是“人类的历史”，不能以欧洲诸国的历史取而代之，而要把亚洲、非洲及一切已知地区的历史都囊括进去。他深受伏尔泰的影响，主张将世界史的研究推向人类社会的各个方面，除政治外，还应研究人类文化发展的进程，这样才能反映出多姿多彩的人类社会的全貌。施洛塞尔对世界史的全新认识，使他获得了“世界史之父”的荣称。

启蒙时期的教育

本时期，教育理论受到极大关注，一些理论对现代仍具有现实意义。

英国　洛克在《教育漫话》中阐述了他的教育观点。他断言教育的作用是巨大的，正是教育才使人们形成巨大的差异。他认为教育的主要手段不是教训，而是示范和儿童周围的环境，培养习惯应当从极小的年龄开始，必须克服儿童的任性和懒惰等。洛克在《教育漫话》中明确规定了“绅士”教育，即在英国已经执掌政权的新兴资产阶级代表着教育的目的和性质。洛克还主张传授给学生范围广泛的知识。配蒂（1623—1678 年）和贝勒斯（1654—1725 年）提出了劳动教育思想。贝勒斯说明社会教育的优点，强调教育中集体性的重大意义。贝勒斯的教育和生产劳动相结合的思想对欧文的教育观点产生重大影响。

法国　卢梭认为应当依照儿童自然发展的规律，培养儿童所固有的观察、思维和感受的能力。他提出了按年龄段来教育儿童的思想。他认为在受教育的第四期——从 15 岁到成年，还必须对学生进行性教育。他的《爱弥尔》是西方教育史上为数不多的几部里程碑式的著作，出版后轰动了整个欧洲，影响巨大。

克劳德·阿德里安·爱尔维修（1715—1771 年）的主要著作有《精神论》和《论人及其智力和教育》。爱尔维修认为一切公民的教育必须有一个统一目的。这个目的在于增进全社会的福利，增进最大多数公民的最大快乐和幸福，应当培养能够把个人福利跟民族福利结合起来的爱国者。他否定了人与人之间的天赋差异，断言人的不同只是由于环境和教育的影响。他把环境和教育结合为某种统一体，从而认为它们在人的形成上有决定性的作用。他认为必须广泛教育和再教育人民，因为“意见支配着世界”。爱尔维修还相信，教育的结果会把人培养成没有任何偏见的、善于把个人幸福跟民族幸福结合起来的人。

狄德罗高度评价了教育的作用，但不承认教育是万能的。他以对话的形式写出了著名的《对于爱尔维修〈论人〉一书的系统的反驳》，认为人是有自然差异的，在教育中必须考虑儿童生理特征。狄德罗是大众教育的拥护者，说“教育使人发现自己的尊严”。他认为国内的全部教育，必须加以改革，校门要向社会所有阶层敞开，坚持改革中学教学大纲，反对让古典教育在中学里占优势，主张实施实科教育。

孔多赛（1743—1794 年）向立法议会所属的公共教育委员会提出了自己的计划，宣布国民教育是国家无一例外的对一切公民的责任；因此一切阶段的学校教育应当是普及的、免费的，对两性青年应当是平等的。他根据对英、德、意各国大学数量的比较，提出在法国建立九所最高教育和研究机构的具体方案。

德国 17 世纪和 18 世纪初期在德国初等学校方面花极大精力的是虔信派——新教派的信徒。到 18 世纪中叶，他们仅在普鲁士就开办了 2000 所初等学校。

佛兰克（1663—1727 年）是虔信派教育家。他特别强调关心外国教育，尤其是英国教育。由于他的重视，国外教育经验对德国的学校和孤儿院起了促进作用。他在哈勒开办了一所贫民免费学校、一所孤儿院、几所初等学校、一所拉丁中学和师范学校。

1708 年虔信派席姆勒在哈勒创办了数学力学经济学实科中学，校内讲授数学、物理学、力学、自然、天文学、地理学、法律、绘画、制图，在教学法上广泛使用了绘画、图表、标本、模型等直观教材。1747 年，赫克在柏林开办了一所经济学数学实科中学。学校设数学、几何、建筑、地理、物理学、商品制造、贸易、经济八班。以后仿照这个实科中学的学校在德国许多城市相继诞生。在文科中学里也添设了实科班、高小班以及专科。实科中学的开办是国民教育方面的进步，但这一类进步的学校在经济文化落后的德国，是克服很大的困难极其缓慢地发展起来的。

俄国 17 世纪中叶，俄国形成了统一市场，加强了同西欧的商业联系，特别是 17 世纪后半期，俄国教育的发展更加迅速，这为 18 世纪初期的教育改革创造了条件。

罗蒙诺索夫（1711—1765 年）对俄罗斯文化和教育的发展做出了十分重大的贡献。他在 1758 年拟定的《科学院中学章程》中，坚持了关于中学的普通教育性质和无等级性质的意见，为中学和大学编写了许多教科书。他在《实验物理学》一书中，用唯物主义精神解释了自然现象。1755 年 4 月他参与创办莫斯科大学，设立法律、哲学和医学三系。罗蒙诺索夫为了让学者能进行科学研究工作，曾规定在大学内设置许多辅助机构，如物理实验室、解剖教室等。

哲学

此期除了启蒙哲学外，最值得一提的是德国古典哲学。德国古典主义哲学的创始人是康德（1724—1804 年），他调和了笛卡儿的理性主义与培根的经验主义，被认为是继苏格拉底、柏拉图和亚里士多德后，西方最具影响力的思想家之一。他的核心三大著作被合称为“三大批判”，即《纯粹理性批判》《实践理性批判》和《判断力批判》，这三部作品系统地阐述了他的知识学、伦理学和美学思想。其中《纯粹理性批判》尤其受到学术界重视，标志着哲学研究的主要方向由本体论转向认识论，是西方哲学史上划时代的巨著，被视为近代哲学的开端。此外，康德在宗教哲学、法律哲学和历史哲学方面也有重要论著。

康德之后，德国古典哲学经过费希特和谢林的发展，到黑格尔时，达到登峰造极的地步。

黑格尔（1770—1831 年）是德国近代客观唯心主义哲学的代表，他对德国哲学进行了最系统、最丰富和最完整的阐述，是德国古典哲学集大成者。他在哲学上最大的贡献就是辩证法。在欧洲哲学史上，他第一个把整个自然的、历史的和精神的世界看作是一个过程，认为它处于不断地运动变化发展中，并企图揭示这种运动和发展的内在联系。特别是他辩证地理解人与自然界的关系，认为人与自然界是有机统一的和相互作用的；辩证地理解人类历史，认为劳动是人的自我创造的手段，人的自我创造构成历史的内容。黑格尔的思想体系是马克思唯物主义辩证法的主要源流。19 世纪末年，在美国和英国，一流的学院哲学家大多都是黑格尔派。

另一位德国哲学家费尔巴哈（1804—1872 年）对黑格尔的唯心主义进行了批判。他的主要著作有《黑格尔哲学批判》《基督教的本质》《未来哲学理论》等。他认为，思维与存在相统一的基础和主体是人，人的精神思想是大脑的属性；思维从存在而来，而自然界是不依赖于任何哲学而独立存在的；人是自然界的产物，不可能与自然矛盾，因此人能认识自然界。他批判基督教神学和黑格尔哲学，因为黑格尔颠倒了主客体关系。他指出是人创造了上帝，绝对精神不过是以精神的形式表现出来的上帝。这样，他在德国哲学界重新树立起了唯物主义的权威，不过他其中的形而上思想，受到了马克思的批判。

洛可可艺术

洛可可（Rococo）艺术产生于 18 世纪的法国，随后遍及欧洲，由于它盛行于路易十五统治时期，因而又称作“路易十五式”。洛可可原意为螺钿装饰，这种艺术形式或风格具有轻快、精致、细腻、繁复等特点，有人认为洛可可风格是巴洛克风格的晚期，即颓废和瓦解的阶段。洛可可艺术风格被广泛应用在建筑、装潢、绘画、文学、雕塑、音乐等艺术领域。在 18 世纪上半叶，成为风行欧洲的主要倾向。

图 10-1　苏比斯府邸椭圆形厅（出自建筑师 Germain Boffrand）

洛可可建筑　洛可可建筑多为轻结构的花园式府邸。室内装潢色彩明快，家具精致而烦琐。爱用贝壳、旋涡、山石作为装饰题材，卷草舒花，缠绵盘曲，连成一体。天花和墙面有时以弧面相连，转角处布置壁画。为了模仿自然形态，室内建筑部件也往往做成不对称形状，变化万千，但有时流于矫揉造作。室内墙面粉刷爱用嫩绿、粉红、玫瑰红等鲜艳的浅色调，线脚大多用金色。室内护壁板有时用木板，有时做成精致的框格，框内四周有一圈花边，中间常衬以浅色东方织锦。洛可可艺术在形成过程中，曾受中国清代工艺美术的影响，在庭园布置、室内装饰、丝织品、瓷器、漆器等方面，表现尤为显著。洛可可风格装饰的代表作是尚蒂依小城堡的亲王沙龙（1722，让·奥贝尔设计）、巴黎苏比斯府邸的公主沙龙（1722，热尔曼·博夫朗设计）、德国波茨坦无愁宫和凡尔赛宫的王后居室。

洛可可绘画　如果说巴洛克艺术比较阳刚的话，那么洛可可艺术则较为阴柔。洛可可绘画以上流社会享乐生活为对象，描绘宫廷朝臣和贵族或贵族妇女们精美华丽的装饰，配以秀美的自然景色或精美的人文景观。洛可可画家喜欢选用清纯鲜明的颜色和精致的曲线构图，喜欢用小天使和爱情神话等来点缀画作，使得画面变得优美而又神秘。洛可可美学开始脱离宗教和国家等思想倾向，逐渐摆脱端庄神圣、古板沉闷的气息，表现出田园诗式的风情。

洛可可绘画最卓越的代表是华铎(1684—1721年)的《舟发西苔岛》。该画题材取自当时的一个歌剧，描写一群贵族男女，梦寐以求地幻想有一个无忧无虑的爱情乐园。布歇（1703—1770年）技巧纯熟，使用明亮色彩和细腻华丽的手法使古典神话题材新意盎然。《蓬巴杜夫人》《裸女〈奥莫尔菲小姐〉》尽显路易十五宫廷情调，是洛可可绘画的代表作。弗拉戈纳（1732—1806年）擅于表现妩媚的人物和华贵的服饰。《秋千》中少女故意踢落鞋子，要为她荡秋千的男士去拾。《浴女》构图突兀，女人似乎同云朵、树木、河流一起急剧旋转，别致而诱人。

图 10-2　蓬巴杜夫人（作者：弗郎索瓦·布歇）

洛可可服饰　1715—1789 年是服装史上的洛可可时期。如果说 17 世纪的巴洛克服饰是以男性为中心，以路易十四的宫廷为舞台展开的奇特装束，那么 18 世纪的洛可可服饰则是以女性为中心，以沙龙舞台展开的优雅样式。洛可可服装的显著特点是柔媚细腻，纤弱柔和，这使整个服装风格趋于柔美繁复化。服装中大量运用夸张的造型，柔和艳丽的色彩（比如膨大的后裙、甜美的香槟色和奶油色）以及自然形态的装饰，给人以奢华浪漫的视觉效果。洛可可女装有皱褶、荷叶边、随意的花边和隆起的衬裙。一种穹顶形的鲸骨圈取代了古老的钟式裙，造成了洛可可前期的典型女性剪影效果，从过于宽大的裙子到瘦削的肩膀，再到发型高耸的头部，整个人显现出一个圆锥形。

洛可可后期受波兰服装影响，出现了波兰式罗布，其特征是裙子部分在后侧分两处像幕布或当时的窗帘似的向上提起，臀部出现三个柔和膨起的团。洛可可服饰精致而优雅，注重细节，极具装饰性。从布歇的《蓬巴杜夫人》肖像画可以看到，蓬帕杜夫人穿的是典型的法国式罗布。紧身上衣和宽大下裙是用艳丽的蓝绿色缎子做的，胸部V字形打开，露出倒三角形的粉色丝绸胸挡，胸挡上面饰有精美的宝石，还饰有玫瑰色的缎带蝴蝶结和玫瑰花。缎带蝴蝶结和玫瑰花同样装饰在上衣开襟处、衬裙下摆、左胸前、头顶和袖口处。袖口三层飞边是用最高级的蕾丝做的，是17世纪末到18世纪中叶欧洲女装中流行的独特装饰，十分奢华，表现出一种洗练、精致和纤细的美。

音乐发展的新时期

17世纪产生的音乐风格、器乐体裁、歌剧形式以及音乐理论，经过亨德尔和巴赫发展，终于在18世纪末19世纪初达到了一个音乐高潮，出现了以莫扎特和贝多芬为代表的古典音乐兴旺时期。17至18世纪中叶，意大利人找到了用声音概括感情的方式，创造了新的音乐体裁，即意大利式的歌剧和奏鸣曲；德国人找到了用音乐概括哲理和刻画心理的形式，这就是巴赫的伟大创造。另外，在法国和英国，也发展了富丽堂皇的音乐剧和富有英雄气概的清唱剧。18世纪后半期至19世纪初期，在维也纳形成了以古典风格为标志的西欧作曲学派——维也纳古典学派，其主要代表人物有海顿、莫扎特和贝多芬。“维也纳乐派”后来几乎成为欧洲古典主义音乐的代名词。

意大利歌剧产生于16至17世纪之交，到17世纪末叶先后形成两个著名的乐派，威尼斯乐派和那波里乐派。威尼斯乐派的主要代表是蒙特威尔第（1567—1643年），他是第一个使歌剧戏剧化的作曲家，风格凌厉，善于表现激动、愤怒与战斗的情绪。那波里乐派的创始人及代表是阿·斯卡拉蒂（1659—1725年），他继承了威尼斯歌剧的发展脉络，撇去它浮华表面的东西，强调抒情的作用。意大利歌剧对欧洲各国音乐文化的发展影响很大。

当时的音乐体裁除了歌剧外，还有康塔塔与清唱剧。康塔塔是室内音乐，供少数人欣赏，清唱剧是一种宗教题材的音乐剧。在形式上它们都与歌曲相似：包含宣叙调、咏叹调、重唱、合唱；同时它们同属于主调音乐的范畴。

文艺复兴时期，音乐以声乐为主，到了17至18世纪，器乐得到了发展，不仅器乐的题材逐渐固定下来，而且各种器乐曲和各种合奏曲的风格也逐渐形成，风琴音乐、古钢琴音乐、器乐合奏被广泛推广与使用。威尼斯乐派率先尝试乐器合奏，波隆那学派发展了组曲合奏，并把它们分为“室内奏鸣曲”和“教堂奏鸣曲”。在17世纪器乐合奏中，小提琴的地位逐渐突出，在小提琴音乐中，最重要的体裁是奏鸣曲和协奏曲。

18世纪中叶以后受启蒙运动和工业革命的影响，欧洲器乐从题材、风格到体裁形式上全面变革，结果宗教、神话、宫廷生活的题材逐渐失去其统治地位，反映世俗生活和现实情感的奏鸣曲、交响乐、协奏曲、室内重奏等音乐体裁全面建立，最终形成了以海顿、莫扎特等为代表的“维也纳古典乐派”。

约瑟夫·海顿（1732—1809年），德奥作曲家，出身贫寒，一生创作了不下125首交响乐，号称“交响乐之父”。他奠定了古典主义器乐创作的基本原则——鲜明的民族特色、深刻的哲理性与完美匀称的艺术形式相结合的创作原则。在创作手法上确立了近代管弦乐的编制和配器原则。海顿的作品乐天幽默、生动自然，他是维也纳古典乐派器乐风格的真正奠基者，而莫扎特、贝多芬的器乐成就都是在他的基础上发展起来的。

沃尔夫冈·阿玛台乌斯·莫扎特（1756—1791年），奥地利作曲家。维也纳古典乐派代表人之一。诞生于萨尔萨堡一个宫廷乐师家里，从小就显露出突出的音乐才华，被誉为“神童”。一共创作了约45部完整的交响乐，还在歌剧、协奏曲、奏鸣曲、室内重奏、宗教体裁以及娱乐性的器乐曲、舞曲等领域写出了优秀的超过前人和同辈的作品，他是欧洲罕见的天才作曲家，其作品至今传颂不衰。

海顿和莫扎特奠定了古典交响乐的基础。此后，贝多芬在艺术创造方面全面地继承了德国从巴赫、亨德尔以来的优秀传统，大量吸取了当时进步的法国革命音乐的成果和富于英雄性的音调，把古典交响乐推向了顶峰。贝多芬的主要作品是九部交响曲，其中以第三《英雄》、第五《命运》、第六《田园》、第九《合唱》最为著名。贝多芬的作品受18世纪启蒙运动和德国狂飙突进运动的影响，个性鲜明，热情豪放。在音乐表现上，他几乎涉及当时所有的音乐体裁，大大提高了钢琴的表现力，使之获得交响性的戏剧效果；又使交响曲成为直接反映社会变革的重要音乐形式。贝多芬集古典音乐的大成，同时开辟了浪漫时期音乐的道路。比如，在套曲中善于以充满动力的谐谑曲代替雅致的小步舞曲，赋予管弦乐曲以交响性构思的配器，并在交响乐中引用人声等。他的创作成就极大地深化了音乐艺术的思想性和表现力，被尊称为“乐圣”，对后世有极深远的影响。

知识拓展　经典导读

一、《社会契约论》（节选）

【提要】　《社会契约论》发表于1762年，作者是法国思想家卢梭。书中系统阐述了主权在民的思想，这一思想成为现代民主制度的基石。美国的《独立宣言》和法国的《人权宣言》及两国的宪法均体现了《社会契约论》的民主思想。

自由并不是任何气候之下的产物，所以也不是任何民族都力所能及的……

在全世界的一切政府中，公家都是只消费而不生产的。那么，他们所消费的资料从何而来？那就来自其成员的劳动。正是个人的剩余，才提供了公家的所需。由此可见，唯有当人类劳动的收获超过了他们自身的需要时，政治状态才能够存在。然而，这种过剩在全世界的各个国家里并不是都一样的。

在某些国家里，它是相当大的，但在另一些国家里却微不足道，另有些国家里根本就没有，再有些国家则是负数。这一比率要取决于气候的好坏、土地所需要的劳动种类、物产的性质、居民的力量和他们所必需的消费量的多少以及这一比率所由以构成的许多其他的类似比率。

另一方面，各种政府的性质也不一样，它们的胃口也有大有小；而且这些不同还要基于另一条原则，即公共赋税距离它们的来源愈远，则负担就愈重。衡量这种担负，决不能只根据税收的数量，而是要根据税收转回到原纳税人的手里时所必须经历的路程。如果这一流转过程既简捷而又规定得好，那么无论人民纳税是多少，都是无关紧要的；人民总会是富足的，财政状况总会是良好的。反之，无论人民所缴纳的是多么少，但是，如果连这一点点也永不再回到人民手里的话，那么由于不断的缴纳，人民不久就会枯竭。于是国家就永远不会富足，人民就永远都是贫困的。

由此可见，人民与政府的距离越扩大，则贡赋也就越沉重；因此，在民主制之下人民负担最轻，在贵族制之下负担较大，在国君制之下就承担着最大的重担了。所以，国君制只适宜于富饶的国家；贵族制只适宜于财富和版图都适中的国家；民主制则适宜于小而贫困的国家。

事实上，我们越是加以思索，就越会在这里面发现自由国家与国君制国家之间的不同。在前者之中，一切都是用于共同的利益；而在后者之中，则公共力量与个别力量二者是互为倒数的，一个的扩大乃是由于另一个的削弱。归根到底，专制制度之统治臣民并不是为了要使他们幸福，而是要使他们贫愁困苦，以便统治他们。

资料来源：（法）卢梭著，《社会契约论》第三卷第八章《论没有一种政府形式适宜于一切国家》，何兆武译，商务印书馆，2003 年版

【问题与思考】

你是否同意卢梭的观点？

二、《罗马帝国衰亡史》（节选）

【提要】 英国学者爱德华·吉本的《罗马帝国衰亡史》是一部恢宏巨著，描绘论述了罗马帝国的全部历史，被认为是第一部“现代”历史著作。这里节选的是查士丁尼开始编纂罗马法的部分，考证翔实，精彩生动。

六、查士丁尼对罗马法的改革及法典的编撰

等到查士丁尼登基称帝（527 A.D.），罗马法的改革是工作艰巨却又势在必行的任务。经过 10 个世纪漫长的岁月，汗牛充栋的法律条款和司法文件有数千卷之多，一般人没有财力购买也无能力消化，而且所需要的书籍很难找到。法官就像目不识丁的人只有任意处置，如同空有万贯家财的富翁，要花钱时仍然一穷二白。那些使用希腊语的行省居民，将生命及财产交给他们一无所知的语言来处置。在贝里图斯和君士坦丁堡的学院里面，把拉丁语当作野蛮人使用的方言，学生不愿尽心尽力去学习。幼年的查士丁尼有如伊利里亚的士兵，只熟悉当地的土话，等到少年时代接受法律课程的教导，现在基于帝国的需要，选出东部学识最为渊博的法学家，随同他们的君主努力进行改革的工作。皇帝的倡导和官员的经验，有助于学者专家提出他们的主张。

特里波尼安（Tribonian）（527 A.D.—546 A.D.）的积极进取鼓舞大家的信心，推动整个计划。这位极为出众的人物是潘菲利亚行省塞得（Side）地方的土著，为了达成这个目标，受到无数的赞许和指责。他的才华就像培根（Bacon）一样，精通那个时代所有的事务和知识。特里波尼安用散文和韵文就各种不同的题材，写出变化多端和深奥难解的作品：像是赞誉查士丁尼有双重含意的颂辞；哲学家狄奥多图斯（Theodotus）的传记；幸福的本质与政府的责任；荷马作品目录及二十四种诗韵；托勒密的天文学准则；太阴的月相转换；行星家族的体系；世界的和谐系统。他进一步运用拉丁语来研究希腊文献。这位罗马的民法学家把所有的数据保存在图书馆和自己的脑海之中，终生有恒不懈地精研法律这门学问，为他开启飞黄腾达的富贵之路。从在禁卫军统领的手下担任律师开始发迹，接着擢升为财务大臣、执政官和御前大臣等职位。查士丁尼在国务会议中经常听取他的报告，发觉他不仅口若悬河而且智慧过人。他的态度谦虚，行事低调，减少别人的嫉妒之心。他受到宗教信仰不够虔诚和贪财好货的指责，难免会玷污他的德行或形象。在心胸狭隘和善于罗织的宫廷，这位据有重要职位的大臣受到控诉，说他在暗中背弃基督教的信仰，心中存有无神论者或异教徒的思想和情怀，主要是归于末代希腊哲学家的影响，当然这种借口非常矛盾，根本无法自圆其说。他的贪婪倒是证据明确而且众所周知，要是他在司法部门收受礼物而发挥影响力，企图改变审判的结果，就像再度发生培根的案例。如果他使神圣不可侵犯的职业受到羞辱，如果他为了获得私人报酬的不纯正动机，因而每天都在制定、修正或注销法律，即使是他的建树也无法为卑鄙的行为赎罪。君士坦丁堡的叛变事件，民众的气愤叫嚣使他遭罢黜丢官，但是很快恢复财政大臣的职位，直到他去世为止，有二十多年的时间始终获得皇帝的重用和信任。查士丁尼赞许他的唯命是从和负责尽职，然而这种鞠躬尽瘁的态度已经堕落成为谄媚奉承，皇帝的虚荣心作祟，因此难以分辨。特里波尼安敬爱仁慈的主子有如神明，感叹世间怎么会有这样伟大的君王，装出一副戒慎恐惧的样子，害怕查士丁尼就像以利亚（Elijah）或罗慕路斯，会被上苍接走送到光荣的天庭。

如果恺撒完成罗马法的改革，他那因内省和研究而增强的创造才能，就会带给世界一套纯粹和原创的法学系统。无论是否出于奉承之辞，东方的皇帝生怕拿个人的判断来作为公正的标准，虽然自己拥有立法的权柄，还是要借用时间和舆论的协助，以逝去的哲人和立法者作为监督，好完成辛苦的编纂工作。查士丁尼并不像艺术家用自己的手塑造一尊雕像，他的著作如同古代耗费钱财的方格状路面，是一大堆缺乏条理的断简残篇。登基第一年，他指示特里波尼安，在九位饱学之士的协力下，校勘历代皇帝的法令和诏书（528 年 2 月 13 日），从哈德良统治的年代开始，将格列高利、赫摩吉尼安和狄奥多西三部法典记载的项目，全部包括在内，要修订错误失落和相互矛盾的条文，删除已经作废的部分和过分冗长的文字，选择立法明智和裨益良多的法规，能够适应法庭的运作，为臣民带来福祉。完成这件工作只花费 14 个月的时间。这个新成立的十人委员会，企图效法罗马先贤的事功，十二卷法典或称为“表”是最好的成果（529 年 4 月 7 日）。查士丁尼的新法典用他自己的名字以示尊荣，经过签字批准后，交给各单位的公证人和书记，用笔抄录很多部，经过校正无误，分送欧洲、亚洲以及后来阿非利加各行省的官员，选择庄严的节庆期间，在教堂的门口当众宣读这部帝国的法律。

资料来源：（英）爱德华·吉本著，《罗马帝国衰亡史》，席代岳译，第四卷第四十四章，吉林出版集团有限责任公司，2014 年版，第 1869 页

【问题与思考】

1．课外阅读《罗马帝国衰亡史》，总结罗马帝国衰亡的原因。

2．查士丁尼是怎样编纂罗马法的？其中特里波尼安起了什么作用？罗马法是怎样在罗马帝国境内颁布实施的？

第十一章　19 世纪的西方文化

19 世纪是一个政治、经济和社会剧变的时代，在政治和社会上，它是一个高预期的和骚动的时代。在非常短的时间内就会发生那种通常需要数十年才能发生的根本改变。由来已久的制度、特权和习俗瓦解了，财富、权力和权利被重新划分。人们住在何处、如何谋生以及他们之间的关系都以不可逆转和革命性的方式发生着改变。

政治历史背景

19 世纪掀起的民族主义成为社会生活中起主导作用的一种精神力量。它主张：至高无上的权威来自民族，来自作为一个整体的人民。国家不是统治者私人占有物，而是人民意志的体现。民族主义作为一种意识的纽带，常常使一个群体的人们强烈地感到他们都依附在特殊的土地上，都拥有一种共同的文化和历史。这为社会提供了新的凝聚力。为个人提供了归宿感。民族主义还在随后的 20 世纪传播到世界其他地区，一个现代意义上的、人们今天所认识的、主要以民族国家为权力实体的欧洲终于出现。由于民族主义从本质上说是民族利己主义的，对民族历史和特征的过分强调暴露出其负面作用。它常常表现为一种集团性和部落性的排他主义，忽视践踏个人和少数民族的权利，驱使本民族走向政治极端主义。

法国　19 世纪的法国最初 15 年是拿破仑时代，他凭借自己的战争艺术多次打败反法同盟，一度统一了欧洲。但后来法国历经波旁王朝，30 年代建立 7 月王朝。一直到 1871 年巴黎人民起义成立“巴黎公社”。19 世纪 80 年代，法国进一步在海外扩张殖民势力，侵占了许多非洲国家和亚洲的越南。19 世纪晚期的法国，工业结构发生了明显的变化，出现了集中化的垄断，农业不断向商品化过渡。

德国 1870 年前，德国在政治上仍然处于支离破碎的状态，有三四十个诸侯小国，经济落后，国力不支，饱受欧洲列强的欺凌。直到俾斯麦 1862 年在德国出现，德国的统一也就水到渠成。他是一位杰出的政治家，主张以实力，即所谓的“铁血政策”来治理国家。他策划了三次战争完成统一德国的伟大事业，史称第二帝国。这个帝国工业迅速发展，国力明显增强，到 19 世纪末期，国民生产总值占世界总额的 15.7%，仅次于美国。并且开始扩大自己的殖民势力，兼并太平洋中的一些岛屿，而且占领了中国的胶州半岛。

俄国 19 世纪后俄罗斯已经成为欧洲政治舞台上一个举足轻重的大国。随着反拿破仑战争的胜利，俄罗斯民族自信心得到了加强。在欧洲启蒙思想影响下，导致了两次重大政治事件：一是 1825 年十二月党人起义，另一件是 1855 年登基的沙皇亚历山大二世的改革。后来彼得一世的改革和叶卡捷琳娜二世的开明专政使俄罗斯成为欧洲社会的一员。俄国比以往任何时候都更加紧密地靠拢西方，竭力利用西方资本实行工业化。

欧洲列国 西班牙在 19 世纪已经沦落为一个普通国家，但在南欧仍具有举足轻重的地位。欧洲地区在 19 世纪以和平方式建设了三个国家：荷兰、比利时、卢森堡。北欧也在 19 世纪完成了民族国家的建设。丹麦、瑞典、挪威都以独立国家面貌出现。但是意大利的统一步履艰难。自从罗马帝国灭亡以来，意大利一直处于分崩离析的状态。在长达 1000 年的时间里，意大利只是一个地理名词，从未出现过一个统一的国家。1859 年，意大利与奥地利进行了一场民族统一战争，实现了初步的统一。1870 年普法战争爆发，意大利与普鲁士联合打败了奥地利，教皇国和意大利合并，教皇只获得了面积不足 1 平方千米的梵蒂冈作为自己的栖身之所，彻底丧失统治社会的世俗权力。意大利终于完成了整个半岛的民族统一进程，作为一个统一的国家出现在欧洲大陆。

美国 19 世纪末期到第一次世界大战期间，美国国内整顿经济秩序，国外扩张经济势力，奠定大业基础。第二次世界大战是欧陆与美国此消彼长的关键时刻。二战后美国接替英国成为“自由世界”的盟主，20 世纪 80 年代开始担任全球资本的尖兵。英美两国在意识形态上都是资本主义的堡垒，在政治上都是立宪与分权，在民族血缘上同属于央格鲁-撒克逊。一战后，英国疲惫不堪，二战终于把它拖垮，美国则脱颖而出。它与欧洲诸国不同，是个新型的多元化国家。它的多元化更是欧洲文化的重新组合和延续。南北战争结束后，美国的工业化才算是真正起步。英国是从手工业走上水动力的工业化，然后走上煤动力的工业化。美国在英国的基础上，走上以电和石油为动力的工业化。19 世纪末 20 世纪初的美国工业产量和人均收入仅次于英国，它一直采取经济放任政策，除了关键的铁路建设外，政府绝少干预。经济发展制造了中产阶级，他们对商业精英和极端分子抱有同样的戒心。这些进步分子要求政府管制以维护真正的竞争和自由经济。对外扩充领土。第一次世界大战时期，欧洲战事的残酷，政治的愚昧（相对于美国资本主义的务实），诸国之间的历史民族恩怨，社会制度的保守，都是美国人难以理解和难以忍受的。要牺牲美国利益和生命去处理欧洲的国际关系，美国没有兴趣也没有能力。它甚至拒绝加入由美国总统威尔逊亲自倡议的“国联”。进入“自闭”阶段。第二次世界大战后，它不再自闭，参加联合国，登上世界第一强国的宝座。经济突飞猛进，政府向国民还债，中产阶级暴增，国民生产总值突飞。工人工资高涨，工会力量成长。消费经济带来了相应的社会运动，从 19 世纪 50 年代开始，反传统运动、妇女解放运动、民权运动等，绝大部分的反抗都被资本主义成功化解。

二战 30 年，朝鲜战争和越南战争美国都无功而返，国力消耗严重。在冷战形势下，美国还是以经济拖垮了苏联。现在，美国称霸其实是资本主义称霸，其文化和经济越来越反映出全球资本的意识形态——自由、竞争、消费、效率。随着资本全球化，国家的意义渐渐被没有国界的全球资本意识形态支配，甚至取代。

自然科学的挑战

到 19 世纪中期，科学已获得很高的声誉。它与各种发明和工业化技术的关系日益密切，给人们提供了财富和动力。科学似乎与那一时期的理性主义和盛行的资产阶级自由主义一同携手发展。人们以为科学家已经或很快就能够对物质世界有一个明确的了解。他们乐观地认为科学的方法能够对人类社会有同样的了解。尽管在世纪之交的几十年这种确信和乐观的态度会受到一些打击，但在 1850 年到 1914 年的这段时期应该被视为科学取得巨大进步的一个时期。

同时，基督教面临着严峻、重大的挑战。它受到来自各方的抨击，但是这诸多挑战的根本是科学的成就及其日益提高的威望。基督教领袖通常很难使他们的神学和制度适合于那个时期科学的、自由的和世俗的精神。

物理学　19 世纪和 20 世纪初，物理学领域最显著的进步是发现了物质特性、能量和电。一位天才的英国科学家和教师约翰·道尔顿（1766—1844 年）重新应用所有物质均由原子组成的理论，开始了一项成果颇丰的研究探索。道尔顿最终得出结论，区分不同的化学元素由构成每个元素的原子量决定。

同时，后来从德国逃往美国的物理学家阿尔伯特·爱因斯坦（1879—1955 年）不仅对由来已久的关于物质稳定性的概念进行了抨击，而且还对有关时间、空间和运动的概念进行了抨击。爱因斯坦推导出一个质能方程式：$E=mc^2$（E=能量，焦尔；m=质量，千克；c=光速，厘米/秒）。根据这个公式，一块煤的原子能量约为燃烧这块煤所产生能量的 30 亿倍——几十年后原子弹的研制成功证明了这一事实。1905 年，爱因斯坦提出了相对论，认为时间、空间和运动相互之间和与观察者之间的关系是相对的，并非过去一直所认为的是绝对的。推翻了牛顿在 18 世纪初期已极为成形的不变的物质世界概念。物理学和化学方面的这些惊人发现是巨大的成功，反映出科学理论和实验的进一步完善。但是在进入 20 世纪之时，尖端的科学界产生一种不确定感，感觉我们了解得越多，物质世界就越深奥。尤其是在物理学中，这种不确定感一直延续到 20 世纪的最初几十年。

生物学 知识界更关注生物学的发展，而且也受到其发展的影响。像原子理论一样，进化思想也是由古希腊人提出的并与时俱进地发展。随着 17 世纪、18 世纪科学兴趣和观念的复兴，一些科学家的思想开始转向现实世界的起源及其现象的问题。到 19 世纪中期，地壳及其表面栖息的动物是缓慢而逐渐发展的这一观念在知识分子当中并不稀奇。为第一流的科学家提供证据的时机已经成熟。这个人就是查尔斯·达尔文（1809—1882 年）。达尔文出身英国名门，他 1859 年发表了《物种起源》。在这部历史性著作中，他以大量事实资料、令人信服的推理和易懂的笔法描述了目前的动、植物物种从比较简单的形式通过自然选择，长期、缓慢地进化的过程。在自然界的生存斗争中，适者生存。那些具有更实用特征的物种例如腿更长的马，生存下来并繁衍更多的后代，而且将遗传的和后天学得的优秀特质传给后代。12 年之后（1871 年）在《人类起源及性的选择》一书中，他着手解释人类是如何通过同样的过程从更为原始的物种进化而来的。尽管达尔文的著作中留有许多未解的根本问题，但他的主要论文在科学界迅速得到普遍认可。

俄国科学家伊凡·巴甫洛夫（1849—1936 年）因条件反射的发现而震动知识界。巴甫洛夫将肉给一只饥饿的狗，狗就会流出口水。然后，每当喂肉时，巴甫洛夫就摇铃。最后，只要铃响狗就流口水。言外之意是，我们人类的许多反应完全是由于我们通常没有意识到的刺激所产生的机械反射。

医学 法国化学家路易。巴斯德（1822—1895 年）最先研究了细菌的类别和防控的奥秘。19 世纪 60 年代，巴斯德在经过彻底的和富于想象力的研究之后，发现发酵是由于空气传播的细菌所致，通过加热（或“巴氏灭菌法”）可以将其杀灭。之后他发现了人和动物的很多疾病也都是因细菌引起的，而且有些病可以通过接种疫苗来预防。他对法国农业和对人类的杰出贡献使他成为法国最受尊敬的人。德国东部的一位乡村医生罗伯特·科赫（1843—1910 年）在获知巴斯德的最初发现后又继续沿着这条路探索，发现了导致炭疽病（牛的致命疾病）、结核病、昏睡病以及许多其他疾病的细菌。他成为柏林大学的教授，并获得了诺贝尔奖。

然而，在科学家的眼中，物理学、生物学和医学方面的新发现并不意味着妇女的作用增加了。达尔文相信他的发现表明男性优于女性。男性普遍在科学中为他们的观点（女性不如男性，而且适当地倚靠男性），找到了支撑。正像对种族的看法一样，科学往往用来证实对于妇女及其在男权家庭中正确的家庭作用的假设。事实上，多数大学不接收女性，尽管在19世纪的最后几十年间有一些单设的女子学院开始招收女性入学。

社会科学的兴起

19 世纪自然科学的惊人成就激励学者们运用自然科学的方法和原理研究人的思想和社会，从而诞生了近代心理学和社会学，这两门学科很快便受到欢迎。

西格蒙德·弗洛伊德（1856—1939 年）在快速发展的心理学领域中引起了空前巨大的轰动。弗洛伊德是维也纳的一名神经病学家，后成为精神分析学之父。弗洛伊德认为，人类的大部分行为是无理性的、无意识的和本能的。他认为，冲突是生活的基本条件，特别是我们先天的生物驱力（比如性或侵犯）和我们的社会自我之间的冲突。这些冲突多是幼年时期无意识逐渐形成的。这些冲突不断地产生挫折。弗洛伊德认为，多数神经病和精神病都是由于早期生活的压抑和挫折造成的——然后在潜意识中挫折感越来越重。他认为，对于这类神经病的正确疗法是使患者意识到最初挫折的实际情况。他强调释梦是揭示无意识的一个重要工具。弗洛伊德和他的门人将精神分析发展成

图 11-1　弗洛伊德

为一种具有影响力的人类行为的理论、心理学研究的一种领悟方法以及对某些问题的一个有效疗法。

19 世纪下半叶，社会学获得社会科学的地位。这一新学科是由一位精力充沛、富有想象力的古怪的法国人奥古斯特·孔德（1798—1857 年）命名的。

他认为人类和社会与矿物、植物和低等动物一样，可以用科学来研究。他的信仰是崇拜人类，对人类的未来充满信心。这些思想被称为“实证主义”。大批热情的孔德追随者非常相信统计学。他们积累了大量各种可能的社会问题的统计资料。斯宾塞也像孔德一样藐视神秘宗教，否认道德是以宗教为基础的；而且与孔德一样，都相信人类的进步。在其 10 卷的《综合哲学体系》一书中，斯宾塞将所有人类和社会现象综合为一个宏大的进化体系。

人们对自身和人类社会的重视以及那个时期的科学精神，使社会科学得到了极大的普及。人类学家和考古学家对人类过去的自然和文化进行了狂热研究。政治学家和经济学家倾向于抛弃理论去做统计和“实践”。他们倾尽全力以使历史成为一门社会科学。

1850—1914 年，自然科学家似乎是在解答物质世界最后的秘密。医学家似乎是在消除世上的苦痛和疾病。社会科学家在积累大量有关人的思想和社会关系的知识。人们普遍相信，科学已成为社会发展进步的主要依靠之一。

对基督教的挑战

科学的快速发展正是西方宗教组织所面临的诸多挑战之一。基督教似乎也受到现代化的许多其他重要因素的威胁。

工业化在很多方面与基督教的信仰和习俗是对立的。工业化促使人们从农村到城市以及从一国到另一国大量迁徙，使他们脱离了旧的社会模式和制度，而教会正是这旧社会模式和制度中最重要的一部分。一些教徒脱离了他们的牧师。许多移民一到繁荣的工业城市中，他们的社会生活和娱乐似乎便不再需要教会。

在对基督教的多数挑战中，科学——无论是使用还是滥用——都被用来作为增加进攻可靠性的支撑。在20世纪期间，基督教学会了与科学共存，但是在19世纪时，两者之间是彼此对立的。

除了进化论学说以外，自然科学对基督教的挑战更多的是间接的而不是直接的。越来越多的物质世界秘密被发现使人们认识到，以前认为是神干预的许多现象其实是自然产生的。人们认识到很多疾病是病菌在起作用而不是以前认为的是上帝在起作用。自然科学和基督教之间在19世纪出现的最大冲突源于达尔文的进化论学说。之前人们把生物进化解释为生物采取某种行动的结果，这就意味着意志力在大自然变化中的作用。而达尔文提出的是一种纯机械论的运作方式，它提出了“自然选择”这种并非全新的观点，在此10年前，斯宾塞已经提出“优胜劣汰，适者生存”这句话。公众再也不能对物种进化漫不经心，他们越来越相信：人是由猿猴变来的。这种看法成为怀疑者的笑柄，迪斯累里说过，在人是猿和人是天使的说法之间，他是“站在天使一边”的。然而，社会科学对基督教的抨击更为直接和猛烈。人类学家苦心研究人类的久远历史来发掘人类文化的最初起源，宗教一直是其中的一个重要部分。几乎所有的人类学家都认为宗教是基于最早的迷信。心理学家常认为宗教是人类产生的幻想或错觉。他们认为，当难解的问题使人类处于一种更像孩子般的心理状态时，上帝是作为人类转而求助的一个强有力的父亲式的人物——一个可以依靠去应对这个险恶世界的人。宗教还提供了心理入定和实际约束与克制的途径。

而反对宗教最为坚定和直截了当的是社会学家。超自然的宗教在孔德的实证哲学（人类是崇拜的对象）中无立足之地。在赫伯特-斯宾塞的各卷社会学著作中都流露出对神秘宗教，特别是对基督教的敌对情绪。对于斯宾塞来说，机械进化论成为所有社会发展的关键，甚至是道德发展的关键。斯宾塞说，宗教信仰阻碍了社会的进步，遮住了人类对社会发展进程的视野。

最终，科学精神造就了一批对《圣经》进行仔细探究和分析的圣经学者——有些人是要确定其确切含义，而另一些人是为了挑错或者欺骗。这种学问被称为“圣经考证学”。

19 世纪末期在其发源地深受各种挑战、攻击及内部分裂等因素困扰的基督教不再热心于向海外派遣传教士去传播信仰。罗马天主教、新教及东正教的传教士在亚洲和非洲展开了相互竞争。到 1914 年时，西方基督教界以外有超过 4000 万人宣称信仰基督教。但是由于在亚洲和非洲的基督教传教士常常与西方的帝国主义和剥削有关联，因此他们时常招致愤恨。1914 年，基督教在西方仍然处于被动防御地位。

绘画

19 世纪西方的经济文化显示出了前所未有的征服自然和改善自身生活的能力，在工业革命、技术革命和金融革命带来的财富和权力中，人们的欲望得到了空前的释放和扩张。但是社会生活和人们的传统信念却遭到了重创和冲击。人们感受到了恍惚和不知所措，西方文学艺术天真烂漫的时代结束了。1886 年托尔斯泰写的《我们该怎么办？》可以看作是艺术家和文学家心态的最好概括。现代主义文艺思潮的出现是这种思考的结果。现代主义艺术家不把任何东西看作是理所当然。从不采用现成的公式和章法，而是自由地表达自己，做自己认为是对或者应该的事情。他们不是远离社会，也不是我们感觉的那样颓废，相反，他们是一种更为深刻的理性思考。而哲学家尼采和弗洛伊德对世界最大的影响就是引起人们对真实的重新认识和重新思考。

站在现代主义艺术前沿的是 19 世纪 80 年代出现的印象派绘画。他们以艺术家的个人感受来否定传统思想，以瞬间的印象来表现事物，在背离传统的同时，引领着一个新的艺术时代的到来。真正开启现代艺术之门的是 19 世纪末期三位伟大的艺术家，塞尚、凡·高和高更。他们被称为后印象主义。他们以自己的艺术实践向世界宣布：绘画不是追随自然，不是摹写自然的表象，而是表现画家对自然的认识，对人生的理解。

塞尚（1839—1906 年）是法国著名画家，他终生离群索居，在极度敏感和怀疑中，以自己的创作诠释了严肃的内涵。他认为传统的透视法无非是模仿表象，只能营造一种空幻的感觉。真正的艺术应该使混乱的视觉获得秩序。带着对本质的追求，塞尚终结了光与色的神话，开始了对内部结构的追寻之旅。他认为人们表示固定在某一点上观察事物，而总是从不同的角度去观察体验。他的作品有《静物》，为了让桌子上东西更加清晰，他把桌子画得向前倾斜，把苹果画得像石头一样坚硬圆实。另一部作品是《圣·维克多山》中，大自然变成了圆形、菱形、圆锥体等最原始的形体，呈现出稳定和谐的艺术效果。

在印象派为光与色而颤抖狂欢时，塞尚发现了自然的质量和密度。他拆解表象，寻求对世界的透彻理解，努力开启了崭新的艺术方向——立体主义。所以塞尚被称为“现代艺术之父”。

作为表现主义鼻祖的凡·高（1853—1890年），出生在荷兰，是一个极端个性化的艺术家，叛逆和创新在他身上表现得特别强烈。他是一位惊世骇俗的色彩大师。作品极富诗性，狂热的色彩、扭曲的形象表现出画家狂躁不安的内心。他的情感热烈得近乎凶狠，正是世所罕见的情感强度赋予了他的作品以传世的魅力。

图 11-2 《星夜》凡·高

他的绘画是隐喻性的，犹如布道者般吐露着画家内心济世思想和宗教情怀。他自己说：“我在全部自然中。例如在树木中，见到表情，见到心灵，我想在那里表现某种生存斗争。”在《星夜》中，一股不可见的神秘力量令所有的线条旋转抽搐，也许是画家想暗示自身即将到来的悲剧结局，他想以这种天启般的方式言说世界的开始或结束。

他的画是对 20 世纪人类生存状况和精神状况的隐喻，他不可模仿的一生是孤独的，世界以冷酷和欺骗拒绝了他，而后他以疯狂和死亡拒绝了世界。

1891 年，43 岁的高更（1848—1903 年）带着对工业社会深刻的厌恶，离开法国，去太平洋塔希提岛生活。他传奇性的一生本来就是美术史上永恒的话题。他的画远离尘世，在原始神秘氛围中展示生命的蠢动，开始了象征主义和原始主义的艺术之门。他的代表作有《雅各与天使搏斗》《我们朝拜玛利亚》等。在代表作《我们从哪里来？我们是谁？我们到哪里去？》中，他用原始和蛮荒的题材逼问：“我们是谁？我们从哪里来？我们到哪里去？”表达一种我们无法理解的来去之谜时的苦恼和恐惧。

图 11-3　《我们从哪里来？我们是谁？我们到哪里去？》高更

现代主义艺术家希望自由地表达自己，表达人们觉察到而尚不知如何表达的思想以预示未来。最能体现现代主义这种情绪的是挪威表现主义画家蒙克。在 1893 年创作的《尖叫》，一个前所未有的骷髅一般的人物，双手蒙住耳朵，发出声嘶力竭的叫声，表达了一种突然的，巨大的，不可抗拒的惊悚不安的情感。欧洲大陆在那一时间正需要那一幅画，以前的一切都不可能代替它的作用。

文学

小说 意识流小说中没有英雄，没有传奇人物，甚至没有正面人物与反面人物之分。人物都是边缘人，带有病态、古怪、混乱和心理畸形的特征，缺乏完整的个性。小说不表现客观外在的世界，而表现在人物内心体验、联想、想象和意识流动中呈现的世界，还特别呈现精神病人、古怪的人、智力有欠缺的人的无意识的心理世界，显示近传统的“反映论”，在美学上所体现的更接近以克罗齐为代表的直觉美学。因为审美本是无利害的，不应为着实用，或为着某种服务社会的目的与理念而艺术。艺术家们在生产过程中完美的生活体验，意识流小说中的体验性，使它呈现出一种直觉美。

对意识流理论做出全面而深刻阐释的是英国的伍尔夫。她曾在《达萝卫夫人》和《到灯塔去》中大量运用意识流手法。她认为艺术真实不是我们日常生活中所见到的表面真实，而是人类各种感官印象与生活体验的相互融合，沉淀于记忆里所形成的一种内在真实。所以文学应该展示人物的主观感觉和意识流动的过程，尤其是显示人物的潜意识，梦幻意识和语言的前意识。这些意识流随时中断、偏离、游荡，不指涉任何外部行动和事。彼此无关，无头无序。

爱尔兰的乔伊斯的意识流小说则有更强的历史感和欧洲文化的整体感，对外部世界的处理和伍尔夫相似。他的小说只是引出一个宏大的涵盖整个欧洲文化的内心世界和意识流动。在《尤利西斯》中，时间随意识上下横贯上千年，外部世界在这一天中没有发生任何重大事件或者命运转折。然而百科全书式的内心世界中，历史的一切重大主题和欧洲命运的巨大转折都通过意识流折射出来。另一位意识流先驱人物是普鲁斯特，虽然深受柏格森生命哲学影响。但对心理和意识活动，处理与英国作家不同。在《追忆似水年华》中，对意识活动的描写集中在叙事者的回忆过程中，大量使用倒叙、预叙、集叙等时间错位的手段。作家通过叙事者的气质，关怀和叙事风格与独特的世界观来整合所有素材。对在时间和空间里的活动的评论是无足轻重的和支离破碎的。按照卢卡契的观点，小说这种文学样式的发展轨迹是从外部世界向内心世界转移的漫长过程。

英国小说呈现写实到实验和多元的走势。从19世纪30年代开始到60年代，现实主义复活了，它是对现代主义倾向的修正，确切地说是对现实主义的反驳。30年代经济大萧条席卷全世界，德意法西斯势力日益猖獗，战争阴云密布，作家必须面对现实，关注社会。30年代英国小说有两个特征，主题上从内倾变为外向，表现事实对个人命运的主导影响；在形式上，从先锋转向保守，采用传统叙述手法。50年代又涌现出一批有现实主义倾向的新作家，金斯利等人被称为“愤怒的青年”，因为他们在小说中抒发了英国社会等级森严、贫富不均现状的愤怒和不满，展示了他们的生存状态。

散文 工业化社会使人的内涵从理念到实质都发生了彻底改变，使人从一种高贵的、有精神追求的动物降格为自然生命的动物，因而，人自身的存在，成为现代社会被追问的头等问题。

《巴黎的忧郁》是波德莱尔（1821—1867年）的散文名作。在这部散文集中，传统意义上的美已经消失了，作者刻意描写的是一种现代文明中的畸形、颓败的美感。在“每个人的怪兽”中，“头上是空阔而灰蒙的天空，脚下是尘土飞扬的大漠，没有道路，没有草坪，没有一株蒺藜菜，也没有一棵荨麻草。我碰到好多人，驼着背向前行走。他们每个人的背上都背着个巨大的怪物，其重量犹如一袋面粉，一袋煤或是罗马步兵的行装。可是，这怪物并不是一件僵死的重物，相反，它用有力的、带弹性的肌肉把人紧紧地搂压着，它两只巨大的前爪勾住背负者的胸膛，并把异乎寻常的大脑袋压在人的额头上，就像古时武士们用来威吓敌人而戴在头上的可怕的头盔。我向其中一个人询问，他们这样匆忙是向哪里去。他回答我说，他也一无所知，不但他，别人也不知道。可是很明显，他们一定是要去什么地方。因为他们被一种不可控制的行走欲推动着。值得注意的是，没有一个旅行者对伏在他们背上和吊在他们脖子上的凶恶野兽表示愤怒，相反，他们都认为这怪物是自己的一部分。在这些疲惫而严肃的面孔上，没有一张表现出绝望的神情。”在现代文明中，工业化的理性尺度，使科技思维与商品经济成为社会的主宰，导致对物质利益以及对身体欲望的满足的合法化与合理化的推崇，进而造成人的精神价值失落。社会学家 M. 舍勒将之描述为工商精神取代了神学——形而上学的精神气质。人的哲学被人的社会学取代，因为人格消失在实用主义与物质主义的经验量化中。波德莱尔将散文发展成散文诗的形式——富有节奏感的句子、凝练而生动的意象、色彩和声音带给人的冲击力。《巴黎的忧郁》既不是浪漫主义者的抒怀，也不是唯美主义者精致雕琢的形式，它糅合而又突破了两者的精神，在那些呓语般的句子和梦幻般的意象背后埋藏着浓烈的忧郁。

作者所体会到的巴黎的忧郁非常深重。波德莱尔只能在对恶之花的品味中深深地陷落下去，这位诗人 46 岁便离开了人世。

纪德（1869—1951 年）则正视人性。他一直在为一种能够让人性健康发展的自然生活寻找依据。散文集《人间食粮》的主题就是他在非洲的大自然中发现的这样一种依据——可以滋养人间生活的精神食粮。

去非洲之前，纪德生活得非常痛苦。他母亲是个严格的清教徒，而纪德希望过一种任性而为的生活，母亲的严厉管束和纪德本人的天性之间形成了巨大的反差。他反抗母亲的教条，但又没法克服自己心中的罪恶感。在《人间食粮》的序言里，他将自己称为一个病人。人的天性往往是向世界敞开，尽量去拥抱世界的无限丰富，这在纪德身上体现得尤其明显，他想尝试各种各样的生存，甚至尝试“鱼类和植物的生存方式”，“光着脚，直接踏着湿乎乎的地面、汩汩流淌的水洼、清凉或热乎的泥浆。我知道自己为什么这样喜欢水，尤其喜欢湿漉漉的东西，只因水比空气更能直接让我们觉出湿差的变化。”他还“希望在人世间，内心的期望能够尽情表达，真正地心满意足了，然后才绝望地死去。”但是，这些想法按照既有的宗教、道德、社会法则是要受到压抑的，而纪德又希望这些天性能够得到神圣合理的论证，这就是他的痛苦所在。

但是，当纪德接触到非洲大地的田野和阳光时，终于从自然中感受到了生命的最高法则：“每个动物都是快乐的一个载体。万物都喜爱生存，而生存之物无不安乐。当快乐变得美味可口时，你就称为水果。当快乐变成歌声时，你就称为鸟儿。人就是为幸福来到世间，自然万物无不这样指点。”生命的最高法则就是快乐。人的生命不能为教条所僵化，而要体验生命的每一个瞬间。他认为，每一瞬间都是一个独立而完整的欢乐，集中着一种特殊的幸福。正因为纪德从大自然的生命法则中找到了自己行动合理性的依据，《人间食粮》成了他一生中最乐观明朗的一部著作。

纪德追求“真诚”的生命状态。真诚，意味着正视自己所拥有的一切思想，无论善恶，而不希望它因为接受所谓的“真理”而变得贫乏。在天主教看来，黑暗仅仅意味着光明的衰退，意味着某种虚无，而在纪德看来，恶与善是互相匹敌的积极存在，是人的自由的表现。纪德从不因为自身处于分裂的状态而感到不安，因为他并不想逃避这种使他全部存在的可能得以发挥的状态。因此他也劝告别人，“在一段时间，要舍得抛开任何伦理道德，不再抵制欲念。唯有欲望能给我教益，因此我听凭驱使。”他相信陀思妥耶夫斯基的话，只有和魔鬼合作的人，也就是真诚而自由的人才能创作出好的艺术作品。纪德按照这样的信念进行创作，但后果却是他的作品在一段时期内全部被禁止出版。

纪德思考人性的真实，加缪（1916—1960 年）思考存在的真实。关于罪与死的问题一直是基督教的一个核心问题，既然上帝是善的，罪从哪里来，既然上帝代表着一种至高无上的爱，为什么人间会有如此多的苦难？面对这种有着罪和死的生活，人应该如何建立起对上帝的信仰？如何面对生活？基督教认为信仰能使人从原罪中解脱，获得幸福。加缪既不信仰上帝的拯救，也不接受理性安排下的“希望”、“幸福”、“美好”这类字眼。在散文集《正面与反面》中加缪对世界的基本理解是荒谬，《讽刺》中的老妇人在病痛中死去，而“另一边仍是阳光灿烂的世界。若不接受这一切，又能做什么呢？……死亡是我们无法摆脱的，但每个人都有自己的死。归根结底，太阳还是温暖着我们的身骨。”《反与正》中的女人还活着，女儿便开始为她准备后事，这种看似非理性的事件却在我们的生活里日日上演。人们都渴望美好，然而世界对这种渴望并不应答，荒谬正是产生于人的呼声同周围世界无理性的沉默之间的冲突。生活本来就有其冷漠残酷的一面，希望和幸福感只是刻意的掩盖。

加缪的荒谬感在现代文明中具有普遍意味，它表现出对理性的质疑，对现代文化中的世界的美好秩序和未来的怀疑。纪德说他不反对基督，而是反对经过圣保罗的解释以后被附加上各种教条的上帝。在他看来，只有在爱和宽容的精神中才能走向美好而彻底的服从，爱和宽容意味着让生命的天性充分发挥。加缪的人本主义精神与纪德相比已经更进一步了，他对世界之荒谬、理性之荒谬的肯定要比纪德坚决得多。在他的文集《反叛者》中，我们可以看到他对希腊思想的推崇，因为在希腊人的世界里更多的是错误而不是罪恶，那些整天打来打去的神都是残暴和仁慈的混合体，他们是在矛盾的对峙中坚持生活。这样的混合本来就是生命的本来面目，而现代人理解生命的时候却倾向于否认矛盾的存在。

事实上，加缪对生活绝非冷漠，他内心深处充满激情。在《重返萨巴蒂》中我们可以清楚地看到这个直面荒谬的大师心中涌动着怎样强烈的爱的力量，只是这种爱表现为追求存在的绝对真实，而关于存在的真实不是理性所能证明、涵盖的，唯有用心灵和生存体验勇敢面对。作为存在主义文学大师，加缪用“人”自己的生存承担起曾经交付给上帝和理性照看的生命。

建筑

“现代建筑”是一个具有强烈时间含义的概念，泛指现代所有的建筑活动，特别是指脱离了古典主义和文艺复兴建筑影响以来的整个建筑的发展阶段，时间是从 19 世纪中叶到目前的整个阶段。现代建筑包括现代主义和后现代主义两种倾向，这里要论析的实际上是现代主义建筑。

建筑也必须以自己的方式实现现代化。建筑师要在一块狭小的空间上容纳成千上万的办公室工作人员，所以要建造高楼。“功能决定形式”的功能主义原则仍然是现代建筑学的主要原则。

第一次世界大战给人们带来极大的精神创伤，严酷的现实、灾难和非理性把人类对美的一切幻想一扫而空，正视现实成了现代建筑艺术的唯一宗旨。战后初期的经济困难和严重房荒促使建筑师们关注现实，注重经济和实惠。这种情况在德国最为突出。1919 年，建筑师格罗庇乌斯在德国魏玛创办了一所新型的设计学校——“国立包豪斯”。勒柯布西耶主张从轮船、汽车和飞机等工业产品中汲取建筑创作的启示，他所提倡的其实就是一种机器美学。他为建筑的单调性解释说，房屋是用来居住的机器。他用能够性风格建造了大片的工人住房和莱茵河边一座船闸管理工的门房。第二次世界大战后，开始了对这种风格的反动，利用新发明的材料以及对老材料的新加工方法，和其他艺术一样无视常规。教堂建成圆乎乎的动物形状；博物馆像是双层蒸锅；豪华住宅像是一堆巨石。一切都是美好想象力的产物。

最能体现机器美学思想的是高技术派的建筑风格。巴黎蓬皮杜文化艺术中心、伦敦劳埃德大厦、香港汇丰银行大厦等都是高技术派的代表作，其特点是充分袒露建筑的结构和机电设备的本来形状，从外面可以看到巨大的梁柱、裸露的升降机和各种管道线缆。这种设计一方面是出于便于维修和管理的现实考虑，另一方面也透露出其机器美学或技术美学的建筑理念。

现代主义建筑的共同特点是以简单基本的几何形体（立方体、圆柱体、方形、矩形、圆形等）为构图元素，墙面平滑光洁，很少有装饰性的雕刻。注重发挥钢结构或钢筋混凝土结构的轻巧特点以及金属制品和大片玻璃的反光特性，使建筑形象具有简洁明快、合理有效、清新活泼的风格。

现代主义与传统的决裂在建筑领域表现得非常突出。在 19 世纪，西方建筑界占主流地位的还是复古主义和折中主义思潮。他们认为历史上的某几个时期的建筑形式和风格是不可超越的永恒的典范，建筑必须以历史上的建筑为蓝本，而实用性和技术问题是次要的，艺术性才是应该得到首要关注的，因而带有唯美的倾向。但是，经过了 1851 年伦敦水晶宫和 1889 年法国埃菲尔铁塔等新型建筑的设计之后，人们才充分认识到，传统的建筑形式和风格已很难适应工业化社会的模式，必须有更为快速有效的、与现代社会相适应的建筑模式出现。现代主义建筑主张形式要适合它的功能，而不是像传统建筑那样把形式放到第一位，而忽略了建筑的功能表达。建筑师们坚决抛开历史上的各种风格和样式的束缚，按照现代建筑逻辑进行灵活自由的创造性设计，但是现代主义建筑强调形式服从其实际功能，反对繁复的装饰，注重风格上的统一性、客观的“共性“，也使得现代建变得千篇一律，没有生气。现代主义建筑造型简单，多为平层顶，方盒式轮廓，墙面为几何网格，变化很少。这种建筑艺术符号实际上是工业化的产物，是现代文明对抗传统的标志。高度密集的理代主义建筑把人的生存空间分割成小方块，在大厦中穿行，人变得极为渺小。建筑玻璃幕墙反射的强烈光线以及钢筋水泥构筑的巨大块面无形中加重了人们的心理负荷，人变成了点缀整个城市的符号，与自然的长久暌离使得人的行走变得没有意义。现代主义建筑所带来的弊端也是很明显的，从这个意义上说，后现代建筑的出现是对前者的一种反驳。

音乐

浪漫主义是 19 世纪一个重要的时代精神，这个时期的音乐既有巴洛克的不规则、自由性大的特点，同时兼有古典时期曲式结构规整、旋律和伴奏分工清楚简洁风的风格，进而还融入了浪漫派所有的半音旋律、和声及浓郁的抒情性特征，可谓集巴洛克时期和古典时期之大成，被后世誉为音乐史上的高峰。

19 世纪初期，大国和封建贵族主宰着世界秩序，事实上这也是人为的主观理性对抗客观世界理性的精神力量，他们是法国的柏辽兹，意大利的罗西尼，德国的舒曼、门德尔松，波兰的肖邦等作曲家。

弗朗兹·舒伯特（1797—1828 年）在浪漫主义音乐史上的位置相当于古典时期的贝多芬，他们常常被后人一起称为世界乐坛两颗最亮的星星。浪漫主义的奠基者是奥地利作曲家舒伯特，终生清寒，31 岁因伤寒夭折。舒伯特是世界上歌曲创作最多的作曲家，被誉为“歌曲大王”。他 600 首抒情歌曲从内容到题材，舒伯特都坚持从自我感受出发，以民歌风格唱出诗句，以伴奏描绘出音画式的背景，以歌剧表达自己对幸福生活、自由理想的追求却不得的怅然，尤其是他的两部声乐套曲，就好像是记录他本人的自传抒情性日记。

肖邦 1810 年生于华沙，父亲法国人，母亲是波兰人，做过贵族的管家，所以他深受贵族阶级影响，也就影响了他的作品。他的作品既有文明社会中熏陶出来温文尔雅，又有着波兰民族生动热烈的风格。肖邦一生只有短暂的 39 年，然而他的创造却延续了 30 年，为人类留下了许多艺术珍品。他的作品分为两个阶段：华沙时期的代表作品有 f 小调和 e 小调钢琴协奏曲。风格上乐观、清新、明快；巴黎时期他将自己对祖国的思念所激发的诗意和幻想以娴熟的钢琴创作表现出来，使这一时期的作品在思想上和艺术上都达到了成熟。代表作有 c 小调《革命练习曲》、沉重悲痛的《a 小调前奏曲》。

民族乐派时期

19 世纪下半叶，西班牙、挪威、丹麦、捷克、匈牙利和俄罗斯等国家在各自社会的发展中，孕育了独立的民族作曲家和音乐活动家。他们汲取了浪漫主义思潮中有益的部分，更倾向于表现民间的生活思想、民族精神，从而建立了风格多样、个性鲜明的民族乐派。柴可夫斯基是 19 世纪俄罗斯伟大的作曲家、音乐教育家，俄罗斯音乐大师。他建立了自己宏大的交响乐体系，以俄罗斯风格概括了贝多芬之后的交响乐的许多发展，成为总结整个时代乃至全欧洲音乐的一位音乐家。莫斯科时期（1866—1877 年）创作了最初的标题交响曲《罗密欧与朱丽叶》《暴风雨》等，风格明朗乐观，但也透露出悲剧性的思绪，这也影响了他之后的创作。1877 年开始，残酷的沙皇统治下，柴可夫斯基以自己的创作反映了黑暗时期的俄国人民特别是知识分子内心的惶惑不安以及他对祖国和人生意义追寻的苦恼心境。代表作品有《第四交响曲》，歌剧《叶甫根尼·奥涅金》。19 世纪 80 年代到 90 年代初期，创作了《第五交响曲》，歌剧《黑桃皇后》，舞剧《睡美人》《胡桃夹子》等优秀作品。1893 年夏天写出的《第六（悲怆）交响曲》成为他的绝笔之作。他的音乐代表了 19 世纪末期的情绪——浪漫主义运动最后阶段的悲观主义，不仅成为那个时代的尾声而且成为整个时代的总结。

知识拓展　经典导读

一、《变形记》（节选）

【提要】　表现主义在小说领域的杰出代表是卡夫卡，他深受哲学家克尔凯郭尔的影响，主张艺术要表现人的本质和深藏于内部的灵魂，艺术是表现，不是再现，要向人的内心世界进行挖掘，即着意于表现主观感受的精神，如对资本主义世界的恐惧感、灾难感、孤独感、无能为力感和无所归属感等等。《变形记》是他短篇小说的代表。

当格里高·萨姆莎从烦躁不安的梦中醒来时，发现他在床上变成了一个巨大的跳蚤。他的背成了钢甲式的硬壳，他略一抬头，看见了他的拱形的棕色的肚皮。肚皮僵硬，呈弓形，并被分割成许多连在一起的小块。肚皮的高阜之处形成了一种全方位的下滑趋势，被子几乎不能将它盖得严实。和它身体的其他部位相比，他的许多腿显得可怜的单薄、细小，这些细小的腿在他跟前，在他眼皮下无依无靠地发出闪烁的微光。

"我怎么啦！"格里高心里想道，那不是一个梦。他的房间是一个不折不扣的凡夫俗子的房间，只是略为小些罢了。房间里静静的，四周是熟悉的墙壁，桌上摊开着收集得来的织物样品，往上看挂着一幅画，那是他不久前从画报上剪下来的。镶嵌在一个美丽的镀金的相框里，这是一幅夫人的画像。画上的夫人头戴毛帽，颈脖套着狭长的毛围巾，一幅端坐的姿态。胳膊的下部隐藏在毛暖筒里。这幅画高高在上，对来访者显示出一种俯临人世的气派。

格里高望着窗外，那是一种灰暗的天气——可以听到雨点打在窗棂上——这使他心情抑郁。“如果我现在睡一会，忘记所有的傻事，那会怎么样呢？”他心里想。但是这根本实行不了，因为他习惯于朝右侧睡，而现在却是仰天睡的，翻不到右边，尽管用了很大的力量，仍然无济于事。他试了上百次，闭着眼睛，免得看见那些活蹦乱跳的小腿。当他开始感到一侧有些从未有过的轻微的钝痛时，才停止了翻身的努力。

“我的天哪，”他想，“我选择的是多么辛苦的职业啊，我日复一日地处于旅途之中。在外面，业务上的刺激，比起在家、在公司要大得多。此外，还要承受旅途的劳累，要考虑火车的联运，吃饭没有规律性，伙食又差，频繁更迭的车马交通，一点也没有人情味，没有温馨之感，让这种旅差劳务见鬼去吧！”这时，他觉得肚皮上都有点痒，于是他让背部慢慢移动到床柱附近，以便于抬起头来。他看见了痒的部位，那上面全是小白点，他弄不清那些到底是什么东西，他想用腿来摸摸这个部位，但他立刻缩回来，因为摸的时候，他打了一个寒战。

于是他又滑回原来的位置，“早起，”他想，“使人愚钝，人要睡觉，其他的旅行者像闺阁妇女一样生活。例如，当我上午这段时间，走回接待室，记下已经分配到的任务时，先生们才吃早饭，要不信，可到我上级那儿去试一试，我立刻就飞出去；可是谁知道，这样做对我是否很有好处呢？要不是由于父母的原因我早就该声明辞职了，我早就该去上级跟前彻底倾诉我的肺腑之言，他听了我的话肯定要从写字台上跌倒下来；他坐在写字台旁的姿势也很特别，他总是居高临下地和职员谈话，由于他的听力不好，职员说话时必须离他很近。现在，希望还是有一点的，我已经积蓄了一点钱，为了向他还清父母的债——这债恐怕要还五六年——我是绝对要还清的；然后可以获得厚利。目前，我无论如何要起来了，因为我乘的是五点的车。”

资料来源：（奥）卡夫卡著，《变形记》，李文俊等译，北京燕山出版社，2000 年版，第 86 页

【问题与思考】

异化是个沉重的话题，谈谈现代生活中的异化现象。

二、《叔本华思想随笔》（节选）

【提要】 叔本华是19世纪唯意志主义哲学的代表人物。他接受了康德先验唯心主义观点，主张现象即是观念，意志决定一切。强调所有人都是利己主义者，但人的利己生活意志在现实中是无法满足的，故人生充满了痛苦。

历史向我们展示国家和民族的生活，但除了向我们讲述战争和暴乱以外，别无其他，因为天下太平的日子只是作为短暂的停顿、幕间的休息偶尔、零散地出现。同样，个人的生活也是一场持续不休的争斗——这可不是比喻与匮乏和无聊的抗争，而是实实在在地与他人拼争。无论在哪里，人们都会找到拼争的对手，争斗始终是没完没了，到死为止仍然武器在握。

时间每时每刻催逼着我们，从不让我们从容喘息；它在我们每一个人的后面步步紧跟，就像挥舞着鞭子的狱卒——我们的生存因而平添了不少痛苦和烦恼。只有那些落入了无聊的魔掌的人才逃过了这一劫。

这样，一个人的一生总的来说就是被希望愚弄以后，一头扎入死亡的怀里。

除此之外，还有个体意欲的贪得无厌——正是因为这一缘故，每一个愿望的满足就又产生出新的愿望，这样的渴求永难满足，了无尽期！但是，这一切归根到底都是因为意欲本身就是统治万物所属的世界的君王；因此，部分是难以让它满足的，只有全部才能让它称心如意——但全部则又意味着无限了。与此同时，当我们考虑到这化身在个体现象的世界君王所能获得的又是多么微薄——通常只是足够维持个体的身体—

—那我们又被激发起了深刻的同情。个体深重的痛苦也就由此而来。

资料来源：(德）阿·叔本华著，《叔本华思想随笔》，韦启昌译，上海人民出版社，2008 年版，第 304 页

【问题与思考】

解析叔本华的悲观主义思想，联系现实谈谈人生。

第十二章　20世纪的西方文化

20世纪对于欧洲来说是一个社会结构多元化发展的世纪。一方面，西方显然处于一个政治风云激荡，社会思潮迭起的剧烈变革时期，崇尚真理与迷信自我并行不悖，竞争意识与悲观情绪相伴相生；另一方面，西方传统的价值体系受到了以现代主义为代表的文艺思潮前所未有的冲击，传统意识形态和社会心态出现了严重的危机；这是一个充满迷惘的怀疑的时代。对西方而言，两次世界大战的大冲突导致了20世纪后半叶的大融合，即在实行欧洲一体化的同时推动世界全球化进程。

政治历史背景

20世纪的欧洲是充满自豪感和优越感的，它们以世界中心自居。但是西方列强之间的政治、经济和殖民对抗越来越加剧。西方民族主义的恶性膨胀加剧了民族矛盾的激化。德国科技突飞猛进使得工业步伐加快，到20世纪发展速度遥遥领先英国和法国。它希望在世界列强中扩展势力范围和政治影响，要求得到更多的利益。渴望追逐强权的德国继承了俾斯麦的铁血政策，不惜发动战争来实现自己的目标。为了各自的利益，欧洲大国建立了互相协助的军事同盟。1914年德国和奥地利以萨拉热窝事件为导火线发动了第一次世界大战。以德国为首的同盟国对英法俄组织的协约国进行了长达4年的战争。1917年美国加入协约国，德国在损失了600万人后投降，这一以西方大国间厮杀为特征的大战才结束。

第一次世界大战结束后出现了短暂的繁荣，但是在1929年出现的金融危机把西方社会一下子推入了深渊，经济出现严重倒退，人民生活水平一落千丈。经过若干年的经济调整，危机才出现转机。独裁者希特勒执政后，实行的是国家社会主义专政。他排除异己，成为大权独揽的“最高统帅”，由于当时正值世界经济危机，德国 1932 年失业人数达 600 万，而希特勒运用各种手段创造就业机会，增加扩军计划，这对恢复经济和减少失业十分见效。希特勒对内也采取了行动：在意识形态方面，清除异己，迫害持不同政见者，使成千上万的知识分子不得不离开自己的祖国，流亡国外。他们中有许多杰出的科学家、文学家、艺术家；另一方面，以希特勒为首的纳粹德国在种族论的影响下，试图建立一个自认为“血统高贵”的雅利安人的社会，为此开始执行反犹太人计划，对生活在德国的犹太人进行大肆迫害、驱逐、抓捕、关押和杀害。

纳粹对犹太人无法消解的仇恨是因为他们将历史看作是一种种族斗争的扭曲的世界观。他们认为犹太人是一个想统治世界的种族。因此是雅利安人统治世界的障碍。加上 19 世纪后半叶以及 20 世纪初出现的政治反犹主义和种族主义运动，犹太人成为纳粹迫害和试图彻底消灭的对象。到 1939 年，希特勒进攻波兰，第二次世界大战爆发。持续五年半的战争把欧洲城乡变成焦土，文明成就毁于一旦。除了 600 万犹太人被杀，更有 5000 万以上的人被夺走了生命。欧洲大国实力严重削弱，德国被分为两个国家。美国实力尚存，成为 20 世纪后期西方社会的领头羊。

第一次世界大战之后，西方普遍存在焦虑、绝望和不确定感。在某种程度上，这些感觉是在第一次世界大战之前的二三十年出现的某种趋势的延伸，但是在第一次世界大战后，已不再只限于思想和文化界的名流之中。这些感觉也是社会混乱和衰落的一种反映，且在 1914 年之后其传播和加剧已达到惊人的程度。20 世纪 20 年代和 30 年代的许多艺术、文学、哲学甚至是科学都反映出了这种不安感——一种对既有价值观的怀疑，对未来的迷惑。

1945 年以后，社会、思想和文化的趋势是一种连续与变化相混合态势。20 世纪最初几十年仍然存在绝望和焦虑。同时，也产生了一种新的实验和生产力观念，与第二次世界大战之前艰难的几十年相比，它反映出社会混乱的减轻以及更强烈的稳定感。

在这两种主要格局的影响下，20世纪的西方文明，在社会、宗教、思想和文化方面都有独特的成就。

社会状况 在最近几十年中，西方最现代化的社会被称为“后工业化”社会，传统制造业的重要性降低，使用高技术产业的重要性提高，这种后工业化社会中的关键人物是金融家、技术人员、管理人员和专业人士，而非工业企业家。

构成西方社会的社会阶级也有一些重大变化。通常，这种变化是从农村阶层转到城市阶层，从传统的产业工作转向服务业和白领职业，以及从小公司转向大企业和政府组织。阶级差别仍然存在，但没有以前那样明显。社会在地理和社会这两方面总体上更具流动性。虽然富有和高贵的出身仍然占有极大优势，但是教育或专门技能日益成为社会流动的一种相对平等的途径。

从第二次世界大战结束开始，产业工人阶级普遍看到了其生活水平的提高，并且至少到20世纪60年代拥有了相对的工作保障。然而，当传统的工业基础衰退之时，这一阶层的人数在逐渐减少，迫使很多人成为服务业人员或进入白领职业的最底层。当经济问题在20世纪70年代、80年代初期以及90年代变得更为严重时，产业工人面临失业，人数与第二次世界大战之前的统计数字相当，而且实际收入下降，不得不靠更多的已婚妇女外出工作来弥补家庭收入。随着他们变得更富裕，他们与中下层阶级的差别减小了：这两个阶层的收入、饮食、住房、业余活动，甚至政治上的关系都在变得很相似。然而，工人阶级在许多方面仍有不同，他们社会流动的机会更少，而且在工作上遇到的挫折更大。

很多国家仍有一些城市贫民窟居民。这些贫民一般都没有正式的工作，常以种族或民族血统来划分，而且容易受到城市生活最严重问题的困扰。近年来，一直有令人不安的迹象，那就是常年无家可归的城市穷人人数在扩大。

家庭与妇女 第一次世界大战之后，尤其是过去的几十年中，西方的家庭已变得更小、搬迁更频，而且不太稳定。尽管人们仍倾向在其社会、宗教及种族的群体内部择偶结婚，同时也有经济上的考虑，但情感因素越来越成为择偶的主要考虑因素。在过去的几十年中，得到性满足是婚姻维持下去的一个日益重要的条件。结婚及生育的趋向，使许多人对现代家庭的生命力产生了疑问。单亲家庭和无子女家庭正在逐步被接受。第二次世界大战之后，特别是20世纪60年代之后，离婚率急剧攀升。然而像某些批评家所认为的那样，家庭并没有消失。相反，家庭的形式和作用在发展，比如妇女在社会和家庭中发挥越来越大的作用。

从20世纪60年代起，日渐强大的妇女解放运动使许多妇女更加意识到她们共同关注的问题。运动要求妇女不再受压迫或被当作二等公民，无论是在政治权利、所挣工资、她们的职位，还是她们受到的或社会所给予的对待上。这一运动不仅要争取向所有的人敞开政治、经济和社会生活的大门，而且还要改变妇女一成不变的形象，改变给妇女带来障碍的性别差异的普遍观念。女权主义者领导了争取放宽离婚法的限制以及使避孕和堕胎合法化的斗争，并竭力争取在学术上有所改变，以反映妇女的事务和观点。

这些变化对于妇女来说具有极为潜在的重要性，而且必要时对男性也同样的重要。正如多数重大的历史变革一样，需要很长的时间才能完全显现出效果。妇女做出的这些变革需要在我们教育子女的过程中以及在我们的文化传递性别角色的信息中做出大量细致的改变。

青年和教育　19世纪中期到20世纪初期，是西方工业化与城市化发展迅猛的时期，由于大量的移民和迁居，使城市的人口急剧膨胀，城市的基础设施无法满足急剧增长人口的需求，工业化的发展急需大量的劳动力，很多妇女和儿童被雇佣。在工厂里，这些儿童直接受到成人的影响，工作之余会直接感受到街道生活，与那些放纵饮酒、赌博和从事其他放荡行为的成年人打交道，从而养成一些恶习。那些无家可归的青少年更是不在成人管控之下，形成了无法掌控的帮派，帮派争斗时有发生，各种犯罪活动此起彼伏。而英国也出现了类似情况，如在1890年，曼彻斯特的“斗殴少年”发动了一次涉及500余青年的混战。19世纪中期以来，叛逆的城市青少年变成了越来越严重的社会问题，严重影响着社会的正常秩序与稳定。而且随着媒体的迅猛发展，很多青少年犯罪的事实被报道，如美国60年代早期的青少年杀人事件，70～80年代经常报道有关青少年的暴力袭击事件、帮派争斗的事件，城市的青少年问题越来越引起人们的关注。针对这样的社会现实，成人社会的改革者通过一定的社会政策对青少年加以控制与保护。

随着对教育机会民主化的要求不断增加，大学已不得不敞开大门，不再是只接纳传统的名流。自从第二次世界大战之后，进入大学和继续深造的学生数量有了显著增长。大学不得不改变其课程以适应流动社会以及现代经济发展的新需要。20世纪60年代，很多西方国家的学生对大学不满，而且也对父辈的行为和价值观持批评态度。学生们抨击以大型、官办的大学为代表的父辈传统成年世界中人文主义的缺乏及限制性的行为和价值观、社会的不平等以及无情的竞争。他们批评政府的政策，就某些问题举行示威抗议，如反对越南战争和支持非西方世界的民族解放运动。大量的示威游行和大学生活的中断常波及周围的团体，包括与警察和其他官方机构发生冲突。1968年，在法国发生了一场最引人注目的冲突，学生发生骚乱，有推翻政府之势，尤其是当时学生们得到了工人的支持，虽然是短暂的支持。政府最终控制住了局面，但在20世纪60年代末和70年代初，法国和其他地方的大学实行了大量的改革，增加了工商管理、计算机科学和神学、医学及法学方面的课程与专业。自此，学生的热情降低了。学生们远离了传统的人文课程，变得更加关注自己在经济社会中的前途。

社会福利 第一次世界大战后，尤其是第二次世界大战后，促使政府担负社会福利责任的步伐加快了。多数国家都为失业人员、退休人员、病人及老年人提高了其传统的社会保证津贴。政府加大了对教育的支出。在有些国家，特别是在英国，采取了措施以确保所有的人都能享有医疗服务。制订了新的政府计划，以提供家庭津贴、产期补助金和低收入住房。

总之，政府开始承担起向百姓提供最低社会和经济保证的责任。在实际上仍是资本主义的经济制度中，国家在提供大量的社会福利方面所起的更大作用堪称是在建立“福利国家”。每个国家投入的力度不同。

东欧共产党国家的政府独揽了对社会和经济事务的大部分控制权，但它们能够提供的福利受到国家经济生活的限制。在西欧国家中，斯堪的纳维亚各国通常在为其公民提供社会福利方面做得最完善。美国由于有自身的特殊问题，而且厌恶有社会主义意味的计划，因而在政府提供社会福利方面要落后于其他国家。

当然，这些福利事业要付出很大的代价。要增加税收来支付福利事业的费用。政府官僚机构要扩大以便管理这些事务。此外，批评家们质疑所提供的某些福利的质量，特别是医疗服务。然而这类社会计划一旦建立起来，就很少被取消——尽管在 20 世纪 80 年代，美国里根政府曾致力于这样做。

不过，政府致力于提升社会福利并没有终止持续出现的社会问题。除贫困之外，近几十年中，高犯罪率和药物滥用的增多证实了许多西方社会中存在的疏离和不满情绪。在 20 世纪 80 年代和 90 年代，艾滋病的传播向政府和科学界解决新难题的能力提出了挑战。

宗教和神学 尽管在 20 世纪出现了世俗化风气，但基督教仍然是西方文化中一支重要的宗教力量。然而，长期以来，基督教会在西方的影响力不断下降，特别是自第二次世界大战以后。教会在尽力恢复一些失去的团结，以使其能够结成统一战线去面对遇到的问题。

20 世纪，西方世界的神学在很大程度上反映出那一时期的唯物主义和存在主义哲学的影响。通过在使基督教神学成为一种更世俗的哲学而尽力去更新基督教神学。保罗·蒂利希（1886—1965 年）是德国新教徒，晚年在美国度过，他认为上帝是"终级真理"和"内在真实"。传统的名词，如原罪、拯救、宽恕、不朽和赎罪等在其笔下都是有用的信条，实际上涉及个人和社会的道德。哈佛大学的哈维·考克斯在其著名的《世俗城》（1965）一书中，明确了基督教是一场持续的社会革命。在 20 世纪 60 年代，大量宗教信徒，其中有些相当富有，还有些人是极端暴力的，他们在这种唯物、竞争和复杂的世界中开始表现出友谊和真诚。

另一方面，一些强有力的声音要求恢复开明的正统基督教，特别是瑞士新加尔文派的卡尔·巴尔特（1886—1968 年）和美国新加尔文派的莱因霍尔德·尼布尔（1892—1971 年）。他们说，上帝创造了宇宙并为其神圣的目标而运转它，但自私的傲慢使人类脱离了上帝。只有基督教能够消除那种傲慢，使人们实现上帝的目标。法国的雅克·马利丹（1882—1973 年）要求恢复圣·托马斯·阿奎那的教义。这些博学的神学家以其地位去推动传统基督教的一贯主张。

科学

自然科学 在第一次世界大战之后的 20 年中，物理学的主攻方向是继续研究原子，这项研究始于 19 世纪，目标是揭开物质本性的真相。结果常令人失望。阿尔伯特·爱因斯坦用其相对论否定了牛顿的物质恒定的宇宙。马克斯·普朗克（1858—1947 年）则给予了更为沉重的一击。尽管他在 1900 年发表了其量子论，但直到第一次世界大战后的几十年，人们才认识到其全面的影响力。根据这一理论，能量的传送并非像人们曾长期认为的那样是稳定的、相当连续的，而是以间断的或能量子的形式传送，而且亚原子粒子的特性极不规律且复杂，自然的最终秘密绝不可能通过客观的研究而彻底揭开。1919 年，欧内斯特·卢瑟福（1871—1937 年）打开了亚原子粒子的世界，并且通过用亚原子粒子轰击原子发现了改变原子结构的可能性。沃纳·海森伯（1901—1976 年）进一步推动了物理学中相对性和不确定性的观念，1927 年他提出了“测不准原理”。他认为，任何原子模型或测量原本就是近似和相对的。

第二次世界大战之后，物理学家团队使用巨大、强力、昂贵的加速器来研究亚原子世界，研究程度远高于战前所能达到的。天体物理学家利用电脑和射电望远镜来扩大我们对宇宙的了解。同时，这些科学家中有很多人都受雇于政府和企业，以开发新的、更具毁灭性的战争武器或产品，如电脑芯片和超导体，这些对于我们这个消费社会的经济是很重要的。

生物学中最令人兴奋的发现是在遗传学领域。1953 年，复杂的 DNA 分子特性被发现，它控制着所有生命形式。这一发现认为，通过干预这种分子就可能产生新的生命形式，而且所有生命，包括人类的已知特性都可以得到控制。最近对基因分裂和遗传工程的研究证实了这种假设。

20 世纪生物学领域中最有益的发现是那些可预防和治疗人类疾病的研究成果。病毒被分离出来，人们认识到了病毒引发许多疾病——包括小儿麻痹、流感和感冒——的原因。科学家成功地研究出预防小儿麻痹及其他病毒的疫苗——但感冒仍困扰着很多人。20 世纪 20 年代末和 30 年代，发现了青霉素与磺胺类药物。这些“特效药”可杀灭或控制导致许多人感染的细菌。自第二次世界大战以来，发现了许多能够治疗精神病的药物，而且人造和移植肾脏及心脏已挽救或延长了很多人的生命。

应用这些令人惊奇的药物方面的主要缺憾是其高昂和不断攀升的费用以及缺少受过培训的人来配制药物。很多国家，尤其是英国和瑞典，认识到公共卫生的巨大重要性，制订了国民健康保险的全面计划。

社会科学 社会科学一直强调利用成功用于自然科学中的方法——严格的经验研究、归纳推理和演绎推理、用纯客观的相对主义及概率表述结论。最近几十年，社会科学的一些研究采用了三种新方法。第一种是对以前的方法的扩大——用电脑和新近研发出的统计工具帮助进行定量研究。电脑使研究人员能够处理巨量的资料和数据。统计工具增加了研究人员做出结论的概率或可预测性。第二种是结构主义，它强调行为的规范或形式而非具体的内容。第三种是相对主义，它否认普遍的价值观，认为社会和文化应在其自身的时间、地点和范围内进行研究。

所有的社会科学家中，社会学家和人类学家是最乐观和积极的。像其他的社会科学家一样，他们试图用科学的方法去研究人类的行为。德国的马克斯·韦伯（1864—1920 年）建立了理想类型或模式作为科学分析各种社会问题的一种方法——这一方法此后一直被广为使用。埃米尔·迪尔凯姆（1858—1917 年）建立起一种强调运用统计学去分析社会行为的社会学传统。从纳粹德国逃往英国的卡尔·曼海姆（1893—1947 年）建立了知识社会学。他认为思想与社会群体有关，且受其影响的程度远比曾经推想的大得多。人类学家倾向于从早期头盖骨和其他身体特征的测量方面转到一种概念，即不同的文化主要是基于阐释经历的方式不同和对环境的适应。克劳德·列维-斯特劳斯（1908—2009 年）或许是近几十年来最有影响力的人类学家，他运用结构论观点去分析文化的形式和规则。

第一次世界大战至20世纪50年代期间，心理学不断地受到弗洛伊德的理论和实践的强烈影响，它强调人类思想和行为中的无理性、无意识、性欲以及侵犯的元素。行为主义也在不断发展，到20世纪60年代时它超过了弗洛伊德主义。

所有的社会科学中，经济学已最大限度地利用了计算机辅助定量研究及尖端的统计工具。对政策有最直接影响的也是社会科学。政府机构和私人机构做决策都依靠经济学家。在定量研究和经济学家所使用的统计工具的背后是更为基本的经济理论。自20世纪30年代之后，凯恩斯的经济思想在资本主义国家或混合型经济的国家中最具影响力。1936年，在大萧条的中期，约翰·梅纳德·凯恩斯（1883—1946年）出版《就业、利息和货币通论》，提倡政府干预资本主义制度，他主张在萧条时期，政府应该通过降低利率及通过在市政工程上的赤字支出来增加流通中的货币供应。在通货膨胀的高峰期，政府应当通过提升利率和其他的措施来限制货币供应。不仅在凯恩斯的祖国英国，而且在整个资本主义世界，自由派都接受他的理论，实际上许多保守派也接受了他的理论。但到20世纪70年代末和80年代初，凯恩斯的理论似乎无法解释很多经济问题，特别是很多人称之为“滞胀”的通货膨胀和经济停滞（伴随有失业）的问题。有些理论家要求政府加大力度控制工资、价格以及总体经济计划；其他人抨击政府参与经济是弊大于利。

或许对自然科学和社会科学来说最重要的新工具就是电脑。20世纪40年代，电脑首先成为一个重要的工具；到50年代和60年代时，它在各个方面与现代科技结合在一起，对科学和经济具有强大的影响力。随着计算机技术的新发展，特别是微型化，在20世纪70年代、80年代和90年代期间，几乎在科学的各个领域都增加了对电脑的使用。电脑的存储和信息处理能力使它成为多数科学家的一种必需品而非奢侈品。然而，它仍然只是一个工具。科学家必须给电脑提供正确的信息、提出有用的问题以及解释答案。

19 世纪上半期，大家都期待工业革命和宪政体制会带来繁荣与安定。19 世纪下半期，资本主义的掠夺逻辑变本加厉。社会确实繁荣，但绝对不安定。共产主义与国家主义相继挑战资本主义的经济与政治模式。但存在主义更彻底地质疑了人类生存的意义。它反映了 20 世纪西方人的性格分裂。人是想自由的，但人又是不可以自由的。这是西方现代个人主义走到最终的发现。理性主义寻找存在的本质，也就是寻真，结论是非常肯定的：是思想（我思，故我在）。经验主义的结论比较犹豫：是感官。存在主义声称存在先于本质。它认为本质只是宗教信仰，是形而上的东西，故要摒弃寻找本质而改为创造存在的意义。要创造就要行使我的绝对自由。但是为自己的生命创造意义只能令我意识到世界是荒谬的，存在是没有意义的。面对这些荒谬，波伏娃说我们只能与世界不断搏斗。蒂利希告诉我们交托给一个绝对的信仰：加谬让我们以轻蔑去克服荒谬。

哲学

存在主义　战争给人们的心灵造成了巨大的创伤，人们急于修复受伤的心灵，哲学和人文社科学领域，人道主义思潮的风行反映了这种需要。1946 年萨特写了一本《存在主义是一种人道主义》，这是针对法西斯灭绝人性的残暴行为而发的。战后 20 年，在欧洲最流行的就是萨特的存在主义哲学思潮。其核心思想是存在先于本质，他没有海德格尔理论那种神秘色彩和悲观情绪，而是乐观与积极的。他得出“人是绝对自由的”的结论。所谓的自由就是选择的自由，人有权选择也应该选择自己的人生。他认为人的真正的自由就是选择积极参与世界事物，以实现人的本性，体现人的尊严。萨特从“他者”的看法出发，“他者”属于这个

图 12-1　萨特

世界，取自这个世界。在我建立存在意义和价值时，“真的自己”和“投射的自己”不断争斗。那么，我的价值建立在什么基础上？萨特坚持一个稳固的普世价值：“自由，为自己的存在定义的自由。”这个坚持使他走向马克思主义。他认为他所在的历史处境中，存在主义只不过是马克思的深层次社会与历史辩证分析里的一个“意识形态时刻”。存在主义的焦点是，在物质世界如何定义存在，而马克思对资本的批判就是针对这个物质世界最关键的一环：物质匮乏之下的经济关系。萨特认为没有任何理论比马克思主义更清晰地分析“不自由”，更实际地指导怎样去战胜“不自由”。但是，他认为当时的马克思主义已经从社会的辩证走上抽象的教条化，他想通过存在主义的自由和选择去为马克思主义重新注入活力。

存在主义在第二次世界大战后的五六十年代盛极一时，海德格尔（1889—1976 年）、萨特（1905—1980 年）、加缪（1913—1960 年）成为法国甚至全球的首席思想家。存在主义可以算是“后现代”的第一炮。它的特色不是对资本主义社会的批判，而是它提出的“自真”思路。这个反经验主义，反工具理性的思路开拓了新的局面。通过文学、戏剧、电影、建筑、宗教等大众媒介，它深刻地影响了整个西方文化。萨特和加缪都是诺贝尔奖得主，萨特拒绝领奖更使存在主义身价倍增。

存在主义最后还是落在一个死结上：人是想自由的，但人又是不可以自由的。这也许是西方现代个人主义走到最终的新发现。在现代文明要告终的一刻，我们感到精神受到威胁而焦虑是有道理的。绝对权力消失，自由民主抬头，科技文明胜利但又开始解体，使我们觉得存在是空虚的和没有意义的。我们面临精神不存在的威胁，因为我们失去了终极信念（终极关怀）——一个为所有意义带来意义的意义。

加缪的《西西弗斯的神话》是存在主义的经典，主题是荒谬。他认真讨论了一个题目：当我们认识到生命的无意义和荒谬时，我们要不要自杀？生命的意义来自明天的希望，但每一个明天都在把我们带近死亡。我们追求绝对与统一，但由于世事不能归纳成理性原则，遂产生荒谬。我们不应该放弃理性而走上有神论，又不应该提升理性走上形而上。

自杀也无须。没有人，哪有荒谬？人与世界的矛盾要在生活中面对。但不能接受荒谬，要不断反抗。在实际生活中争取自由。——没有未来就没有希望来束缚，没有目的就没有意义来驱使。重要的不是最好的生活，而是最多的生活。

加缪的《西西弗斯的神话》中西西弗斯诡计多端，他违抗众神之命，把死神锁起来，人就不用死了，但众神们却放走了死神。西西弗斯死后施计从死神的地府走出来，但又被众神擒着。惩罚是要他把巨石从山坡下推上山顶，但每次到了顶处石头就滚下来，重新再推，永远如此。加缪以这永无止境和无意义的劳累作为世事荒谬和人生无奈的隐喻，尤其是现代人在现代工厂和办公楼里的无聊工作。他指出，我们一般不会知道这是荒谬，但当我们意识觉察到这荒谬的一刻，才是悲剧。加缪很想知道西西弗斯每一次下山重新推巨石时，脑子里是怎样想的。这是悲剧一刻，因为西西弗斯绝无希望。但加缪也说“没有命运不可以被轻蔑来克服”。承认事实就是征服事实。西西弗斯有自由去认清这荒谬的处境，并处之泰然。加缪的结论是“我们总是想象西西弗斯是快乐的”。

法兰克福学派　在当今西方社会中，影响最大的“西方马克思主义”学派就是法兰克福学派。主张研究要为真理服务，不为党派服务。主张以人道主义为认识论的基础，恢复马克思主义的批判本质，他们建立的是一种马克思主义的社会批判理论。学派出现了两位产生极大影响的人物：马尔库塞和哈贝马斯。马尔库塞揭露和批判了资本主义社会对人性的压制及反人道主义的本质，人丧失了批判的革命精神。个人自由和创造力完全丧失。人是只会简单重复的思想机器，人成了“单面人”。哈贝马斯认为科学技术是现代社会一切罪恶的根源，主张走社会改良运动。

从结构主义到解构主义　20世纪60年代，一种新的思潮在法国兴起，成为一股强大的哲学、人文科学思潮，传遍西方社会，这就是结构主义。它试图用自然科学的研究手法去探讨社会、文化生活的问题，力求找到一种超越时间性的结构和原始模式。首先出现的是语言学结构主义，代表人物是瑞士语言学家索绪尔。被称为“现代结构主义之父”。法国的列维·斯特劳斯运用结构主义方法研究人类学，认为人类历史是一部意识发展史，每种制度的底层都有一种无意识结构。我们必须揭示这个无意识结构，按同时性原则，从横截面去发掘这结构。罗兰巴尔特是法兰西学院文学和符号学教授，他用结构主义方法研究文学，认为必须突出每一文体的差异性，而不是共性。作品就像一颗葱头，由许多层次、系统构成。里面没有核，没有心。

解构主义思潮的代表人物是法国的德里达。他批判了许多当时在西方流行的理论概念，他被认为是当代“对普遍性和确定性的颠覆最激进的”思想家。解构主义最基本的特征是批判结构主义的唯理论倾向，强调结构具有的异质性和开放性。极力消除整体性原则，具有明显的反理性主义倾向。

在对西方文化的批判中，杰姆逊认为西方资本主义已经到了跨国资本主义的阶段，商业性的消费文化无所不在是其文化特征。消费文化的泛滥消灭了人的创造性和艺术的美学价值。资本主义的文化霸权对第三世界文化形成了严重威胁。

在后现代的文化语境中，关于历史的宏大叙事已经日渐消亡，因而，传统的精神谱系学的研究已不大可能。同时，艺术形态学的研究同样变得不太可能。因为，首先，后现代艺术打破了艺术形式之间的界限，艺术作品成为多种艺术形式的拼接组合；其次，后现代艺术打破了艺术和非艺术的界限；最后，后现代艺术花样繁多，鱼龙混杂。很显然，要按照传统的艺术形态学概念来对后现代艺术进行分类已经不太可能，或者说后现代艺术本身就反对从形态学上对其进行分类，所以我们只能勉强列举其中一些代表性的形式或流派。例如：超文本小说、行为艺术、身体艺术、高科技艺术、无形式艺术、装置艺术、政治艺术、女性主义艺术、表演艺术、酷儿艺术、过程艺术、地景艺术、公共艺术、“他者”艺术、摭拾物艺术、媒体艺术、声音艺术、波普艺术、录影艺术……

事实上，迄今为止，还没有哪位当代文艺美学家运用传统艺术形态学的方法来对后现代艺术进行分类研究，这似乎预示着传统的艺术精神谱系学和形态学研究已经到了现代转型的时候了。

艺术

艺术与反艺术 1914年8月欧洲爆发了第一次世界大战，在战争的冲击下，400多年来形成的“美的艺术”体系出现了巨大的裂痕。为躲避战祸而集中到瑞士的一批青年艺术家在残酷的现实中开始追问艺术的本质：面对如此丑陋的现实，我们是否还需要唯美的艺术？当往昔的高尚与美好在炮火中烟消云散的时候，他们陷入了彻底的虚无之中——既然没有了理想，就让我们反抗，反对逻辑和理性，反对文化与艺术，反对一切社会习俗和法则。

1916年2月，达达主义在苏黎世产生，随后便在法国、德国、美国流传开来，成为国际性的艺术运动。“达达”（DaDa）是从词典上随意选来的一个词，意思是儿童玩木马的声音。否定性、反抗性是达达主义艺术的主要特色，它否定历史，嘲弄现实，破坏一切价值和意义，批判艺术而推崇非艺术。这些特点从杜尚（1887—1968年）这位达达艺术的代表性画家身上便可见一斑。

法国独特的文化孕育了杜尚这位西方美术史上的怪杰，清秀儒雅的杜尚视自由如生命，本能地反抗着各种各样的束缚。他拒绝固定的职业，花20年的时间研究下棋，靠卖画和教法文为生，并且一生只有一段维持了不到六个月的婚姻。1916年一位美国富商提出每年支付杜尚一万美元，只要杜尚每年为他做一幅画即可。杜尚没有接受，他说：“1916年，我已经29岁了，知道如何保护自己。”杜尚不加入任何艺术流派，无论是立体主义还是超现实主义，杜尚都与他们保持了若即若离的关系。他也从不承认自己属于“达达”。1917年杜尚把一个签了名的小便池送到“独立美术家展览”上，引起一片的愤怒和震惊。正是这个光洁的白亮亮的现成品，戳穿了我们富丽堂皇的世界一本正经的表皮下所遮蔽的荒谬和虚妄。艺术是什么？它什么也不是，它根本不值得凌驾于人类的其他活动之上，它只是人类自以为是、画地为牢的无聊游戏。美与丑、真与假、高与低正是这种二元对立的思维方式蒙蔽了人类的双眼。杜尚跳出来，拉开那沉重的帷幕，同时留下一个永恒的轻蔑的微笑。

可以说，是杜尚一把剥下了艺术身上的圣衣，带给艺术一种前所未有的、令人恐怖的自由感。离开了规则的游戏不再是真正的游戏。但是，被杜尚推开的门却不曾关闭，画家们从这扇门走出，走向喧嚣的广场，从此，绘画开始了向表演的迈进。

消费社会与波普艺术　什么是波普艺术呢？理查德·汉密尔顿在1957年做出了这样的说明：通俗的、短暂的（短时间解决问题的）、可消费的（容易忘记的）、廉价的、能大批量生产的、年轻的（面向青年的）、诙谐风趣的、性感的、诡秘狡诈的、有刺激性和冒险性的、能赚大钱的……这不仅是对波普艺术的说明，更是对整个后现代商业文化的说明。

后现代商业文化从本质上说是一种削平深度模式的文化，历史感、价值感都在商业社会中消散，只剩下平面化、零散化的世界。在大众传媒盛行的时代，真与伪的界限已然消失，一切都是“摹本”，“原本”则根本就不存在。于是，艺术面临着柏拉图所预言的困境，它成为影子的影子，摹本的摹本。在商业文化的包裹中诞生的波普艺术对艺术本质及其存在价值进行了比达达主义更为彻底的否定，它主张取消艺术与生活的界限，让艺术与物欲横流的商业社会合而为一。这时，艺术不再负担审美救赎的功能，成为一种毫无意义的形式化的空壳。生活中的日常用品甚至是废品经过加工，变成了可以消费的商品，再次进入生活。于是，艺术与生活构成了无头无尾的循环，一个现代神话在循环中诞生：普通的商品变成了艺术，艺术家说它是艺术，它就是艺术。

波普艺术以自我引爆的方式述说着我们所处的世界，这是一个被物所包围、所统治的世界，商品的力量如此强大，没有谁可以逃出它的逻辑。失落了崇高价值的人们在商品中寄托信仰，得到的却是如垃圾般浑浑噩噩的生活。波普艺术的发轫之作——理查德·汉密尔顿的拼贴画《是什么使今天的家庭如此非凡迷人？》，描绘了一个日常的生活场景。画面中的男性手持象征巨大生殖器的棒棒糖正炫耀他紧绷的肌肉。女性则坐在沙发中摆弄她健美的乳房，一副为丰胸产品做广告的架势。墙上是当时流行的连环画，桌上摆着带包装的火腿，电视机、留声机一应俱全，透过窗子，还能看到电影院和广告牌。商品已经自我繁衍，形成体系，将人们纳入其中。人们的衣食住行，乃至身体都被物规定着，而思想则在物的挤压下悄然退场。是什么使今天的家庭如此非凡迷人？

波普艺术之后，西方艺术家向艺术的边界发动了越来越猛烈的冲击，有的甚至完全走出了绘画和雕塑等固有的范畴。大地艺术、环境艺术、行为艺术、表演艺术、偶发艺术、观念艺术等等，种类繁多，千奇百怪。1960 年，法国艺术家伊夫·克莱因在 3 名女模特身上泼满蓝色颜料，然后让她们在音乐伴奏下在画布上打滚，这些印有人体痕迹的布被称为《裹尸布》。凡此种种，花样百出。

文学

戏剧 19 世纪理性主义世界观受到了动摇，以叔本华、尼采、克尔凯郭尔为代表的非理性主义思想家认为，世界不存在客观自在的现实，一切现实都是一种生命冲动和本能创造的隐喻和象征。20 世纪后的弗洛伊德的精神分析学和海德格尔的存在哲学以及萨特和加缪的存在主义等思潮，更是把非理性主义的精神推向极端，从根本上否定了现实因象征之间的区分，揭示了西方文化自身的危机。20 世纪的两次世界大战摧毁了西方人理性主义信念，也加深了他们对于现实的强烈否定意识和虚无感。现代戏剧正是非理性主义的产物。

表现主义戏剧 表现主义戏剧兴起于 20 世纪初，它的代表人物是瑞典剧作家斯特林堡、意大利小说家及剧作家皮兰德娄。斯特林堡（1849—1912 年）的三部曲《去大马士革》（1897—1904 年）是西方最早出现的表现主义戏剧，它以独白的形式描写了人与命运、异性、教会以及自我的搏斗。而在《灵魂鸣奏曲》（1907）中，斯特林堡则让死尸、亡魂和活人同时登场，剧中充斥了大量的幻觉和荒诞的场景。这一切都表明，斯特林堡的真正目的，并不是为了让观众理性地把握现实的真正意义，而是完全融入戏剧所营造的梦幻和独白世界之中。

皮兰德娄（1867—1936 年）的代表作是《六个寻找剧作家的角色》，这部表现主义的经典剧作其实是一部非常奇特的“戏中戏”。通过极端怪异的方式，皮兰德娄暗示，每个人都有一个自己特殊的内心世界，每个人都把他人和世界看成是自己内心世界的延伸，因此每个人都既不可能理解他人，也不可能理解周围世界，甚至不可能理解自己的内心世界。

总之，由于过分强调戏剧的主观性，表现主义剧作家笔下的人物往往只是一些抽象的名称，没有具体的姓名，即使有，也不过是作为一种空洞的符号来使用；由于强调内心活动、直觉和梦幻，他们往往采取独白、梦境、假面具、潜台词等手段来表现人对世界和自身的感受。在表现主义戏剧中，剧情离奇且变化突兀，戏剧语言带有电报或梦呓的意味。这种创作手法，对后来的西方戏剧家产生了直接和深远的影响。

存在主义戏剧 存在主义戏剧在第二次世界大战以后的法国风行一时，其代表人物是萨特和加缪。尽管他们在政治立场和文学观上存在着深刻的分歧，但在很多方面却有共同之处。譬如说，这两位存在主义的大师都既是深刻的哲学家或思想家，也是才华横溢的文学家。萨特的《存在与虚无》《存在主义是一种人道主义》加缪的《西西弗斯神话》都对第二次世界大战以后的西方思想界产生了巨大的影响。这一点也表明，存在主义戏剧同存在主义哲学的关系非常密切，甚至可以被看成是后者的形象表达。因此，存在主义戏剧也时常被人称为“哲理戏剧”。

萨特的存在主义哲学，用一句话概括就是：“存在先于本质。”萨特认为，人并没有一个固定不变的本质，所谓的本质只是人的行动或“自由选择”的产物。但萨特同时强调，人并不能自由地选择行动的后果，因为一切后果都是人自身所无法预料的，正是自由选择的这种悖论导致了人在世界中的虚无状态。萨特的戏剧所刻画的，正是人面对这种虚无状态的焦虑和荒谬感。在《苍蝇》（1943）及《密室》（1944）等一系列剧作中，萨特淋漓尽致地揭示了自由选择的悖论，以及人面对这种悖论的虚无感和焦虑感。

加缪在公开场合多次否认自己是存在主义者，不过他的小说和戏剧所表现的恰恰是一个存在主义的核心主题——荒谬。在《西西弗斯神话》中，加缪试图告诉我们，人在世界中的生存状态就如同希腊神话中的西西弗斯——他一次又一次地将巨石推到山顶，而巨石却一次又一次地滚到山下。不过加缪同时也认为，人恰恰在反抗生存之无意义或荒谬的自由行动中，体现了生存的意义与高贵。

荒诞派戏剧　存在主义戏剧虽然在第二次世界大战以后盛极一时，但它影响的时间却非常短暂，并且很快为荒诞派戏剧所取代。荒诞派戏剧兴起于20世纪50年代，并在六七十年代达到了鼎盛状态，它的代表人物包括罗马尼亚的尤奈斯库，法国的让·热奈和贝克特，英国的品特，美国的阿尔比。荒诞派戏剧在思想上受到存在主义的深刻影响，但远比后者激进，因为它不但完全否定了人在世界中的生存意义，而且将荒诞和无意义作为现实世界的常态。同时在形式上说，荒诞派戏剧几乎颠覆了一切传统的戏剧手法，因而也被人们称为"反戏剧派"。

1950年，尤奈斯库的《秃头歌女》在巴黎上演，正式拉开了荒诞派戏剧的序幕。当它在剧场中上演时，只有三个观众。这部戏剧没有任何作为戏剧核心的戏剧冲突，没有完整且合乎逻辑的故事情节，也没有具有性格的人物形象。三年之后，贝克特的《等待戈多》更是为这种荒诞精神推波助澜。在这部戏剧中，两个老流浪汉在无聊地等待一位名叫"戈多"的先生，但却总也等不到他的到来。整个戏剧除了无意义的言辞、支离破碎的布景和莫名其妙的对白之外，几乎没有任何合理的情节。这些作品假如还称得上有什么思想内容的话，那也不过是表明了人在世界中彻底的荒诞和无意义状态，人无法理解世界、他人甚至自己，真实与虚假失去了界限，恐怖、焦虑、无聊、厌倦和冷漠成了唯一的"现实"。

更重要的是，荒诞派戏剧甚至颠覆了戏剧本身。它不仅否定了悲剧和喜剧的区别，抛弃了人物、场景和情节等传统戏剧要素，而且打破了时空的界限，消除了观众和舞台的距离。在许多荒诞派戏剧中，观众时常走上舞台成为剧中人，而戏剧人物也经常拒绝承认自己的戏剧身份。

对于西方戏剧本身而言，从象征主义、表现主义到存在主义和荒诞派的现代历史，正是体现了戏剧自身的自我否定精神。表面上看来，现代戏剧的确否定了传统的戏剧原则，譬如它不再认为戏剧是对现实的模仿，不再承认有某种所谓的现实，甚至否定了人物、故事情节和场景等戏剧性的要素；但是反过来看，现代戏剧恰恰在这种自我否定中突破了传统的教条和禁区，极大程度地开拓了戏剧的可能空间。在这个意义上，现代戏剧的反传统精神，甚至包括荒诞派的“反戏剧”精神非但没有宣告戏剧的终结，反而为西方戏剧本身提供了新鲜的生命和无限广阔的未来。

散文 20 世纪 60 年代以后，对西方文化的反思批判是后结构主义和解构主义的思想家们的工作。在他们看来，造成文化危机的原因在于西方形而上学长期以来形成了二元对立的等级结构——理性压制感性，内容压制形式、人压制自然、只有打破这种根深蒂固的思维方式才能找到拯救的希望。罗兰·巴特就是这些学者中的一员。罗兰·巴特尝试用写作打破哲学与文学的界限，赋予读者权利，将意义艰深的哲学文本解读成富有弹性阐释空间的文学文本，从而还原思考的自由。他的哲学著作就是风格独特的散文，而他的散文又是其哲学思想的完美呈现。

罗兰·巴特（1915—1980 年）是法国著名的文论家、符号学家。在他看来，语言符号（能指）与语言符号所指称的事物（所指）没有必然联系，他主张一种尽量看不出写作主体的客观写作，作者一旦完成创作就与作品永远道别了，只剩下一张由语言符号编织起来的网络。罗兰·巴特的散文把语言作为一种符号的天性发挥得淋漓尽致，他的文字好像是迷宫，人们不能按照惯例从中找到一个清晰的主题，顾盼之际似乎随处都是格言警句、引人入胜的思想在闪光，但是稍微驻足它们便从眼前溜掉，让人无从捕捉。罗兰·巴特文字是对智力的挑战，他要求人抛弃一切目的和成见，就在文字的森林里流连，但是当最后走出森林的时候，依然能感觉到智慧的所在。

不过，从总体而言，后现代世界的散文并没有像诗歌、绘画、音乐或小说那样走在文体实验和审美风格尝试的最前沿，更多的散文创作仍然使用着传统的形式，像一条宽阔而平稳的大河，带着每一段河床上的丰富累积缓缓流淌，在累积和叠加中进行创新。

小说 在 20 世纪初的现代主义思潮中，人们普遍怀疑对外部世界的穷尽式的理性认识到底能否把握有关世界的真理，进而开始关注人的意识活动本身。在文学作品中，表现对世界万象直观感受以及内心的焦躁不安的印象主义和象征主义开始泛滥。印象主义的特征是不追究意识对象的客观真实，而着重描写主体所经验到的直接感官印象以及外部世界所引起的瞬间感觉。印象主义作品以表现转瞬即逝的印象为己任，而不去用传统的理性整理和阐释这些印象。如果说浪漫主义力图在内心世界中建立一个理想王国的话，那么这个理想王国只能通过理性认识才能把握，但在象征主义这里，理想世界是理性所无法把握的，是超现实的，只能通过语言和意象的象征效果予以暗示。这种象征效果产生在每个人的心灵深处的最奥妙无穷的直觉中，无法以理性的言语来表达。如在康拉德（1857—1924 年）的小说《吉姆爷》中，吉姆的崇高的英雄主义理想与他的行为现实、心理现实和现实环境之间的矛盾，呈现给我们一个错综复杂、多义难解的心灵和现实世界。传统的现实主义和浪漫主义小说中的理性、理想的世界不可能具有如此多意的复杂性和丰富性，这当然与工业社会和科技进步带来的深刻社会变化和人类面临前所未有的大量新问题直接相关，这种变革的后果是使人们以新的角度和眼界来观察和理解新的现实，这种理解只能通过建立新的哲学和思想体系才能完成。

20 世纪 50 年代英国“愤怒的青年”文学流派对战后现实进行了猛烈抨击。在美国，“垮掉的一代”文学也成了年轻作家反叛社会的宣言。丹尼尔·贝尔说 60 年代是一场年轻人在解放的旗帜下发泄的生命冲动，也是对西文化的深刻的自我反思。事实上，60 年代美国“黑色幽默”文学作品在嬉笑怒骂中充满了对社会现实的自觉反思。

西方社会进入 20 世纪 90 年代以来，随着东欧国家转型，苏联解体，西方人产生了过度乐观的情绪，美国的福山“历史终结”和亨廷顿“文化冲突的理论”对西方文化和他者的关系做成了新的定位。哈贝马斯关于人权高于主权的看法也使他对西方文化的批判有了改变。后殖民主义理论的解说也因此遭遇了新的课题。由于西方社会性别歧视的实际存在，女权主义批评理论就和社会性别的不平等联系起来。

建筑

查尔斯·詹克斯在《后现代主义建筑语言》一书中描述了现代主义的标志性建筑——美国密苏里州圣路易斯城帕鲁衣特·伊戈住宅区被炸

毁的场面，时间是1972年7月15日下午3点32分。詹克斯认为，这件事传达了现代主义建筑已经死亡的消息，此后将进入一个后现代主义建筑的时代。美国建筑家文丘里也对密斯·凡·德·罗“少即是多”的理论进行挑战，并提倡复杂性和矛盾性的建筑观。

相对于其他艺术，建筑需要巨额投资，而且时间长，因而建筑样式的稳定性比较大，建筑艺术观念的变革也显得要慢一些。但到了20世纪80年代，建筑领域也发生了重大的变化。注重功能性、适用性，追求明确的秩序性的现代建筑寿终正寝了，代而取之的是讲求个人的情感性、历史性的后现代建筑。在现代主义者的观念里，建筑就是建筑实体，设计者采用大工业生产的成果：钢铁、混凝土、玻璃等，构筑大空间、标准化、适用性强的大方盒建筑。勾画出一种冰冷的、刚性的城市轮廓线。人在这种集约化、简单化了的建筑中，原本丰富的人性被分割了，人丧失了行走的意义。现代主义建筑中的大面积阴影、大玻璃幕墙带来的噪音和反射光、大尺度构件等，无形中会给人造成一种压力。此外，现代主义建筑过于强调直线、单调划一，追求“国际风格”，实际上是对文化记忆的否定。个人的存在意义、整体的历史文化、民族记忆、地理文脉等在巨型的现代建筑空间中也变得支离破碎了。人成了一种虚假在场。而后现代建筑的出现，也就是要补救建筑中的地方性、民族性、历史性以及人的精神意义危机。

最早在建筑上提出后现代主义观点的是美国建筑家罗伯特·文丘里(1925—)，他在其专著《建筑的复杂性和矛盾性》中说：“建筑师再也不能被正统主义的清教徒式的道德说教所吓唬住了。我喜欢基本要素混杂而不要‘纯粹’，折中而不要‘干净’，扭曲而不要‘直率’，含糊而不要‘分明’，既反常又无个性，既恼人又‘有趣’，宁要平凡的也不要‘造作的’，宁可迁就也不要排斥，宁可过多也不要简单，既要旧的也要创新，宁可不一致和不肯定也不要直接的和明确的，我主张杂乱而有活力胜过明显的统一。我同意不根据前提的推理并赞成二元论。……我认为用意简单不如意义的丰富。既要含蓄的功能也要明确的功能。我喜欢‘两者兼顾’超过‘非此即彼’，我喜欢黑的或白的或者灰的，而不喜欢非黑即白。”

文丘里的立场无疑是后现代的，他对抗的就是现代主义非此即彼的二元对立思维模式，主张多元化、不确定，力图使建筑千篇一律、单调纯粹走向多元混杂、富于创造性。使建筑冲破大工业化体制的藩篱，重新焕发出人性的生气。

后现代建筑手法多样，类型繁多，难于进行分类界定。胡志毅在《世界艺术史·建筑卷》一书中认为，后现代建筑不像古典建筑和现代建筑，它本身就很模糊，不适合做过细的分类，大致可以分为两类：一类是集中于采用部分历史因素、历史建筑和装饰符号来达到这种效果的历史主义方式；另一类是具有戏谑成分的折中主义，与现代主义建筑背弃、遗忘历史相反，后现代主义建筑特别重视历史。他们有意识地采用中世纪的平面和体量，或者应用装饰性线脚和传统式符号（如门廊拱券等），把过去和现在以一种怪诞的方式联系起来，以合乎现代城市的文理。因此，詹克斯在《后现代建筑语言》一书中把历史主义看成是后现代主义建筑的肇始，他认为沙里文于1958—1962年在耶鲁大学设计了斯泰尔和莫尔斯学院，采用了“花生碎壳式奇特”风格，明显的历史主义才算真正来临。詹克斯在区分了后现代建筑的几种类型之后，又提出激进的折中主义。他认为，所有的风格都是混血的，历史主义、直接复古、新民间风格、文理主义等等都是可以借用的源泉。建筑语言的混杂，材料的丰富积累，使得折中主义成了可以供选择的文化所具有的天然产物。折中主义把不同的风格混合于一座建筑之中，不同的含义之间内在关联，相互增进，形成意义叠加。这样，“建筑物的味觉、嗅觉和触觉，与视觉和愿望一样富于吸引力”，既符合一般大众和民间的审美标准，也能得到具有先锋意识的杰出人物的认同。

现代主义和后现代主义都表现为非理性，但前者是实体性的，后者是功能性的。现代主义用意志、生命、力比多等非理性的实体来取代传统的理性实体，其特性是“居”，而后现代的非理性便显得更为彻底，即对包括传统和现代在内的理性实体和非理性实体的消解，因而是功能性的，它没有中心，也没有终结，始终处于开放的、流动的状态中，其特性是“流”。这种非理性表现在建筑上就是对传统和现代建筑观念的解构。古典和现代建筑的经典原则都是方网坐标式的，因此现代主义并没有超越古典，真正敢于对古典垂直与平行线进行破坏的是后现代建筑，表现为用斜线穿插和零散的块面对传统形态进行分裂和解构，采用旋转、重叠、移位等方式拓展其边缘，创造出一种新空间。这样，原本清晰的界限模糊了。不是非此即彼，而是非此非彼，或是亦此亦彼。从中不难发现德里达的解构主义哲学思想在建筑领域的影响。解构要针对的是“逻各斯”中心主义，消解二元对立，寻求中间性。

非理性只是后现代建筑的一个整体性特征，其表现手法是多样化的。概括起来主要有隐喻与暗示、拼贴与杂凑等。后现代建筑常常通过形象来暗示一个场所。这是建筑艺术里的隐喻手法。建筑师把他们的精神体验凝结在特定的隐喻之中，如著名的朗香教堂、悉尼歌剧院、纽约肯尼迪国际机场的美国环球航空公司候机厅等等。后现代建筑像是诗，通过暗示、象征、隐喻等手法传达出一种模糊、暧昧的意义，以达到陌生化的效果。比如勒·柯布西耶的朗香教堂，有人说它像合拢的双手、浮水的鸭子、航空母舰、一种修女的帽子等等。柯布西耶自己说是要设计成一种听觉器件，使得人和上帝得以相互沟通。朗香教堂太复杂了，它的复杂不同于中世纪哥特式教堂，哥特式繁复在细部，但整体结构还是很简洁明朗的。朗香教堂是总体布局的复杂。它的四个立面各不相同，块面粗重敦实，各个体块之间相互扭结、牵扯，给人一种强烈的视觉冲击感。或许，用“陌生化”、“隐喻”等概念化的词语还不足于涵盖朗香教堂的全部秘密。尽管这是 20 世纪中叶的作品，但它几乎不带现代文明的痕迹，它屹立在一个小山上，似乎是保存完好的远古以前的某一遗迹，让人产生跨越时空的玄妙之思。没有人能最后确定它究竟隐喻了什么，人们也无法用清晰的语言来描绘对它的复杂体验。它是陌生的，但又非全然陌生；人们在其中能唤起某种超验的情感，但又不全然是向上攀升的天国之思。如果要从美学风格的角度来看，朗香教堂应该归属怪诞一类。无论是从结构学、力学，还是从实用功能、审美需要等方面看，它都显得不合常理。换言之，它游移于各种理性规则之外，是非理性的。

此外，还有很多建筑具有隐喻暗示的性质，比如悉尼歌剧院在外形上像是 1/4 个苹果叠合而成的，同时又让人联想到“归帆”的意象。沙里文在 1956—1962 年设计并建成的肯尼迪国际机场的美国环球航空公司候机厅隐喻的是飞行的概念，它采用了新材料、新方案，建筑形象动人，让人遐想联翩。

后现代建筑还惯用拼贴杂凑的手法。在后现代审美观的指导下，全世界范围内的一切建筑都可作为创作的素材，建筑师按照自己的意愿，随意拼贴杂糅。他们认为这就是创造。所以，无所谓本国的还是外国的，古代的还是现代的，只要适用，即可照搬过来，他们将一切类型的建筑作等量观并加以并置，这种审美价值取向无疑会打乱历史的内在联系，形成多元混杂、深度削平的后现代景观。

音乐

进入 20 世纪以后，情况发生了重大转折。西方音乐经过近五百年的发展所形成的理性、感性之间的协调和平衡，如今在以勋伯格为代表的新维也纳乐派的音乐中开始面临解体。勋伯格音乐中所蕴含的那种极度的惶恐不安、压抑沉闷、孤独无助的情绪显示了作曲家的理智和精神在某种程度上已经失去了常态。这里我们可以看到流行于当时欧洲哲学领域里的非理性主义思潮的强烈影响，这种思潮认为人的本性的重要方面是非理性的，人的潜意识、无意识，人的情感和欲望是超越理性的，决定人的行为的不是理性，而是人的情欲；当人感到他的情感和欲望受到社会的制约和压抑时，他便与社会处于对立的关系中。体现在勋伯格等人音乐中的这种精神状态，是敏感的欧洲艺术知识分子精神危机的体现。他们在深刻的经济危机、激化的社会矛盾、残酷的第一次世界大战等等面前，感到惶惑和恐惧；人不能掌握自身的命运，而只能被一种异己的力量所控制。特别是自 60 年代起，在进入所谓后工业化社会的新的社会历史条件下，西方在精神文化领域里发生了深刻的转折。它在音乐艺术领域中则表现为从现代主义音乐向后现代主义音乐的转折。

印象派音乐　兴起与西方社会的思想发展紧密相关。一些人把个性解放绝对化，把个人主义发展到极端，导致了现代流派的产生。它既不承认也不认可权威，它只需要变革。所以现代音乐呈现出极其复杂的状况。范围异常广泛，风格光怪陆离。

印象派音乐是20世纪现代音乐的先驱，代表人物是德彪西。这个流派一方面追求形式的精美，另一方面它又要必须表现个人感情，是梦境般的幻想，所以它带上了非理性的倾向。

偶然音乐 对于已经习惯变化的现代人来说，“偶然音乐”的出现仍然使人们对音乐的接受力遭受了一次挑战。所谓“偶然音乐”就是允许演奏者随心所欲地发挥的音乐，作曲者甚至用赌博和占卜的方法来确定作品的音高、时值、力度、音色和演奏方法等等，它的创始者和代表人物是美国作曲家约翰·凯奇（1912—1992年）。偶然音乐的偶然性主要体现在三方面：首先是一个作品的产生过程采用偶然手段；其次，作曲家允许演奏者自由安排作品的结构；最后是模糊的记谱法。它类似于当时西方美术界的“表现主义抽象派”的绘画方式和风格。偶然音乐是西方音乐中一个走极端的流派，深刻地反映了在遭遇变革的现代社会一些西方人内心的无助和空虚。或者更极端一点儿地说，偶然音乐与其说是一种音乐艺术，还不如称其为行为艺术，在偶然音乐中，音乐已成为一种观念的表演。

电子音乐 20世纪50年代因电声技术的发展而兴起了一种新的音乐，即电子音乐。它随着第二次世界大战以后磁带录音机的出现而迅速发展起来。电子音乐使作曲家不必经过演奏就能完全实现的意图。而且电子音乐为作曲家提供了几乎是无限的手段，也不再受到普通乐器和演奏者演奏能力的限制。它可以发出各种虚无缥缈、想入非非的声音，想象中的太空里的天体之音是电子音乐的重要主题。如德国现代作曲家施托克豪森于1975—1977年所做的电子音乐《天狼星》就是一例。不过由于电子音乐是以磁带录音的方式再现的，所以它是一种固定的形式，一经合成就不再有变化，缺乏那种活生生的、千变万化的魅力。

爵士乐与摇滚乐 在现代音乐中，爵士乐是充满人间温情的，后来发展为摇滚乐。最初的布鲁斯（blue）其实是忧郁的意思，它代表了无数美国黑人的磨难、痛苦和绝望。当人们忧郁地吟唱渐渐成为撕心裂肺的嘶吼时（摇滚乐），它实际上表达了年轻一代在成长中的苦闷、对社会和现实的失望和反抗。摇滚乐是西方的一种彻底反传统的音乐。它节奏快而强烈，重音突出，旋律富有快感，演唱者往往用一种原始的沙哑声腔，极度狂欢地显示一种贴近自然的叫啸或倾诉。其次，它与过去的单纯形式不一样，而将歌与舞完全结合起来，而它的舞蹈动作和形象同样源于黑人土风舞，具有自然粗犷、无拘无束、任意宣泄的特点。普莱斯列的典型表演形式便是拼命晃动双膝，扭动盆骨，且或仰身欲醉，或俯首倾心，或摇头晃脑，或在台上任意舞动手脚，即兴表演，随意做出各种动作，似要撞击，似要怒吼，似要冲决罗网，似要飞身远去。摇滚一词本身含有性爱之意，普莱斯列的动作很多均与性爱有关，他大胆而又赤裸的甚至是很夸张的表演，便常常遭到猛烈的攻击，认为他如同在表演脱衣舞。摇滚乐的代表人物有查克·贝瑞，因为他，布鲁斯歌曲才最终发展成为摇滚乐；人们熟知的“猫王”埃尔维斯·普雷斯利将乡村音乐和布鲁斯音乐的特点融合在一起，成为“乡村摇滚乐”的代表，并且以自己充满魅惑力的歌声和臀部性感的摇摆动作（当时备受争议和批判）而成为美国当时最受青少年欢迎的歌手。

图 12-2　普雷斯利

60 年代中期，英国崛起了一支在 20 世纪英国最有影响的乐队“披头士”，其本名为“甲壳虫”乐队，这名字源自卡夫卡的小说《变形记》。其代表人物便是长发披肩、能说会道，并以愤怒、悲哀、狂放的眼神、透过眼镜面对世界的列侬。当时的英国首相曾以列侬为英国的财政与国家形象做出了巨大贡献为由而授予其“不列颠帝国勋章”。这曾引起了众多卫道士的强烈不满，许多获此“崇高荣誉”的高官显贵们大为不满地退回了勋章，以示抗议。列侬则以他是为人带来快乐而不像将军们靠杀人获得勋章来反唇相讥。但在迪伦的影响下，列侬也“革命”起来，退回了勋章，表现出决绝的态度。

80 年代，美国摇滚乐歌坛上已是超级歌星迈克·杰克逊的天下了；1985 年，美国又突然掀起了“麦当娜热”……可以说，摇滚乐代表了时代的喧嚣、繁华和自由，它也是对理性、传统的冲击和反叛，但同时它又难以掩饰人们内心的彷徨、苦闷和寂寞。

电影 20 世纪是一个充满了战火和灾难的世纪，然而在两次世界大战之间，一个影视帝国——好莱坞却得以建立，在这里，电影成为流水线下的产品，好莱坞的明星制度和类型片制度对世界电影的发展影响深远，随着有声电影和彩色电影的兴起，好莱坞成功地把银幕变成了慰藉人们心灵的虚幻世界，被称为“梦工厂”。

类型片是根据市场调查，把深受观众喜爱的电影范式进行分类生产出来的影片，是支撑好莱坞电影大厦的基石，是一种同义反复，可以拍续集，可以模仿制作。理想片包括喜剧片、西部片、歌舞片、侦探片、犯罪片等。比如早期喜剧是卓别林的《淘金记》《摩登时代》等，侦探片有希区柯克的《三十九级台阶》《蝴蝶梦》等经典。经典作品总是不经意地冲破人为艺术规范的束缚，1941 年就是分水岭。奥逊·威尔斯的《公民凯恩》成为现代电影的开端，有侦探片的结构，传记片的内容，从不同角度描述主人公一生，被称为电影中的意识流，对后来的日本电影和中国电影都有影响。战后，当欧洲各民族电影复兴的时候，好莱坞电影处于低谷。70 年代，好莱坞重振雄风，一批新人崛起。他们有着深厚的人文底蕴，大都爱好欧洲电影，善于把欧洲电影精华融入好莱坞电影。当然，商业化还是它的立足点，类型片和明星制依然是票房保证。在好莱坞体制外，美国的独立电影也有所发展，最著名的是科恩兄弟和昆汀·塔伦蒂诺。他们是后现代电影的代表人物，强调排斥电影意义，打破时空顺序和叙事的完整，具有鲜明的后现代色彩。

知识拓展 经典导读

一、《等待戈多》(节选)

【提要】 荒诞派戏剧在思想上受到存在主义的深刻影响，但远比后者激进，因为它不但完全否定了人在世界中的生存意义，而且将荒诞和无意义作为现实世界的常态，同时在形式上几乎颠覆了一切传统的戏剧手法，因而也被人们称作反戏剧派。1953 年，法国贝克特创作了《等待戈多》。

第一幕，乡间一条路。一棵树；黄昏。老流浪汉爱斯特拉冈（昵称戈戈）坐在一个土墩上脱靴子，累得筋疲力尽也没能脱下来。另一个老流浪汉弗拉季米尔（昵称狄狄）走上来，两个老朋友交谈几句。狄狄更爱说话，老讲些似乎暗藏哲理的话：“希望迟迟不来，苦死了等的人。你就是这样一个人，脚出了毛病，反倒责怪靴子。”因为无事可做，戈戈提议说：咱们走吧。狄狄回答：咱们不能。戈戈：干吗不能？狄狄：咱们在等待戈多。原来这就是他们来到此地的唯一目的，至于戈多是谁，为什么要等他，连他们自己也搞不清楚。在等待中，他们没事找事，没话找话，吵架，上吊，啃胡萝卜。突然传来一阵响声，一个人手拿鞭子，驱赶着另一个被绳子拴住脖子的人，出现在他们面前。两人一阵惊喜，却马上发现来人并非戈多，而叫作波卓。波卓手里牵的那个人，叫幸运儿。戈戈和狄狄眼看着波卓残酷虐待幸运儿，又聆听幸运儿一番胡言乱语地“有声思想”。之后，波卓赶着幸运儿离去，一个孩子上来报告说，戈多今晚不来了，明天晚上准来。这时夜幕降临，戈戈再次提议离开，狄狄表示同意，但他们仍然坐着不动。幕落。

第二幕，次日，同一时间，同一地点。两个老流浪汉再次相遇，模模糊糊地回忆起了昨天发生的事情。他们把前一天的对话和动作重复一遍，没完没了地说话打发时间。他们把靴子穿上脱下，又扮演波卓和幸运儿，然后再吵架、再和好。戈戈像昨天一样，又做了一个噩梦，狄狄也依然不让他说出来。波卓又牵着幸运儿上场了，不过他已经瞎了眼睛，昨天晚上的威风一扫而空，也根本不记得曾经见过戈戈和狄狄。主仆二人走后，戈多的信使——那个孩子又来了，仍然说戈多今晚不来，明天准来。戈戈和狄狄无聊得要死，解下裤腰带上吊，结果带子断掉，没能死成。戈戈又提议离开，狄狄让他先把裤子拉上来，戈戈照办，又问："嗯？咱们走不走？"狄狄回答："好的，咱们走吧。"但他们仍然像昨天一样，站着不动。幕落。

资料来源：孙朦著，《微思想——世界名著经典名言必读》，北京工业大学出版社，2013 年版，第 193 页

【问题与思考】

贝克特的戈多是谁？这样设置有什么深意？

二、《单向度的人》（节选）

【提要】　马尔库塞是法兰克福学派重要成员，他对资本主义的批判十分尖锐，他的学说被称为"造反哲学"，在 20 世纪 60 年代美国"新左翼"知识分子中影响极大。他提出西方文化的特点是物质世界与精神世界的尖锐矛盾和人的潜能与自由的密度关系。

一种舒舒服服、平平稳稳、合理而又民主的不自由在发达的工业文明中流行，这是技术进步的标志。说实在的，下述情况是再合理不过的了：个性在社会必需的但却令人厌烦的机械化劳动过程中受到压制；个体企业集中为更有效、生产效率更高的大公司；对设备不平衡的经济单位间的自由竞争加以调节；削减对组织国际资源起阻碍作用的各种特权和国家主权。这种技术秩序还包含着政治上和知识上的协调，这是一种可悲而又有前途的发展。

权利和自由在工业社会的形成时期和早期阶段曾是十分关键的因

素，但现在它们却正在丧失其传统的理论基础和内容而服从于这个社会的更高阶段。思想、言论和信仰的自由，正如它们曾经促进和保护的自由企业一样，本质上是一些批判性的观念，是更有生产效率和更合理的物质文化和精神文化用以取代已过时的文化的观念。这些权利和自由一经制度化，便成了这个社会的一个组成部分，并与这个社会共命运。成就取消了前提。

免于匮乏的自由是一切自由的具体实质。随着这种自由逐渐增大其成为现实的可能性，属于较低生产率阶段的各种自由相应地失去其先前的内容。当一个社会按照它自己的组织方式，似乎越来越能满足个人的需要时，独立思考、意志自由和政治反对权的基本的批判功能就逐渐被剥夺。这样一个社会可以正当地要求接受它的原则和制度；并把政治上的反对降低为在维持现状的范围内商讨和促进替代性政策的选择。在这方面，由某种极权主义制度还是由某种非极权主义制度来满足需要，似乎是无关紧要的。在生活水准不断提高的条件下，对制度本身采取不顺从态度，看来对社会是毫无助益的：当它给社会带来明显的经济和政治的不利并威胁到整个社会的顺利运转时，就更是如此。的确，至少就生活必需品而言，我们似乎没有理由一定要通过个人自由的竞争性协作来生产和分配商品和服务设施。

企业活动的自由一开始就不完全是一件幸事。不是工作的自由就是挨饿的自由，它给绝大多数人带来了艰辛、不安和焦虑。假如个人不再作为一个自由的经济主体被迫在市场上出售他自身，那么，这种自由的消失将是文明的最大成就之一。机械化和标准化的工艺程序可能使个人的精力释放到一个未知的、超越需要的自由领域。人类生存的结构本身就会改变；个人将从劳动世界强加给他的那些异己的需要和异己的可能性中解放出来。这时，个人将会自由地支配他自己的生活。如果生产机构能够组织起来，并致力于满足生命攸关的需要，那么，它的控制还是充分地集中起来为好，这种控制并不妨碍个人的意志自由，反而会使它成为可能。

资料来源：（美）赫伯特·马尔库塞著，《单向度的人——发达工业

社会意识形态研究》，刘继译，上海译文出版社，1989年版，第3页

【问题与思考】

现代工业社会带来技术上的巨大进步，但是却让人出卖了自己的自由。结合现代社会，谈谈什么是真正的自由。

参 考 文 献

1.【美】罗伯特·E. 勒纳，斯坦迪什·米查姆，爱德华·麦克纳尔·伯恩斯. 西方文明史. 王觉非等译. 北京：中国青年出版社，2003

2.【美】奥立弗·A. 约翰逊，詹姆斯·L. 霍尔沃森. 世界文明的源泉. 马婷等译. 北京：北京大学出版社，2010

3. 沈坚. 文明的历程. 杭州：浙江大学出版社，2006

4. 郭圣铭. 世界文明史纲要. 上海：上海社会科学院出版社，2013

5.【美】杰里·本特利，赫伯特·齐格勒. 新全球史：文明的传承与交流. 魏凤莲等译. 北京：北京大学出版社，2007

6.【美】斯特恩斯等. 全球文明史. 赵轶峰等译. 北京：中华书局，2006

7.【美】唐纳德·卡根等. 西方的遗产. 袁永明等译. 上海：上海人民出版社，2009

8.【瑞士】布克哈特. 希腊人和希腊文明. 王大庆译. 上海：上海人民出版社，2008

9.【美】汉密尔顿. 希腊精神. 葛海滨译. 北京：华夏出版社，2008

10.【俄】科瓦略夫. 古代罗马史. 王以铸译. 上海：上海书店出版社，2011

11.【德】罗尔夫·克努特尔. 古代罗马法与现代法律文明. 涂长风译. 比较法研究，2007（2）

12. 庄锡昌. 西方文化史. 北京：高等教育出版社. 2011

13.【美】米尔·恰·伊利亚德. 宗教思想史. 晏可佳，吴晓群，姚蓓琴译. 上海：上海社会科学院出版社，2004

14. 唐逸. 基督教史. 北京：中国社会科学出版社，1993

15. 赵林. 西方文化概论. 北京：高等教育出版社，2008

16．孟昭毅，曾艳兵．外国文化史．北京：北京大学出版社，2008

17．曹顺庆．西方文化史．重庆：重庆大学出版社，2011

18．【德】马克斯·韦伯．新教伦理与资本主义精神．陈平译．西安：陕西师范大学出版社，2007

19．解光云．世界文化史．合肥：安徽大学出版社，2004

20．王怀兴．世界文化简史．济南：齐鲁书社，2002

21．【英】罗素．西方哲学史．何兆武，李约瑟，马元德译．北京：商务印书馆，1997

22．【荷兰】彼得·李伯庚．欧洲文化史．赵复三译．上海：上海社会科学院出版社，2004

23．【英】爱德华·吉本．罗马帝国衰亡史．席代岳译．长春：吉林出版集团有限责任公司，2014

24．龚翰熊．欧洲小说史．成都：四川大学出版社，1997

25．周煦良．外国文学作品选．上海：上海译文出版社，1979

26．塞缪尔·亨廷顿．文明的冲突与世界秩序的重建．周琪等译．北京：新华出版社，2002

27．杜美．德国文化史．北京：北京大学出版社，1990

28．靳辉明．社会主义历史、理论与现实．合肥：安徽人民出版社，2000

29．孟节省，林雪原．西方文化漫谈．北京：红旗出版社，2002

30．裔昭印．世界文化史．上海：华东师范大学出版社，2000